Norden-Friedlaender

Kommentar zum Kriegssteuergesetz

Fortsetzung:

Die Kriegsabgabe für 1918

(Mehreinkommensteuer, Vermögensabgabe und Gesellschaftsbesteuerung).

Unter Berücksichtigung der Ausführungsbestimmungen für die Praxis

erläutert von

Dr. Martin Friedlaender.

Berlin 1918.

J. Guttentag, Verlagsbuchhandlung,

G. m. b. H.

Norden-Friedlaender

Kommentar zum Kriegssteuergesetz

Fortsetzung:

Die Kriegsabgabe für 1918

(Mehreinkommensteuer, Vermögensabgabe und Gesellschaftsbesteuerung).

Unter Berücksichtigung der Ausführungsbestimmungen für die Praxis

erläutert von

Dr. Martin Friedlaender.

Berlin 1918.
J. Guttentag, Verlagsbuchhandlung,
G. m. b. H.

Druck: Roßberg'sche Buchdruckerei, Leipzig

Vorbemerkung.

Die vorliegende Bearbeitung des Kriegsabgabegesetzes soll der Praxis zugute kommen. Die Erläuterungen wenden sich an den Steuerpflichtigen, der ohne Umschweife und ohne viel theoretisches Beiwerk über den Kern der Bestimmungen, über das, worauf es ihm und der Steuerbehörde ankommen muß, unterrichtet werden soll. Der Gang der Darstellung und die äußere Form schließen sich an den von dem Unterzeichneten in Gemeinschaft mit Herrn Artur Norden verfaßten Kommentar zum Kriegssteuergesetz vom 21. Juni 1916 an; inhaltlich indes stellt das Gesetz über eine Kriegsabgabe für 1918 ein rechtlich neues, von dem früheren Kriegssteuergesetz in vielen Stücken unabhängiges Gebilde dar, so daß der Zusammenhang der hier vorliegenden Erläuterungen mit denen zum Kriegssteuergesetz ganz gelöst werden mußte, und für die Verwendung des Buches in der Praxis die Kenntnis des früheren Gesetzes nicht vorausgesetzt wird. Alle Vorschriften der früheren Gesetzgebung, soweit sie Grundlage oder Teile des Abgabegesetzes sind, haben in den Erläuterungen ausführliche Berücksichtigung gefunden. Namentlich ist das Besitzsteuergesetz eingehend mitkommentiert. Auch die zum Abgabegesetz ergangenen Ausführungsbestimmungen des Bundesrats sind in den Erläuterungen mitverarbeitet. Ein Studium aller Erläuterungen im Zusammenhang empfiehlt sich für den, der ein Bild von der Rechtslage im Ganzen erhalten will. Wer sich nur über bestimmte Fragen unterrichten will, wird sich auf einzelne Teile des Buches beschränken können. Eine ausführliche Inhaltsübersicht sowie das Sachregister werden ihm das Zurechtfinden erleichtern.

Berlin, im Oktober 1918.

Dr. Martin Friedlaender.

Inhaltsübersicht.

Seite

Einleitung 9

Abgabepflicht der Einzelpersonen.

§ 1. Kreis der steuerpflichtigen Einzelpersonen. — Auslandsdeutsche und Staatenlose. — Beschränkte Steuerpflicht der Ausländer. — Die außerordentliche Kriegsabgabe auf das Mehreinkommen und das Vermögen 14

§ 2. Stichtag für die persönliche Abgabepflicht. — Erweiterung des steuerpflichtigen Personenkreises durch Vorverlegung des Stichtages. — Erbenhaftung 20

§ 3. Abgabe vom Mehreinkommen. — Das Mehreinkommen als Gegenstand der Kriegsabgabe. — Die maßgebende bundesstaatliche Veranlagung. — Unterschiedsbetrag und Abrundung. — Freigrenze 23

§ 4. Das Friedenseinkommen. — Die bundesstaatliche Veranlagung. — Heranziehung des Durchschnittseinkommens. — Die Milderung etwaiger Härten 27

§ 5. Entstehung der persönlichen Einkommensteuerpflicht nach dem Stichtag für die Friedensveranlagung. — Drei Formen der Einkommensberechnung. — Das Mindestfriedenseinkommen . . . 36

§ 6. Vermögenserwerb nach dem Stichtag für die Festsetzung des Friedenseinkommens. — Das Hinzurechnungsrecht von 5 v. H. jährlich 40

§ 7. Das Mindestfriedenseinkommen von 10000 ℳ 45

§ 8. Das Kriegseinkommen. — Die maßgebende Jahresveranlagung. — Zulassung von Abweichungen 48

§ 9. Das Kriegseinkommen der Offiziere und oberen Militärbeamten. — Abzugsrecht für den Dienstaufwand 52

§ 10. Feststellung des steuerpflichtigen Einkommens nach Steuerstufen. — Das niedrigste Einkommen der veranlagten Stufe gilt als festgestellt. — Berücksichtigung von nachträglichen Berichtigungen 54

§ 11. Zusammenrechnung des Einkommens von Ehegatten außer im Falle des Getrenntlebens 58

§ 12. Ermittlung des Kriegseinkommens nach Bestimmungen der Landesregierung 61

§ 13. Die Abgabe vom Mehreinkommen (Steuertarif) 62

Seite

§ 14. Steuervorrecht für Gesellschafter einer Gesellschaft m. b. H. — Vier begünstigte Personenkreise 67

§ 15. Abgabepflichtiges Vermögen. — Anwendbarkeit der Vorschriften des Besitzsteuergesetzes 76

§ 16. Besondere Feststellung des abgabepflichtigen Vermögens, wenn eine Feststellung auf den 31. Dezember 1916 nicht stattgefunden hat, sowie wenn ein Erbanfall, Schenkungserwerb od. dgl. von über 5000 ℳ nach dem 31. Dezember 1916 erfolgt ist. — Grundsätze des Besitzsteuergesetzes 78

§ 17. Verminderung des Vermögens um mehr als den fünften Teil seit dem 31. Dezember 1916. — Neufestsetzung nach dem Stande vom 31. Dezember 1917 94

§ 18. Freigrenze (100000 ℳ) für die Vermögenssteuer . 96

§ 19. Tarif der Kriegsabgabe vom Vermögen . . 98

Abgabepflicht der Gesellschaften.

§ 20. Kreis der (subjektiv-)steuerpflichtigen Gesellschaften. — Nicht alle juristischen Personen sind steuerpflichtig. — Liquidation und Einstellung des Geschäftsbetriebes 102

§ 21. Berechnung des abgabepflichtigen Mehrgewinnes. — Das vierte Kriegsgeschäftsjahr. — Freigrenze (5000 ℳ) 107

§ 22. Friedensgewinn. — Berechnung nach den Vorschriften des (alten) Kriegssteuergesetzes. — Tantiemen des Vorstands und und des Aufsichtsrats. — Gesellschafter einer Gesellschaft m. b. H. als Geschäftsführer 110

§ 23. Das vierte Kriegsgeschäftsjahr. — Dauer und Berechnung . 130

§ 24. Die Berechnung des Geschäftsgewinns des vierten Kriegsgeschäftsjahres. — Verbot des Abzugs der Sonderrücklage und der gezahlten Kriegssteuer. — Ausgleichung der Unterbilanz . 132

§ 25. Ausgleich zwischen Mindergewinn der ersten drei Kriegsgeschäftsjahre (gegenüber dem Friedensgewinn) mit dem Mehrgewinn des vierten Kriegsjahres 137

§ 26. Fortdauer der Steuerpflicht bei Auflösung einer Gesellschaft. — Abgekürzte Geschäftsjahre im Falle der Neugründung oder Auflösung einer Gesellschaft 139

§ 27. Vermeidung der Doppelbesteuerung von Gesellschaften durch mehrere Staaten. — Behandlung einzelner außerordentlicher Vermögensanfälle 141

§ 28. Steuerfreiheit ausschließlich gemeinnütziger Gesellschaften . . 143

§ 29. Steuertarif für inländische Gesellschaften 144

§ 30. Steuerpflicht ausländischer Gesellschaften für ihren inländischen Geschäftsbetrieb 157

§ 31. Steuertarif für ausländische Gesellschaften 160

§ 32. Steuervorrecht für Gewinnanteile, die zu ausschließlich gemeinnützigen Zwecken auf dem Gebiete der Kriegswohlfahrt verwendet worden sind 167

Gemeinsame Vorschriften.

Seite

§ 33. Veranlagung und Erhebung der Kriegsabgabe 170
§ 34. Vermögenserklärung. — Kontrollrecht der Veranlagungsbehörden. — Zeugnisverweigerungsrechte. — Steuererklärung der Gesellschaften 174
§ 35. Der Kriegssteuerbescheid. — Berechnungsgrundlagen 178
§ 36. Die Rechtsmittel gegen den Steuerbescheid. — Die Rechtsmittel gegen die Feststellung des Friedens- und des Kriegseinkommens 180
§ 37. Fälligkeit und Entrichtung der Kriegsabgabe. — Freiwerden der Sonderrücklage. — Rückzahlung und Verzinsung zuviel erhobener Steuer 183
§ 38. Entrichtung der Abgabe durch Kriegsanleihe (Schuldverschreibungen, Schuldbuchforderungen und Schatzanweisungen) . . . 186
§ 39. Strafvorschriften für Steuergefährdung und Steuerhinterziehung 188
§ 40. Der Härteparagraph. — Milderung der Steuerpflicht; durch anderweitige Berechnung des Mehreinkommens und des Mehrgewinns 196
§ 41. Entschädigung der Bundesstaaten 202
§ 42. Neuveranlagung im Falle zu niedriger Veranlagung 202
§ 43. Kein Rechtsanspruch auf Neuveranlagung. — Entrichtung der gefährdeten Kriegsabgabe 204
§ 44. Hinweis auf die Ausführungsbestimmungen 206

Anhang: Gesetzestexte.

1. Gesetz über eine außerordentliche Kriegsabgabe für das Rechnungsjahr 1918 vom 26. Juli 1918. 205
2. Ausführungsbestimmungen. Bekanntmachung des Reichskanzlers vom 22. August 1918 217
3. Preußische Ausführungsvorschriften. Aus dem Erlaß des Finanzministeriums vom 31. August 1918 232

Literatur.

Buchliteratur.

Fernow, Einkommensteuergesetz. Berlin 1913.
Fuisting-Strutz, Kommentar zum Einkommensteuergesetz. Berlin 1916.
Koppe-Varnhagen, Außerordentliche Kriegsabgabe. Berlin 1918.
Moesle, Gesetz über vorbereitende Maßnahmen zur Besteuerung der Kriegsgewinne.
Mrozek, Direkte Kriegssteuer. Berlin 1916.
Norden-Friedlaender, Kriegssteuer. 2. Aufl. Berlin 1917.
Rheinstrom-Blum, Kriegssteuergesetz. München.
Strutz, Kommentar zum Kriegssteuergesetz. Berlin 1917.
Wollet, Einführung in das Kriegsabgabegesetz. Siegen 1918.
Zimmermann, Außerordentl. Kriegsabgabe für 1918. Stuttgart 1918.

Zeitschriften.

Deutsches Steuerblatt. 1918.
Deutsche Steuerzeitung. 1918.
Deutsche Juristenzeitung. 1917, 1918.
Juristische Wochenschrift. 1917, 1918.
Preuß. Verwaltungsblatt. 1917, 1918.
Steuer-Archiv. 1918.

Einleitung.

Das Gesetz über eine außerordentliche Kriegsabgabe für das Rechnungsjahr 1918 vom 26. Juli 1918 führt das mit dem Kriegssteuergesetz vom 21. Juni 1916 begonnene Kriegssteuerwerk weiter und baut es aus. Die Weiterführung der Kriegsbesteuerung erwies sich als notwendig, weil der Krieg weit über den Schlußtermin hinaus, der für die Abgabepflicht nach dem ersten Kriegssteuergesetz galt, fortdauerte; für die steuerpflichtigen Personen war der bisherige Stichtag der 31. Dezember 1916, während für die steuerpflichtigen Gesellschaften die Zeit nach Ablauf des dritten Kriegsgeschäftsjahres, also spätestens vom 31. Juli 1917 ab, nicht mehr unter das frühere Kriegssteuergesetz fiel. Inzwischen sind aber nicht nur die Kriegsschulden des Reiches weiter beträchtlich gestiegen, sondern auch die großen Vermögens-, Einkommens- und Gewinnverschiebungen, die eine Folge des Krieges und der gewaltigen durch die Deckung des Reichsbedarfs ständig dem Verkehr zugeführten Geldbeträge sind, nehmen ihren Fortgang. Diesem Stande der Dinge sollte durch eine erneute Kriegsbesteuerung Rechnung getragen werden. Hierbei war man sich, wie bereits beim ersten Kriegssteuergesetz, darüber klar, daß eine steuerliche Erfassung der eigentlichen „Kriegsgewinne" kaum mit dem wünschenswerten Erfolg durchzuführen ist. Schon die Begriffsbestimmung ist schwankend, und jede gesetzliche Festlegung hätte Mängel aufgewiesen. Noch mehr Schwierigkeiten hätte die Steuer*praxis* bei der Ermittlung der steuerpflichtigen Kriegsgewinne gehabt.

Die verbündeten Regierungen waren sogar der Meinung, daß für eine neue Kriegsbesteuerung der Einzelpersonen die Zeit noch nicht gekommen sei. Man glaubte diesen eine neue Kriegssteuerleistung erst zumuten zu können, wenn sich das Ende des Krieges absehen läßt, und wollte bis dahin den Erlaß eines neuen für sie geltenden Gesetzes „zweckmäßigerweise" aufschieben. Seitens des

Reiches gelangte daher im Frühjahr 1918 nur ein „Gesetzentwurf über die Kriegssteuer der Gesellschaften für das vierte Kriegsgeschäftsjahr" zur Vorlegung an den Reichstag. Dieser konnte aber das Hinausschieben der weiteren Personenbesteuerung nicht so zweckmäßig finden, wie die Regierung. Er hielt es vielmehr für angebracht und nötig, im unmittelbaren zeitlichen Anschluß an die bisherige Kriegsbesteuerung auch wiederum, und zwar bereits jetzt, die Einzelpersonen zur Tragung der finanziellen Kriegslasten direkt mit heranzuziehen; es kam denn auch zu der Annahme eines von den meisten Parteien des Reichstags beantragten Erweiterung der Regierungsvorlage, die in dieser neuen Form (Personen- und Gesellschaftsbesteuerung) Gesetz wurde.

Die neue Kriegsbesteuerung der Gesellschaften schloß sich in dem Entwurf der Regierung eng an das alte Kriegssteuergesetz an; hierbei ist es im wesentlichen verblieben. Die vorgesehene und vom Reichstag angenommene Erhöhung des Abgabesatzes wurde damit begründet, daß je länger der Krieg dauert, das Reich auch einen größeren Anteil an den Mehrgewinnen beanspruchen darf. Die neue Kriegsbesteuerung der Einzelpersonen dagegen brachte gegenüber dem früheren Gesetz andersartige Gesichtspunkte zur Geltung; während nämlich nach dem alten Kriegssteuergesetz nur der Vermögenszuwachs (der Jahre 1913 bis 1916) zu versteuern war, sah man jetzt von dieser Form der Besteuerung, die sich als eine Art Prämie auf die Verschwendung und als Strafe für Sparsamkeit erwiesen hatte, gänzlich ab, und hielt sich statt dessen an das Mehreinkommen und an das Vermögen selber, und zwar an jenes mit stärkeren steuerlichen Ansprüchen als an dieses, wobei wohl der Gedanke mit maßgebend war, daß die kräftigere Heranziehung des Vermögens besser einer Zeit vorbehalten bleibt, zu der die Dinge auf dem Gebiete der Privat- und Staatswirtschaft nicht mehr so stark im Fließen sein werden, wie gegenwärtig. Die Heranziehung von Mehreinkommen und Vermögen zur Steuer sollte unabhängig von dem Grunde, auf den das Mehreinkommen und die Entstehung des Vermögens zurückging, geschehen. Damit war der Grundsatz der eigentlichen Kriegsgewinnbesteuerung wiederum, wie schon beim ersten Kriegssteuergesetz, aufgegeben; während aber das Mehreinkommen in jedem Falle auch die „Kriegsgewinne" (gleichgültig, ob sie verausgabt oder gespart sind) mittrifft, ist die Vermögenssteuer von der Berücksichtigung der Kriegskonjunktur fast völlig losgelöst. Diese Abgabe schließt sich vielmehr in erster Reihe an die am den 31. Dezember 1916 zuletzt erhobene Besitzsteuer an und läßt sich als eine Ergänzung dazu auffassen. Nur in einigen besonders liegenden Fällen (Erwerb durch Erbschaft, Schenkung u. dgl. sowie Verlust von mehr als einem Fünftel des Vermögens) findet eine Berücksichtigung etwaiger nach dem 31. Dezember 1916 eingetretener Veränderungen statt.

Die neue Kriegsabgabe erfaßt die steuerbaren Vermögens-, Einkommens- und Gewinnteile nur für das vierte Kriegsgeschäftsjahr der Gesellschaften (das spätestens am 31. Juli 1918 bei allen steuerpflichtigen Gesellschaften abgelaufen war) und für das Jahr 1917 der Einzelpersonen. Es wird aber damit zu rechnen sein, daß für die über diese Spanne hinausreichende Kriegszeit das Kriegssteuerwerk eine neue Erweiterung erfährt.

Über die Grundzüge der Bestimmungen im neuen Abgabegesetz ist folgendes zu sagen:

Die Einzelpersonen haben eine Abgabe vom Mehreinkommen und vom Vermögen zu leisten. Mehreinkommen ist der auf volle Tausende nach unten abgerundete Betrag, um den das Kriegseinkommen (regelmäßig: Veranlagung für das Steuerjahr 1918) höher ist als das Friedenseinkommen (regelmäßig: Veranlagung für das Steuerjahr 1914). Beträge unter 3000 *M* (abgerundet) bleiben steuerfrei. War das veranlagte Einkommen vor dem Kriege niedriger als 10000 *M*, so gilt als Friedenseinkommen der Betrag von 10000 *M*. Dieser mindestens wird also dem Kriegseinkommen zur Ermittlung des steuerpflichtigen Mehreinkommens gegenübergestellt. Eine im Rechtsmittelverfahren oder im Verwaltungswege herbeigeführte Berichtigung der maßgebenden landesrechtlichen Einkommensteuerveranlagung ist für die Kriegssteuerveranlagung bindend. Die Steuer auf das Mehreinkommen beträgt für die ersten 10000 *M* 5 v. H., für die weiteren Beträge 10 v. H. und steigt um je weitere 10 staffelförmig an bis zu 50 v. H. bei einem Mehreinkommen von über 200000 *M*. Für Gesellschafter von Gesellschaften m. b. H. gelten zur Milderung einer unbilligen Doppelbesteuerung gewisse steuerliche Erleichterungen.

Das Vermögen der Einzelpersonen bis zum Betrage von 100000 *M* ist steuerfrei. Das darüber hinausgehende, nach dem Besitzsteuergesetz festgestellte Vermögen ist im vollen Betrage steuerpflichtig. Der — durchgestaffelte — Tarif beginnt mit einem Steuersatz von 1 v. T. und steigt bis auf 5 v. T. Liegt eine Veranlagung nach dem Besitzsteuergesetz nicht vor, so findet für die Kriegsabgabe eine Neuschätzung des Vermögens nach dem Stande vom 31. Dezember 1917 statt. Dabei sind die Bewertungsgrundsätze des Besitzsteuergesetzes zu befolgen.

Gegenstand der Kriegsbesteuerung der Gesellschaften ist der Mehrgewinn des vierten Kriegsgeschäftsjahres. Der Begriff des Mehrgewinns deckt sich mit dem des alten Kriegssteuergesetzes. Auch der Friedensgewinn wird nach den bisherigen Grundsätzen berechnet. Vorangegangen war hier das Gesetz über Sicherung der Kriegssteuer, das für die kriegssteuerpflichtigen Gesellschaften den Zwang zur Bildung einer Rücklage von 60 v. H. des Mehrwinns vorsah (entsprechend den Vorschrift des Gesetzes über vorbereitende Maßnahmen zur Besteuerung der Kriegsgewinne vom 24. Dezember 1915). — Die Staffelung der Abgabe auf den Mehrgewinn ist im Gegensatz zu dem progressiven Tarif des alten Kriegssteuergesetzes nach dem Abgabegesetz degressiv. Alle Mehrgewinne von über 1 Mill. *M* zahlen 60 v. H. Kriegssteuer; für geringere Gewinne sind Ermäißgungen um 10 bis 50 v. H. vorgesehen. Ausländische Gesellschaften unterliegen einem besonderen Tarif. Besondere Bestimmungen sind ferner getroffen über die steuerliche Behandlung der Tantiemen und Geschäftsführergehälter. Zu den auch für das alte Kriegssteuergesetz geltenden Bestimmungen des Abgabegesetzes gehört die, daß die Sonderrücklage und die Kriegssteuer von dem Geschäftsgewinn eines Kriegsgeschäftsjahres nicht abgesetzt werden dürfen; d. h. die Kriegssteuer ist zu zahlen von dem Mehrgewinn vor Abzug der Kriegssteuer und der Kriegssteuerrücklage.

Die Verwaltung der Steuer erfolgt nicht durch das Reich, sondern durch die Einzelstaaten; die Veranlagung und Erhebung haben — wie schon bisher — die Besitzsteuerämter in den einzelnen Bundesstaaten vorzunehmen. In Preußen ist die Einkommensteuerveranlagungskommission zuständig. Die Rechtsmittel und das Verfahren für die Abgabe werden nach Landesrecht geregelt. Hierbei ist vorzusehen, daß nach Erschöpfung des landesrechtlichen Rechtsmittelzuges die Rechtsbeschwerde an den neuerrichteten Reichsfinanzhof stattfindet. Diese kann nur darauf gestützt werden, daß die angefochtene Entscheidung auf der Nichtanwendung oder der unrichtigen Anwendung des bestehenden Rechts oder auf einem Verstoß wider den klaren Inhalt der Akten beruht, sowie, daß das Verfahren an wesentlichen Mängeln leide. Die auf Grund rechtskräftiger Entscheidung zu erstattenden (zu viel gezahlten) Steuerbeträge sind dem

Pflichtigen mit 5 v. H. jährlich zu verzinsen. Die Kriegsabgabe kann durch Hingabe von Kriegsanleihestücken entrichtet werden. Das Gesetz führt eine Erweiterung des Neuveranlagungsrechts insofern ein, als eine solche Neuveranlagung mit Zustimmung der obersten Landesfinanzbehörde innerhalb zweier Jahre auch dann zulässig sein soll, wenn neue Tatsachen und Beweismittel nicht vorliegen. Bei besonderen Härten kann der Steuerpflichtige die Hilfe des Bundesrats anrufen (Härteparagraph § 40).

Der Ertrag aus den direkten Kriegssteuern soll zur Abdeckung der Kriegsschulden dienen. Aus der „außerordentlichen Kriegsabgabe" werden 1,8 Milliarden *M* erwartet.

Abgabepflicht der Einzelpersonen.

§ 1

Die im § 11 des Besitzsteuergesetzes vom 3. Juli 1913 (Reichs-Gesetzbl. S. 524) bezeichneten Personen haben für das Rechnungsjahr 1918 zugunsten des Reichs eine außerordentliche Kriegsabgabe vom Mehreinkommen und vom Vermögen zu entrichten.

Erläuterungen:

Ebenso wie das Kriegssteuergesetz vom 21. Juni 1916 zerfällt das Gesetz über eine außerordentliche Kriegsabgabe für das Rechnungsjahr 1918 (Kriegsabgabegesetz) in zwei Hauptteile. Der erste handelt von der **„Abgabepflicht der Einzelpersonen"** und umfaßt die §§ 1—19 des Gesetzes; der zweite betrifft die **„Abgabepflicht der Gesellschaften"** und geht vom § 20 bis zum § 32. Es folgen „Gemeinsame Vorschriften" (§§ 33—40) und „Schlußvorschriften" (§§ 41—44). Das (alte) Kriegssteuergesetz sprach in den Überschriften der beiden Hauptabschnitte nicht von Abgabepflicht, sondern von Steuerpflicht der Einzelpersonen und Gesellschaften. Diese Abweichung der beiden Gesetze voneinander ist aber ohne jede Bedeutung. Denn im Text des § 1 des Kriegssteuergesetzes heißt es ebenso wie in dem hier vorliegenden § 1 des Abgabegesetzes, daß die darin bezeichneten Personen zugunsten des Reiches eine **„außerordentliche Kriegsabgabe"** zu entrichten haben. Der Nachdruck ist hierbei auf die Bezeichnung der Abgabe als „außerordentliche" zu legen, während die in beiden Gesetzen auferlegte Abgabe keinen von dem Begriff der Steuer abweichenden Charakter trägt. Dennoch handelt es sich im vorliegenden Gesetz nicht etwa um eine bloße Wiederholung der alten Kriegssteuer. Vielmehr sind, um nur das Wichtigste hervorzuheben, der Gegenstand der Besteuerung bei den Einzelpersonen, die Art der Staffelung bei der Besteuerung der

Gesellschaften, und die Steuersätze bei beiden Gruppen der Abgabepflichtigen in dem neuen Gesetz gegenüber dem früheren geändert. Was insbesondere den Gegenstand der Besteuerung der Einzelpersonen betrifft, so war im Kriegssteuergesetz nur der Vermögenszuwachs innerhalb der Veranlagungszeit für abgabepflichtig erklärt. Nach dem neuen Gesetz unterliegt der Besteuerung das **Mehreinkommen** (§§ 3—14) und das **Vermögen** (§§ 15—20). Von einer Besteuerung des Vermögenszuwachses ist also ganz abgesehen, und zwar in der Erwägung, daß eine scharfe, nach oben stark gestaffelte Erfassung des Vermögens für die Steuerpflichtigen einen Anreiz zur Verschwendung bedeutet, was bei dem Ernst der Kriegszeiten und mit Rücksicht auf die damit unzweifelhaft verbundenen demoralisierenden Wirkungen vermieden werden sollte. Das Beispiel des Kriegssteuergesetzes hat in dieser Beziehung abschreckend gewirkt, so daß der vom Reichshaushaltsausschuß eingebrachte Vorschlag auf Besteuerung des Mehreinkommens und des Vermögens von Einzelpersonen in die Regierungsvorlage, die nur die erneute Kriegsbesteuerung der Gesellschaften vorsah, hineingearbeitet wurde und mit ihr zusammen Gesetz geworden ist.

Der **Kreis** der nach dem neuen Gesetz **kriegsabgabepflichtigen Einzelpersonen** bestimmt sich, wie im alten Gesetz, nach den Vorschriften des Besitzsteuergesetzes. Die im § 11 des Besitzsteuergesetzes bezeichneten Personen werden für abgabepflichtig erklärt. Die Fortdauer der Geltung des Besitzsteuergesetzes, das eine allgemeine, alle drei Jahre zu veranlagende Vermögenszuwachssteuer vorsieht, wird durch die Kriegssteuergesetze nicht berührt. Die Vermögenszuwachssteuer wird also neben den außerordentlichen Kriegsabgaben erhoben. Dabei sind die im Besitzsteuergesetz aufgestellten Grundsätze über die subjektive (persönliche) Steuerpflicht auf die Kriegsabgabe anwendbar. Es kann sich aber nur um eine „entsprechende" Anwendung insofern handeln, als die steuerpflichtigen Personen im Besitzsteuergesetz in solche geschieden werden, die einen Vermögenszuwachs insgesamt, oder nur einen solchen an inländischem Grund- und Betriebsvermögen erfahren haben. Diese Unterscheidung kommt für die neue Kriegsabgabe in Fortfall, da diese das Mehreinkommen und das Vermögen ohne Rücksicht auf den Zuwachs ergreift.

Aus § 11 des Besitzsteuergesetzes ergibt sich, daß zunächst steuerpflichtig sind sämtliche **Angehörige des Deutschen Reiches** sowie solche **Ausländer**, die im Deutschen Reich ihren **Wohnsitz** oder in

Ermanglung eines Wohnsitzes ihren dauernden **Aufenthalt** haben. Reichsangehörig ist, wer die Staatsangehörigkeit in einem Bundesstaat (auch in Elsaß-Lothringen) erworben hat. Daneben gibt es eine auf unmittelbarer Verleihung beruhende Reichsangehörigkeit ohne Staatsangehörigkeit; im einzelnen finden sich im Reichs- und Staatsangehörigkeitsgesetz vom 22. Juli 1913 die hierher gehörigen Vorschriften über den Erwerb und Verlust der Reichs- und Staatsangehörigkeit.

Reichsangehörige, die — am 31. Dezember 1913, s. § 2 Satz 2 und Erläut. dazu — sich seit länger als zwei Jahren dauernd **im Auslande aufhalten,** ohne einen Wohnsitz in einem deutschen Bundesstaate zu haben, unterliegen (mit den später zu besprechenden Ausnahmen) **nicht der Kriegsabgabe.** Als Wohnsitz gilt nach dem hier anzuwendenden Doppelsteuergesetz vom 22. März 1909 der Ort, an dem man eine Wohnung unter Umständen inne hat, die auf die Absicht der dauernden Beibehaltung schließen lassen. **Reichs- und Staatsbeamte,** die ihren dienstlichen Wohnsitz im Auslande haben, sind ohne Rücksicht auf die Dauer des Aufenthalts im Auslande nach dem Gesetz abgabepflichtig. Zu den Staatsbeamten gehören **nicht die Wahlkonsulen** (Besitzsteuergesetz § 1 Ziff. I, 1). Dagegen werden die im Auslande stationierten **Offiziere** (ebenso für das alte Kriegssteuergesetz: Strutz, Komm. zum Kriegssteuergesetz Anm. zu § 1) hierher zu rechnen sein, da eine unterschiedliche Behandlung zu Unbilligkeiten führen würde und vom Gesetz offenbar nicht gewollt sein kann.

Der **dienstliche Wohnsitz** ist der dem Beamten auf Grund seines Amtes oder Dienstes angewiesene Aufenthaltsort, ohne Rücksicht auf die Dauer des Aufenthalts.

Wer als Deutscher am 31. Dezember 1917 (s. § 2) sich länger als zwei Jahre dauernd im Auslande aufhielt, unterliegt nicht dem neuen Kriegsabgabegesetz. Nur der dauernde, nicht bloß der vorübergehende, besuchsweise, wenn auch länger ausgedehnte, Aufenthalt zieht die Steuerfreiheit nach sich. Es muß eine gewisse Loslösung vom Heimatstaate erfolgt sein. Auch die Freiwilligkeit des Aufenthalts im Auslande muß hinzukommen. Durch Zwang im Ausland festgehaltene Personen begründen keinen „dauernden Aufenthalt". Sind **„Auslandsdeutsche"**, die nach den vorstehend dargelegten Grundsätzen steuerfrei sein würden, zeitweilig und nur zu vorübergehendem Besuch nach Deutschland zurückgekehrt, so wird eine Steuerpflicht für sie der Regel nach durch ihre bloße Wiederkehr nicht begründet. Erst wenn der Auslandsdeutsche die Absicht aufgibt, ins Ausland zurückzukehren und seinen Wohnsitz (ständigen Aufenthalt, § 1 Abs. 2 Doppelsteuergesetz) wieder im Inlande begründet, tritt die Abgabepflicht ein. Viele Auslandsdeutsche halten sich gegenwärtig als **Kriegsflüchtlinge** im Inlande auf. Für sie bestand schon nach altem Kriegssteuergesetz dieselbe Rechtslage, wie nach dem neuen Abgabegesetz, und die Veranlagungsbehörden trugen zunächst auch Bedenken, die Auslandsdeutschen, die nur durch die Kriegsverhältnisse gezwungen nach Deutschland gekommen waren, zu besteuern. Später aber traten bei Fortdauer des Krieges die Bedenken zurück gegenüber der Erwägung, daß diese Personen während ihres Aufenthalts im Deutschen Reich den Schutz und die Vorteile der wirtschaftlichen Maßnahmen des Reichs und der Bundesstaaten genießen, so daß es der **Billigkeit** entspricht, sie auch zur Tragung der ungeheuren Kriegslasten mitheranzuziehen. Das Badische Verwaltungsgericht hat in einer Entscheidung vom 23. April 1918 die **Steuerpflicht eines Auslandsdeutschen angenommen**, indem es davon ausging, daß er im Inland einen Wohnsitz im Sinne des auch für die Kriegs- und Besitzsteuer in Betracht kommenden Doppelsteuergesetzes begründet habe. Er habe in einem von ihm erworbenen Hause eine Familienwohnung für sich und seine Angehörigen eingerichtet, sie vor und nach dem Veranlagungszeitpunkt (31. Dezember 1916) benutzt und sie auch später nicht aufgegeben, wenn er selber sich auch zeitweilig in der Schweiz aufgehalten hat. Die Absicht dauernder Beibehaltung der Wohnung könne schon daraus gefolgert werden, daß er mit seiner Familie länger als zwei Jahre dieselbe Wohnung innegehabt und alsdann ein eigenes Haus mit Garten hinzugekauft habe. Somit habe er sich mit seiner Familie auf unbestimmte Zeit, im Sinne des Steuerrechts also dauernd, für einen längeren Aufenthalt an dem betreffenden deutschen Orte eingerichtet; ob die früher verschobene Absicht, nach Chile zurückzureisen, endgültig aufgegeben sei oder nicht, komme demgegenüber nicht in Betracht. — Darüber hinaus hat das Preuß. Oberverwaltungsgericht in zwei (im Steuerarchiv 1917 S. 208/209 mitgeteilten) Entscheidungen sogar die Steuerpflicht eines im Inland weilenden Auslandsdeutschen angenommen, der hier keinen Wohnsitz begründet hat. Es wurde für ausreichend erachtet, daß die **Dauer des Aufenthalts unbestimmt** sei, und daß es zweifelhaft sei, ob die früheren, von dem Auslandsdeutschen im Ausland bekleidete Stelle noch offengehalten werde.

Als Ausland gelten auch die **Schutzgebiete** des Deutschen Reiches. Personen, die überhaupt keine Staatsangehörigkeit besitzen **(Staatenlose, Heimatlose)** sind nach der Begründung des Besitzsteuergesetzes den Ausländern (s. unten) gleichgestellt, was auf die Kriegsabgabe zu übertragen ist.

Die deutschen **Bundesfürsten** waren der Besitzsteuer nicht unterworfen. Auch das alte Kriegssteuergesetz erwähnte sie nicht, so daß die Frage nach ihrer Steuerpflichtigkeit auftauchte; sie fand dadurch eine gewisse Erledigung, daß die Bundesfürsten sich nach einer Mitteilung der Regierung in der Reichstagskommission bereit erklärten, sich an der nach dem Kriegssteuergesetz zu erhebenden außerordentlichen Abgabe zu beteiligen. Für das vorliegende neue Gesetz ist die Angelegenheit durch die Bestimmung im Abs. 3 des § 33 entschieden (s. Erläuterungen dort), wonach die **Steuerpflicht der Bundesfürsten** als **gesetzlich festgelegt** anzusehen ist.

Ausländer (und Staaten- oder Heimatlose), die einen **Wohnsitz** (s. oben S. 16) **oder** ihren **dauernden Aufenthalt** im **Inlande** haben, unterliegen der Kriegsabgabepflicht. Auf Bestimmungen in Handelsverträgen können sich Ausländer für die Inanspruchnahme der Kriegssteuerfreiheit nicht berufen.

Beschränkt steuerpflichtig sind solche Ausländer, die im Inlande Grund- oder Betriebsvermögen (§ 11 II Besitzsteuergesetz) besitzen. Sie sind es mit ihrem entsprechenden inländischen Vermögensteil (und zwar nicht mit dem „Zuwachs“, wie nach dem Besitzsteuergesetz, sondern mit dem Vermögensstamm selber). Inländisches Grundvermögen sind im Reiche belegene **Grundstücke** nebst Zubehör; zum inländischen Betriebsvermögen gehören alle Werte, die einem im Inland betriebenen **Gewerbe,** sowie der **Land- oder Forstwirtschaft** oder dem **Bergbau** dienen. Eine inländische Betriebsstätte muß vorhanden sein; es braucht sich aber nicht um ein sogenanntes stehendes Gewerbe zu handeln; **auch das im Inland betriebene Wandergewerbe** des Ausländers unterliegt unter den dargelegten Gesichtspunkten der Kriegssteuer.

Über eine noch weitergehende Kriegssteuerpflicht Nichtdeutscher s. Erläuterungen zu § 2.

Die **Kriegsabgabe wird erhoben vom Mehreinkommen und vom Vermögen.** Sie nähert sich damit in der Form dem Wehrbeitrag. Mit der Besteuerung des Mehreinkommens soll der Teil der Kriegsgewinne getroffen werden, der nicht in der Bildung von Vermögenszuwachs zum Ausdruck gelangt. Wenn im übrigen von einer Besteuerung des Vermögenszuwachses als solchen im vorliegenden Gesetz überhaupt abgegangen ist, und das Vermögen selber zum Gegenstand der Besteuerung gemacht wird, so erklärt dies die Begründung zu dem Gesetzentwurf damit, daß es sich nicht empfiehlt, schon so kurze Zeit nach dem (alten) Kriegssteuergesetz den Steuerpflichtigen und den Steuerbehörden wieder die mit der Feststellung des Vermögenszuwachses seit dem 31. Dezember 1916 verknüpften umständlichen Geschäfte zuzumuten. Außer diesem technischen Grunde hat indes für das Fallenlassen der Vermögenszuwachsbesteuerung noch die Erwägung gesprochen, daß diese (von dem früheren Kriegssteuergesetz eingeführte) Form der Besteuerung in ihrer Wirkung einer Art **Bestrafung der Sparsamkeit** und einer Förderung der Verschwendung gleichkam.

Die außerordentliche Kriegsabgabe für 1918 trifft das **Einkommen** insoweit, als es das **Friedenseinkommen** (§ 4, s. Erläuterungen dort) **übersteigt** (§§ 3—14). Eine Einkommensmehrung bis zu 3000 *M* bleibt steuerfrei. Als Mindestfriedenseinkommen gilt der Betrag von 10000 *M*. Das **Vermögen** wird von der neuen Kriegsabgabe erst **von 100000 *M* aufwärts** getroffen, die Steuer steigt von 1 v. Tausend bis nahezu 5 v. Tausend (§§ 15—19).

Die Abgabe erfolgt „zugunsten des Reichs". Der Ertrag fließt also in die Reichskasse, abzüglich indes eines Teiles von 1 v. H. der Roheinnahme, der nach § 41 den Bundesstaaten für die Veranlagung und Erhebung der Abgabe zugewiesen wird. Die Veranlagung und Erhebung erfolgt durch die für die Besitzsteuer zuständigen (einzelstaatlichen) Behörden. Es sind dies die **Besitzsteuerämter**, die insofern als Kriegssteuerämter fungieren. In Preußen sind die Einkommensteuerveranlagungskommissionen zuständig. Maßgebend für die Zuständigkeit sind die Wohnsitz- und Aufenthaltsverhältnisse des Abgabepflichtigen vom 31. Dezember 1917. Hat ein Abgabepflichtiger nach dem 31. Dezember 1917 in einem Bundesstaate seinen Wohnsitz begründet oder seinen gewöhnlichen Aufenthalt genommen, und ist er oder wird er hier bei der nach § 8 maßgebenden Jahresveranlagung veranlagt, so ist dieser Bundesstaat zuständig, es sei denn, daß der Abgabepflichtige in dem Bundesstaate des früheren Wohnsitzes oder Aufenthalts ebenfalls bei der nach § 8 maßgebenden Veranlagung zur Landeseinkommensteuer veranlagt ist oder veranlagt wird (§ 3 Abs. 2 der Ausführungsbestimmungen des Bundesrats).

Zur Veranlagung und Erhebung der Kriegsabgabe **inländischer Gesellschaften** (§§ 20—29) ist der Bundesstaat zuständig, in dem sie ihren **Sitz** haben. Zur Veranlagung und Erhebung der Kriegsabgabe ausländischer Gesellschaften (§§ 30, 31) ist der Bundesstaat zuständig, in dessen Gebiet sich der inländische Geschäftsbetrieb befindet, und, wenn sich der inländische Geschäftsbetrieb auf mehrere Bundesstaaten erstreckt, der Bundesstaat, auf den der größte Teil des inländischen Geschäftsbetriebes entfällt. In Zweifelsfällen entscheidet der Bundesrat (§ 3 Abs. 3 u. 4 Ausführungsbestimmungen).

Das Besitz- (und Kriegs-)steueramt hat aus den Einkommensteuerveranlagungen und Besitzsteuerfeststellungen die Kriegsabgabe der Einzelpersonen (auf Mehreinkommen und Vermögen) zu berechnen. Doch kann der Steuerpflichtige nach § 4 Abs. 3 und § 6 **eine andere Feststellung des Friedenseinkommens** beantragen oder nach § 17 einen Vermögensrückgang nachweisen. Auch hat der Steuerpflichtige die Möglichkeit, eine durch **Neu- oder Nachveranlagung** oder im Verwaltungswege herbeigeführte Berichtigung der maßgebenden landesgesetzlichen Veranlagung geltend zu machen (§ 10 Abs. 2). Eine Erklärungspflicht zum Zwecke der Veranlagung sieht § 34 vor.

§ 2

Die persönliche Abgabepflicht ist nach dem Stande vom 31. Dezember 1917 zu beurteilen. Bei Inländern und bei solchen Personen, die ihre inländische Staatsangehörigkeit nach dem 1. August 1914 verloren haben, entfällt die Abgabepflicht nicht dadurch, daß sie nach dem 31. Dezember 1913 ihren inländischen Wohnsitz oder Aufenthalt aufgegeben haben.

Erläuterungen:

Die Merkmale, nach denen die **persönliche (subjektive) Steuerpflicht** festzustellen ist, müssen am 31. Dezember 1917 vorgelegen haben. Dieses ist also der **Stichtag**, an dem sämtliche in der Person des Steuerpflichtigen liegenden Eigenschaften vorhanden gewesen sein müssen, soll überhaupt eine Steuerpflicht in Frage kommen. Die erste Voraussetzung ist, daß der Pflichtige den Tag erlebt hat. Weiterhin ist in Gemäßheit des § 11 des Besitzsteuergesetzes zu prüfen, **welchen Wohnsitz oder Aufenthalt** der in Anspruch zu nehmende Steuerpflichtige am 31. Dezember 1917 gehabt hat, ob er als Reichs- oder Staatsbeamter (oder Offizier, s. oben S. 16) an diesem Tage zwar im Auslande geweilt, dort aber nur einen dienstlichen Wohnsitz gehabt hat — wobei wieder Wahlkonsuln außer Betracht bleiben — oder ob er als Ausländer an diesem Tage im Inland Grund- oder Betriebsvermögen besessen hat. Eine von diesen Feststellungen zu trennende und ganz verschiedene Frage ist es, ob der seinen persönlichen Verhältnissen nach Steuerpflichtige **auch als objektiv abgabepflichtig** in Betracht kommt, d. h. ob er nach Maßgabe seiner Einkommens- und Vermögenslage zu der Kriegssteuer heranzuziehen ist.

Für das zu veranlagende **Mehreinkommen** wird das Einkommen des Steuerpflichtigen am Stichtage (d. i. regelmäßig dem 31. Dezember 1916) mit dem sogenannten Friedenseinkommen verglichen; der **Unterschied** ist nach den näheren Bestimmungen der §§ 3ff. kriegssteuerpflichtig. Für das Friedenseinkommen ist ein einheitlicher Stichtag nicht bestimmt; **als Friedenseinkommen** gilt vielmehr grundsätzlich (§ 4) das steuerpflichtige Jahreseinkommen, mit dem der Abgabepflichtige **bei der letzten allgemeinen landesgesetzlichen Jahresveranlagung** auf Grund der Einkommensverhältnisse, wie sie vor Ausbruch des Krieges bestanden, zur Landeseinkommensteuer veranlagt worden ist. Zu dieser Vorschrift finden sich noch Ergänzungen in den §§ 5—7; das Nähere s. in den Erläuterungen zu diesen Paragraphen.

Eine starke **Erweiterung des** nach § 11 des Besitzsteuergesetzes steuerpflichtigen **Personenkreises** enthält der zweite Satz des vorliegenden § 2 des Kriegsabgabegesetzes. Danach entfällt bei Inländern und solchen Personen, die ihre inländische Staatsangehörigkeit nach dem 1. August 1914 verloren haben, die Abgabepflicht nicht dadurch, daß sie nach dem 31. Dezember 1913 ihren inländischen Wohnsitz oder Aufenthalt aufgegeben haben. Wer also nach dem 31. Dezember 1913 als Inländer seinen Wohnsitz oder Aufenthalt ins Ausland verlegt hat, bleibt dennoch kriegsabgabepflichtig, gleichgültig, ob er sich zwei oder mehr Jahre lang „dauernd im Auslande" aufgehalten hat. Für solche Personen findet in dieser Hinsicht eine **Vorverlegung des Stichtages** statt.

Weiter noch geht die Bestimmung, daß auch ein **seit dem 1. August 1914** erfolgter Verlust der inländischen Staatsangehörigkeit steuerlich als nicht eingetreten gelten soll. Hier werden also unter Umständen auch solche **Nichtdeutsche,** die im Inlande weder Grund- noch Betriebsvermögen haben, der Kriegssteuer unterworfen. Ob der praktische Wert dieser Vorschrift beträchtlich ist, erscheint zweifelhaft.

Wer **vor dem 1. August 1914** die Staats- oder Reichsangehörigkeit aufgegeben oder verloren hat und am 31. Dezember 1917 einen inländischen Wohnsitz oder Aufenthalt nicht mehr hatte, auch kein inländisches Grund- oder Betriebsvermögen besaß, bleibt ebenso steuerfrei wie jeder andere Ausländer, der vor dem 31. Dezember seinen inländischen Wohnsitz oder dauernden Aufenthalt im Inlande aufgegeben hat und auch sonst kein Vermögen im Inlande besitzt.

Hat der Steuerpflichtige den 31. Dezember 1917 erlebt, so fällt seine Steuerpflicht nicht gänzlich fort, wenn er nachher stirbt; seine **Erben haften** für die schuldig gewordene Steuer. Die Ausführungsbestimmungen des Bundesrats führen hierzu in Form einer Anweisung an die Steuerbehörden aus, daß, falls ein nach dem 31. Dezember 1917 gestorbener Abgabepflichtiger die Voraussetzungen der persönlichen Steuerpflicht bei der nach § 8 maßgebenden Jahresveranlagung nicht mehr erfüllt hat (also zur Einkommensteuer nicht mehr veranlagt ist), er dennoch, falls er Vermögen in kriegsabgabepflichtiger Höhe besessen hat, in die Steuerliste A aufzunehmen und zur Kriegsabgabe vom Vermögen zu veranlagen ist. Der Steuerbescheid ist den Erben zuzustellen, die Kriegsabgabe ist nach Fälligkeit (§ 37, einen Monat nach Zustellung des Bescheides) von den Erben einzuziehen. Ist der Abgabepflichtige nach Veranlagung (und Insollstellung) der Kriegsabgabe gestorben, so ist die noch nicht gezahlte Kriegsabgabe nach Fälligkeit ebenfalls von den Erben einzuziehen. War dem Abgabepflichtigen eine Stundung der Kriegsabgabe oder deren Entrichtung in Teilbeträgen bewilligt, so erlischt die Bewilligung mit dem Ableben.

Der 31. Dezember 1917 als Stichtag für die persönlichen Verhältnisse des Steuerpflichtigen kommt weiterhin noch in Betracht für die Berücksichtigung des **Gesamteinkommens von** (nicht getrennt lebenden) **Ehegatten** (§ 14 Besitzsteuergesetz, § 11 Kriegsabgabegesetz) sowie für deren Gesamtvermögen (§ 15).

Abgabe vom Mehreinkommen.

§ 3

Mehreinkommen (§ 1) ist der Unterschied zwischen dem Friedenseinkommen (§§ 4 bis 7, 10 bis 12) und dem Kriegseinkommen (§§ 8 bis 12).

Der Unterschiedsbetrag wird auf volle Tausende nach unten abgerundet.

Abgabepflichtig ist nur der den Betrag von dreitausend Mark übersteigende Teil des Mehreinkommens.

Erläuterungen:

Gegenstand der Kriegsabgabe der Einzelpersonen ist das nach bestimmten Grundsätzen zu ermittelnde **Mehreinkommen** sowie das **Vermögen,** beides aber nicht unbeschränkt, sondern erst von einer gewissen Höhe an. Bereits in dem von der Regierung dem Reichstag vorgelegten Entwurfe des ersten Kriegssteuergesetzes hatte der Gedanke der Mehreinkommenbesteuerung Aufnahme gefunden, allerdings in abgeschwächter und bedingter Form. Soweit sich nämlich das Vermögen der Einzelpersonen durch Mehreinnahmen während der gemäß dem Gesetz als Kriegszeit geltenden Jahre gegenüber der Friedenszeit erhöht hatte, sollte es mit einem doppelten Abgabesatze belegt werden. Wer hingegen trotz verminderter Bezüge oder bei gleichgebliebenem Einkommen durch Sparsamkeit sein Vermögen vermehrt hat, sollte nur den einfachen Satz zahlen. Bei der ersten Lesung wurde von der Reichstagskommission, darüber hinausgehend, neben der Steuer auf den Vermögenszuwachs eine von diesem unabhängige Abgabe auf die Einkommensvermehrung beschlossen. Hiergegen erhoben aber damals die verbündeten Regierungen Einspruch, und zwar hauptsächlich deshalb, weil sie eine „Einkommenbesteuerung von Reichs wegen" nicht mit den finanziellen Interessen und den Hoheitsrechten der Einzelstaaten für vereinbar hielten. Inzwischen sind, angesichts des wachsenden Steuerbedarfs des Reiches, die Bedenken und Einwendungen der Bundesstaaten verstummt, und die Mehreinkommensteuer ist als „außerordentliche Kriegsabgabe" Gesetz geworden. Der zunächst in Aussicht genommene Vorschlag des Haushaltsausschusses, alle Einkommen von über 20000 *M* mit einer Kriegssteuer zu belegen, ist indessen auf Grund der früheren Bedenken gescheitert. Das **gewöhnliche Einkommen** ist damit nach wie vor der **bundesstaatlichen Einkommenbesteuerung** vorbehalten.

Das steuerpflichtige Mehreinkommen ist der **Unterschied** zwischen dem **Friedenseinkommen** und dem **Kriegseinkommen.** Maßgebend für die Festsetzung des Einkommens ist in beiden Fällen die staatliche Einkommensteuerveranlagung. Nur für Ausnahmefälle sind Abweichungen hiervon zulässig. Das Nähere enthalten die Erläuterungen zu den §§ 5ff. Zu bemerken ist indes schon hier, daß die einzelstaatlichen Einkommensteuerveranlagungen eine Gleichmäßigkeit der Veranlagungsgrundlage für die Kriegssteuer nicht ergeben, da die Einkommensteuergesetze der Bundesstaaten zwar in ihren Grundzügen eine weitgehende Übereinstimmung aufweisen, in Einzelheiten aber mehr oder minder voneinander abweichen. Auf diesen Übelstand ist bereits in den Verhandlungen des Reichstagsausschusses hingewiesen worden, wo man u. a. insbesondere darauf aufmerksam machte, daß in Preußen und Sachsen für die Feststellung des wandelbaren Einkommens der dreijährige Durchschnitt, in den Hansestädten und in Süddeutschland dagegen das Ergebnis nur eines Jahres maßgebend sei. In Sachsen würden ferner Verlustjahre mit Null eingestellt, während in Preußen die Verluste des einen Jahres gegen die Gewinne des andern aufgerechnet würden. Auch die Behandlung gewisser Ausgaben, z. B. der Kosten von Versicherungen, der Darlehnszinsen und -tilgungen, sei in den verschiedenen Gesetzen verschieden.

Der Unterschied in den einzelstaatlichen Veranlagungen macht sich um so fühlbarer, je höher der Kriegssteuersatz (§ 13) ist, der in Betracht kommt.

Nicht nur bezüglich der Berechnungsgrundlagen, sondern auch bezüglich des **Veranlagungsstichtages** weisen die bundesstaatlichen Einkommensteuergesetze Verschiedenheiten auf. Auch die im Laufe des Steuerjahres eintretenden **Veränderungen in den Einkommensverhältnissen** des Pflichtigen finden in den einzelnen in Frage kommenden Gesetzen eine verschiedenartige Behandlung.

Trotz dieser offensichtlichen Mängel ist das Kriegsabgabegesetz in der vorliegenden Form angenommen worden, da man im Reichstage davon ausging, daß die Lage des Reiches die baldige Erschließung der Einnahmen aus den Kriegssteuern notwendig mache, was nicht zu erreichen gewesen wäre, wenn man eine besondere einheitliche Veranlagung vorgeschrieben hätte; schon die Beschaffung der erforderlichen Anzahl von Veranlagungsbeamten hätte in Anbetracht der durch den Krieg geschaffenen Verhältnisse die größten Schwierigkeiten bereitet.

Ebenso wie bei den Gesellschaften wird bei den Einzelpersonen der für kriegsabgabepflichtig erklärte Betrag durch **die Vergleichung zweier Summen** gewonnen, von denen die eine aus der Friedenszeit, die andere aus der Kriegszeit stammt. **Bei den Gesellschaften** (juristischen Personen, §§ 20ff.) ist es im wesentlichen bei der Regelung geblieben, die die Kriegsbesteuerung der Gesellschaften **im ersten Kriegssteuergesetz** gefunden hatte. Als abgabepflichtig wird **wiederum der Mehrgewinn** bezeichnet, der sich aus dem Unterschied zwischen dem Friedensgeschäftsgewinne und dem im vierten Kriegsgeschäftsjahre erzielten (Kriegs-)Geschäftsgewinne ergibt (s. §§ 21—23, 25 und Erläuterungen dazu).

Bei Berechnung des kriegssteuerpflichtigen **Mehreinkommens der physischen Personen** wird zunächst von den vollen veranlagten Beträgen ihres in den betreffenden Bundesstaaten festgestellten Einkommens ausgegangen. Der **Unterschiedsbetrag** aber, der sich aus der Vergleichung des Friedens- und Kriegseinkommens ergibt, wird auf volle Tausende nach unten abgerundet. Eine solche **Abrundung nach unten** schreibt auch das Besitzsteuergesetz im § 28 Abs. 3 vor; dort handelt es sich aber um die Abrundung des Vermögens des Steuerpflichtigen. Die Vorschrift ist für das Kriegsabgabegesetz insofern von Bedeutung, als nach § 15 (s. Erläuterungen dort) als **abgabepflichtiges Vermögen** das nach den Vorschriften des Besitzsteuergesetzes festgestellte Vermögen anzusehen ist; hat eine Feststellung zu diesem Stichtage nicht stattgefunden oder hat sich das Vermögen des Pflichtigen nach dem 31. Dezember 1916 um mehr als 5000 *M* vermehrt, so ist das abgabepflichtige Vermögen, ebenfalls nach den Vorschriften des Besitzsteuergesetzes, für die Kriegsabgabe besonders festzustellen (§ 16).

Die **Abrundung** bei der Abgabe auf das Einkommen erfolgt nach dem vorhin Gesagten an dem Unterschiedsbetrag. Ist also das Friedenseinkommen auf 24700 *M*, das Kriegseinkommen auf 39100 *M* berechnet, so wird der Unterschied von 14400 *M* auf 14000 *M* für die Kriegssteuer abgerundet. Würde eine Abrundung der Einzelansätze zugelassen sein, so hätte sich ein Unterschiedsbetrag von (39000—24000 =) 15000 *M* ergeben und die Steuer wäre von 900 auf 1000 *M* gestiegen.

Beträge **bis zu 3000 *M*** Mehreinkommen bleiben von der Steuer

frei. Abgabepflichtig ist nur der 3000 *M* übersteigende Teil des Mehreinkommens. Da die untere Grenze des für die Ermittlung der Kriegssteuer festzustellenden Friedenseinkommens im § 7 auf 10000 *M* festgesetzt ist und die Steuerpflicht auf das Mehreinkommen erst beginnt, wenn dieses nach der im Abs. 2 des vorliegenden Paragraphen vorgenommenen Abrundung 3000 *M* übersteigt, so muß sich — als **unterste Grenze** der Steuerpflicht — nach Vornahme der Abrundung ein **Einkommen von mindestens 14000 *M*** ergeben. Wer also ein nach den §§ 4, 5 oder 6 zu berechnendes Friedenseinkommen von 10400 *M* gehabt hat und ein nach §§ 8ff. bestimmtes Kriegseinkommen von 14300, hat eine Kriegssteuer für Mehreinkommen noch nicht zu entrichten. Denn der Unterschiedsbetrag ergibt, nach unten abgerundet, nur 3000 *M*. Die Steuerpflicht beginnt aber erst bei einem diese Summe übersteigenden Betrag.

Ergibt sich nach Abrundung ein Unterschiedsbetrag von mindestens 4000 *M*, so ist zu fragen, ob die volle Summe von 4000 *M* oder nur der 3000 *M* übersteigende Betrag, also die Summe von 1000 *M*, zu versteuern ist. Nach dem Wortlaut des vorliegenden § 3 Abs. 3 muß angenommen werden, daß die letztgenannte Möglichkeit allein in Betracht kommt. Ein **Einkommenszuwachs bis zu 3000 *M* soll** nach dem Willen des Gesetzes auch bei höheren Einkommen **gänzlich frei bleiben.** Wer vor dem Kriege ein Einkommen von 25000 *M* als Friedenseinkommen besessen hat und ein Kriegseinkommen von 27000 *M* bezieht, bleibt nach der Bestimmung des § 3 Abs. 3 ebenso steuerfrei wie derjenige, dessen Einkommen 14000 *M* nicht erreicht.

Für eine andere Berechnungsart, nämlich für die Besteuerung des **gesamten Mehrbetrages,** wenn er sich auf mindestens 4000 *M* (über 10000 *M*) beläuft (also in diesem Falle für die Steuerpflicht der vollen 4000 *M*) wird geltend gemacht (Zimmermann S. 51), daß die Vorschrift des § 3 Abs. 3 den gleichen Sinn habe wie die Vorschrift im § 12 des Besitzsteuergesetzes, die ebenso ausgelegt werde. Dort heißt es, daß die Abgabe (vom Vermögenszuwachs, § 1) nicht erhoben wird von dem Zuwachs, der den Betrag von 10000 *M* nicht übersteigt. Die Fassung dieser Vorschrift weicht aber von der bestimmteren des Abs. 3 des vorliegenden Paragraphen nicht unwesentlich ab, und selbst wenn die Praxis des Besitzsteuergesetzes hier einer Auslegung zugunsten der ausgedehnteren Steuerpflicht gefolgt ist, so braucht das für das Kriegsabgabegesetz noch nicht maßgebend zu sein. Auch die Ausführungsbestimmungen zum Kriegsabgabegesetz, die freilich eine den Richter bindende Kraft in dieser Hinsicht nicht haben, stimmen mit der hier vertretenen Auffassung überein. Es heißt dort im § 7 Abs. 2: „Als Friedenseinkommen wird **stets ein Mindestbetrag von 10000 M** angenommen. **Die ersten 3000 M bleiben immer abgabefrei.** Abgabepflichtiges Mehreinkommen ist sonach das auf volle Tausende nach unten abgerundete und um den abgabefreien Betrag von 3000 M gekürzte Mehreinkommen." Ergibt sich also nach Abrundung ein Mehreinkommen von 4000 M gegenüber einem Friedenseinkommen von 10000 M, so sind 1000 M zu versteuern. Der Steuersatz hierauf beträgt 50 M.

Die Auslegung des **Begriffes „Einkommen"** geschieht grundsätzlich nicht nach dem Kriegsabgabegesetz; die landesrechtliche, bei der Steuererklärung und -veranlagung zutage tretende Auffassung ist maßgebend, s. oben. Nur für das Kriegseinkommen der Offiziere, Sanitäts- und Veterinäroffiziere sowie der oberen Militärbeamten ist im § 9 (s. Erläuterungen dort) eine **Sondervorschrift** gegeben.

§ 4

Als Friedenseinkommen gilt das steuerpflichtige Jahreseinkommen, mit dem der Abgabepflichtige bei der letzten allgemeinen landesgesetzlichen Jahresveranlagung auf Grund der Einkommensverhältnisse, wie sie vor Ausbruch des Krieges bestanden, zur Einkommensteuer veranlagt worden ist.

Welche Einkommensteuerveranlagung nach Abs. 1 maßgebend ist, bestimmt die oberste Landesfinanzbehörde im Einverständnisse mit dem Reichskanzler.

Auf Antrag des Abgabepflichtigen ist das durchschnittliche Einkommen, das sich aus der nach Abs. 1 und 2 maßgebenden Jahresveranlagung und den zwei ihr vorangegangenen Jahresveranlagungen ergibt, als Friedenseinkommen festzusetzen. Der Antrag kann bis zum Ablauf der mit der Zustellung des Steuerbescheids eröffneten Rechtsmittelfrist gestellt werden.

Das Besitzsteueramt kann die Festsetzung des Friedens-

einkommens nach dreijährigem Durchschnitt (Abs. 3) von sich aus vornehmen, wenn das Einkommen der nach Abs. 1 und 2 maßgebenden Jahresveranlagung ein außergewöhnlich hohes war und der Abgabepflichtige nach Lage der Verhältnisse dieses Einkommen für die Dauer nicht erwarten konnte.

Erläuterungen:

Der **Unterschiedsbetrag** zwischen dem Friedenseinkommen und dem Kriegseinkommen ist Gegenstand der Kriegssteuer auf das Mehreinkommen. Friedens- und Kriegseinkommen werden nach dem Kriegsabgabegesetz grundsätzlich nicht selbständig ermittelt; vielmehr ist in erster Reihe für beide Einkommen die landesgesetzliche Jahresveranlagung zur Einkommensteuer für maßgebend erklärt.

Als **Friedenseinkommen** im Sinne des Kriegsabgabegesetzes wird das Einkommen angesetzt, mit dem der Abgabepflichtige (§§ 1, 2) bei der letzten allgemeinen **landesgesetzlichen Jahresveranlagung** auf Grund der Einkommensverhältnisse, wie sie vor Ausbruch des Krieges bestanden, zur Einkommensteuer veranlagt worden ist. Aus welchen Gründen von einer Einschätzung von Reichs wegen abgesehen worden ist, ist in den Erläuterungen zu § 3 dargelegt. Wie sich die Ungleichheiten, die sich in der Praxis aus den verschiedenartigen Veranlagungsgesetzen der Bundesstaaten ergeben werden, ausgleichen werden, und ob sie überhaupt auszugleichen sind, muß abgewartet werden. Das Kriegsabgabegesetz enthält keine materiellen Vorschriften zur Ausgleichung solcher Unbilligkeiten. Der sogenannte **„Härteparagraph"** (§ 40) wird (trotz der Zusicherungen des Reichsschatzsekretärs in der Kommission) wenig helfen können. Zwar kann nach dieser Bestimmung der Bundesrat besondere Härten durch Zulassung einer vom Gesetz abweichenden Berechnung des Mehreinkommens mildern, insbesondere auch gestatten, daß der Ermittlung des Friedenseinkommens das Ergebnis anderer Jahre zugrunde gelegt wird; er kann schließlich, wie ausdrücklich bestimmt ist, „Unbilligkeiten beseitigen, die sich aus Besonderheiten der einzelstaatlichen Einkommensteuergesetze oder daraus ergeben, daß die landesrechtliche Einkommensteuerveranlagung eine Wertminderung der Einkommensquelle nicht ausreichend berücksichtigt". Diese Funktion übt der Bundesrat aber nur auf Antrag im Einzelfalle — allerdings gebührenfrei — aus. An einer allgemeinen und grundsätzlichen Regelung gerade der hier in Betracht kommenden Ungleichheiten — etwa durch entsprechende Ausführungsbestimmungen[1]) — fehlt es, so daß schon dadurch eine große Anzahl von Unbilligkeitsfällen mangels eines Antrags nicht vor den Bundesrat gelangen werden. Aber selbst wo der Bundesrat zur Entscheidung angerufen werden wird, dürfte es für ihn nicht leicht sein, irgendeine Bestimmung eines landesrechtlichen Einkommensteuergesetzes für eine Unbilligkeit zu erklären. In Preußen werden beispielsweise **Lotteriegewinne** auf Grund der Bestimmung in § 4 des Einkommensteuergesetzes als nicht einkommensteuerpflichtig angesehen, während andere Staaten solche Zufallserwerbungen als Einkommen besteuern. Wird der Bundesrat auf Antrag eines Kriegssteuerpflichtigen, der sich etwa durch die preußische Rechtslage beschwert fühlt, weil sie nach seiner Meinung sein Friedenseinkommen als zu niedrig erscheinen läßt, diese Vorschrift für die Kriegssteuerveranlagung als „Unbilligkeit" beseitigen? Auch in anderen Fällen ist eine Verstopfung der eigentlichen Quelle der Ungleichheiten, die das Kriegsabgabegesetz nun einmal bedingt, kaum tunlich; es bleibt dem Bundesrat nur übrig, in Einzelfällen, in denen der Pflichtige aus besonderen in seiner Person, in seinen Vermögensverhältnissen oder in sonstigen sachlichen Umständen liegenden Gründen als ausnahmsweise hart getroffen anzusehen ist, eine Vergünstigung Platz greifen zu lassen. In einem zu § 40 (s. dort) ergangenen Beschluß des Bundesrats vom 22. August 1918 wird für die Berechnung des **Mehr**einkommens zwar in gewissen Fällen eine **grundsätzliche Milderung** zugestanden (näheres s. Erläut. zu § 40) die daraufhin erfolgenden, wegen des Antragszwanges aber voraussichtlich **nur vereinzelten Ausnahmebewilligungen** sind indes nicht dazu angetan, die Uneinheitlichkeit der Veranlagungsgrundlage für die Kriegssteuer aus der Welt zu schaffen sondern können eher dazu dienen, die daraus für die Pflichtigen folgende unterschiedliche Behandlung noch auffälliger und unangenehmer fühlbar zu machen. Was ferner vom Bundesrat kaum nachträglich bei Gelegenheit der Kriegssteuerveranlagung wird „gemildert" werden können, ist die **Verschiedenheit in der Handhabung** der landesrechtlichen Steuergesetze durch die einzelstaatlichen Behörden, deren schärfere oder mildere

---

[1]) Vgl. aber die Anweisung des Bundesrats vom 22. August 1918, gerichtet an die obersten Landes-Finanzbehörden, s. unten zu § 40.

Praxis, die je nachdem zu günstigen oder ungünstigen Ergebnissen für den Steuerpflichtigen, zunächst bei der Einkommensteuerveranlagung und dann in zwangsläufiger Folge bei der Veranlagung der Kriegsabgabe, führen. Der Umstand, daß bereits im Wehrbeitragsgesetz (§ 12) das landesrechtlich veranlagte Einkommen als Grundlage für die Reichsabgabe genommen ist, kann für das Kriegsabgabegesetz nicht gut als Argument verwertet werden. Denn die damalige geringe Abgabe von 1 v. H. bis höchstens 8 v. H. des Einkommens von einer gewissen Höhe ab tritt gegenüber der Höhe der Mehreinkommensteuer, die unter Annahme des Grundsatzes der „Durchstaffelung" (§ 13) von 5 v. H. bis 50 v. H. des Mehreinkommens geht, weit zurück.

Die letzte allgemeine auf die Einkommensverhältnisse des Friedens gegründete landesrechtliche Veranlagung soll das Friedenseinkommen ergeben. **„Allgemeine" Veranlagungen** sind die, von denen grundsätzlich jeder Steuerpflichtige betroffen wird. Es handelt sich um die jährlichen Festsetzungen, die von den Landessteuerbehörden auf Grund der Einkommensteuergesetze getroffen werden. (Für Preußen bestimmen die §§ 21 ff. des Einkommensteuergesetzes das Nähere.) Nach dem Wortlaut des vorliegenden § 4 Abs. 1 genügt es, daß die Veranlagung ordnungsmäßig erfolgt ist; eine Zustellung oder sonstige Bekanntgabe an den Pflichtigen braucht nicht stattgefunden zu haben. Dies ist für solche Fälle von Bedeutung, in denen der Steuerpflichtige, etwa wegen zeitweiliger Abwesenheit, die Steuerzuschrift oder eine sonstige dem Gesetz entsprechende Mitteilung der Veranlagung nicht erhalten hat, und infolgedessen nicht Steuerschuldner geworden ist.

Die für die Kriegssteuer maßgebende Veranlagung muß auf den Einkommensverhältnissen, wie sie **vor dem Kriege** bestanden haben, beruhen, und sie muß die letzte dieser „Friedensveranlagungen" sein. Jede Einkommenssteuerveranlagung geht auf einen Zeitraum oder einen Stichtag, und auf die während dieses Zeitraumes oder an diesem Stichtage vorhanden gewesenen Einkommensverhältnisse oder Einkommensquellen des Pflichtigen zurück. Die auf dem letzten vor dem Kriege liegenden Zeitraum oder Stichtag beruhende landesrechtliche Einkommensveranlagung ist die für die Kriegsabgabe maßgebende. Welcher Zeitraum oder Stichtag in Betracht kommt, entscheidet sich nach den Landesgesetzen. In Preußen hat nach dem Erlaß des Finanzministers vom 31. August 1918 als letzte allgemeine Veranlagung, für die die Einkommensverhältnisse des Friedens maßgebend waren, die Veranlagung zu Anfang des Jahres 1914 (mit dem 1. April 1914 als Stichtag) zu gelten; diese setzte die **Einkommensteuer für das Steuerjahr 1914** fest, das vom 1. April 1914 bis 30. März 1915 lief. Die Veranlagung ging grundsätzlich von den Einkommensverhältnissen der Steuerpflichtigen in dem vorangegangenen Jahre (1913) aus.

Welche Veranlagungen in den anderen Bundesstaaten zugrunde zu legen sind, ist durch die in Betracht kommenden obersten Landesfinanzbehörden (Finanzministerium) im Einverständnis mit dem Reichskanzler (Reichsschatzamt) besonders zu bestimmen. Diese besondere Festsetzung ist namentlich auch deswegen nötig, weil eine Anzahl Bundesstaaten, darunter Preußen, für die Einkommensteuerveranlagung kaufmännischer Betriebe den dreijährigen Durchschnitt des Einkommens zugrunde legt (§ 9 Abs. 3 Preuß. Einkommensteuergesetz), wobei es — z. B. bei verspäteter Bilanzaufstellung — vorkommen kann, daß nicht überall die gleichen drei Jahre bei einer allgemeinen Veranlagung berücksichtigt werden.

Den obersten Landesfinanzbehörden im Einverständnis mit dem Reichskanzler muß es auch überlassen sein, zu bestimmen, ob und inwieweit auf etwaige im Verlaufe des auf die letzte Friedensveranlagung folgenden Steuerjahres eingetretenen **Änderungen in den Einkommensverhältnissen** für die Feststellung des „Friedenseinkommens" i. S. des Abgabegesetzes Rücksicht zu nehmen ist. (In Preußen wird für die Einkommensteuer seit dem Gesetz betr. die Ergänzung des Einkommensteuergesetzes vom 30. Dezember 1916 eine Änderung der Einkommensquellen während des Steuerjahres für die Besteuerung mit berücksichtigt.)

Da der Unterschiedsbetrag zwischen Friedenseinkommen und Kriegseinkommen für steuerpflichtig erklärt ist, so ist der **steuerbare Betrag um so geringer, je höher das Friedenseinkommen** (und je niedriger das Kriegseinkommen) ist. Wer also früher zu niedrig zur Einkommensteuer veranlagt worden ist, kann jetzt bei der Kriegsabgabe Nachteil davon haben. Es ist zu fragen, ob ein solchergestalt Benachteiligter eine **nachträgliche Richtigstellung der früheren Veranlagung** verlangen oder herbeiführen kann. Das Kriegsabgabegesetz sieht diese Möglichkeit nicht vor; in den §§ 5 und 6 sind zwar gewisse abweichende Berechnungen zugelassen, sie treffen jedoch nicht die hierher gehörigen Fälle. Danach entscheidet es sich **lediglich nach Landesrecht**, ob eine Änderung der „Friedensveranlagung" noch nachträglich für die Zwecke der Kriegsabgabe erfolgen kann oder nicht (vgl. § 36 Abs. 2). Für Preußen könnte die Vorschrift in § 85 des Einkommensteuergesetzes in Betracht kommen, wonach die Erhöhung der Veranlagung eines Steuerpflichtigen, falls keine strafbare Hinterziehung der Steuer (§§ 72, 73) stattgefunden hat, erfolgen kann, wenn nachträglich neue Tatsachen oder Beweise ermittelt werden, die die höhere Veranlagung begründen. Diese „Nachbesteuerung" ist aber dem Sinne des § 85 entsprechend nur als ein Recht der Steuerbehörde anzusehen; im § 85 sollte dem Pflichtigen ein Rechtsanspruch auf nachträgliche Erhöhung seiner Veranlagung offenbar nicht verliehen werden, zumal da bei Erlaß des Preuß. Einkommensteuergesetzes Fälle, in denen der Pflichtige ein des Rechtsschutzes würdiges Interesse an nachträglicher Erhöhung seiner Steuer haben würde, nicht bekannt und auch wohl kaum vorstellbar gewesen sind.[1])

Ebenso wie bei der Mehreinkommensteuer entsteht bei der Kriegsabgabe auf das Vermögen unter Umständen die Frage nach der Möglichkeit oder Zulässigkeit einer **Erhöhung der früheren Vermögensveranlagung** oder -schätzung. Der § 54 des Wehrbeitragsgesetzes sah eine Nachveranlagung bei zu Unrecht unterbliebener Heranziehung, sowie das Recht der Behörden zur Erhöhung eines veranlagten Wehrbeitrages vor, wenn nachträglich Tatsachen oder Beweismittel bekannt würden, die eine Höherveranlagung rechtfertigten. Dieser Vorschrift entsprach die Bestimmung im § 73 des Besitzsteuergesetzes. Beide Vorschriften aber sind für das Kriegsabgabegesetz im § 43 (s. Erläut. dort) insofern für gegenstandslos erklärt, als (in gleichzeitiger Erledigung einer bisherigen Streitfrage) bestimmt ist, daß die betreffenden Paragraphen des Besitzsteuer-

[1]) Eine ähnliche Frage wie die oben behandelte ist bei der Vorschrift des § 16 Abs. 1 des KriegssteuerG. vom 21. Juni 1916 aufgeworfen worden; es handelte sich darum, ob eine kriegssteuerpflichtige Gesellschaft ihre früher gestellten stillen Reserven bei der Kriegssteuererklärung zu dem Zwecke in Erscheinung treten lassen darf, um den Friedensgewinn höher auszuweisen. Diese Möglichkeit ist nach preußischem Recht, soweit seinerzeit durch falsche Schätzung ermittelte Beträge hierbei in Betracht kommen, verneint worden, da eine Richtigstellung früherer unrichtiger Schätzungen nicht als zulässig gilt. Soweit aber früher bewußt zu niedrige Bewertungen (oder bewußt zu hohe Abschreibungen) vorgenommen waren, stand einer etwaigen an sich zulässigen Richtigstellung die Strafandrohung des § 72 (absichtliche Steuerhinterziehung) im Wege. Nur wenn man gleichzeitig die früheren Steuererklärungen richtig stellte und die Nachsteuer bezahlte, war die Berücksichtigung früher falsch gemachter Angaben bei der Kriegssteuererklärung der Gesellschaften zu erreichen (vgl. Norden-Friedlaender, Kriegssteuerges. 2. Aufl. S. 118/119).

und des Wehrbeitragsgesetzes dem Steuerpflichtigen **keinen Rechtsanspruch auf Neuveranlagung** des Wehrbeitrags oder der Besitzsteuer geben (vgl. im übrigen § 43 und Erläut. dazu).

Sollten die im Zusammenhang mit dieser Rechtslage in einzelnen Fällen **Härten** auftreten, so bleibt es dem Pflichtigen überlassen, den Bundesrat auf Grund des § 40 um eine Milderung anzugehen.

Bei Steuerpflichtigen, die einen Teil ihres Einkommens nicht in dem Staate ihres Wohnsitzes versteuern, weil sie **in einem anderen Staate Grundbesitz** haben oder einen **Gewerbebetrieb** unterhalten, wird das gesamte versteuerte Einkommen durch **Zusammenrechnung** der Teile zu ermitteln sein. Im einzelnen heißt es hierüber in den Ausführungsbestimmungen: „Ist ein Steuerpflichtiger in mehreren Bundesstaaten zur Einkommensteuer veranlagt, so ist für die Berechnung des Mehreinkommens das in den einzelnen Bundesstaaten festgestellte Einkommen zusammenzurechnen. Dies gilt nicht für die Einkommensteuerveranlagungen auf Grund der unbeschränkten Steuerpflicht." (§ 8.) In dieser letzten Beziehung besagt der § 9 der Ausführungsbestimmungen das Folgende: Ist ein Steuerpflichtiger in mehreren Bundesstaaten mit seinem gesamten steuerbaren, nach den Vorschriften des Doppelsteuergesetzes (vom 22. März 1909) der Landesbesteuerung nicht entzogenen Einkommen zur Einkommensteuer veranlagt, so sind die Einkommensteuerveranlagungen in dem Bundesstaate, der für die **Veranlagung der Kriegsabgabe zuständig** ist, maßgebend. Hat in diesem Bundesstaat eine nach § 4 Abs. 1 und 2 des Gesetzes in Betracht kommende Einkommensteuerveranlagung auf Grund der unbeschränkten Steuerpflicht nicht stattgefunden, so ist für die Ermittlung des Friedenseinkommens die Einkommensteuerveranlagung in dem Bundesstaate, der für die Veranlagung des Wehrbeitrages zuständig war, maßgebend. Dem hiernach maßgebenden Einkommen ist das Einkommen zuzurechnen, das in Gemäßheit des Doppelsteuergesetzes der ausschließlichen Besteuerung in einem andern Bundesstaate vorbehalten ist.

Der Abgabepflichtige kann (beim Besitzsteueramt) **beantragen**, daß als Friedensgewinn statt des nach § 4 Abs. 1 ermittelten Einkommens das **durchschnittliche Einkommen** zugrunde gelegt wird, das sich aus der nach Abs. 1 maßgebenden Veranlagung und den zwei ihr vorangegangenen Jahresveranlagungen ergibt. Er wird sich dazu entschließen, wenn das Ergebnis für ihn steuerlich günstiger ist, das heißt, wenn der dreijährige Durchschnitt ein höheres Friedenseinkommen ergibt, als das auf Grund der letzten Friedensveranlagung. In diesem Falle vermindert sich der Unterschiedsbetrag gegen das Kriegseinkommen und damit das steuerbare Mehreinkommen entsprechend.

Eine Begründung des Antrags ist nicht vorgeschrieben, also nicht erforderlich. Dem Antrag **muß** von der Steuerbehörde **stattgegeben** werden. Von der Durchschnittsberechnung wird das gesamte steuerbare Einkommen des Pflichtigen erfaßt; eine Beschränkung auf Teile des Einkommens ist unstatthaft.

Der Antrag muß bis zum Ablauf der mit der Zustellung des Steuerbescheides (§ 35) beginnenden Rechtsmittelfrist gestellt werden. Die gegen den Steuerbescheid zulässigen **Rechtsmittel** einschließlich des Verfahrens, also auch der Fristen, werden landesrechtlich geordnet. In Ermanglung einer solchen Ordnung gelten dieselben landesgesetzlich gegebenen Rechtsmittel, wie sie bei der Veranlagung der direkten Staatssteuern bestehen. In Preußen beträgt die Berufungsfrist gegen die Veranlagungen der Einkommensteuer-Veranlagungskommission 4 Wochen (nicht 1 Monat!), sie ist an die Berufungskommission zu richten.

Der Abgabepflichtige bleibt an einen gemäß § 4 Abs. 3 gestellten **Antrag gebunden** (AusfBest. § 10 Abs. 1); er kann ihn also nicht zurücknehmen, und muß das Ergebnis der Durchschnittsberechnung auch dann gegen sich gelten lassen, wenn es zu seinen Ungunsten ausschlägt.

Wird der Antrag rechtzeitig nach Zustellung des Steuerbescheides gestellt, so ist die **Veranlagung zunächst zu berichtigen.** In diesen Fällen wird mit der Zustellung des berichtigten Steuerbescheides, oder der Mitteilung, daß sich an dem Veranlagungsergebnisse nichts ändere, eine neue Rechtsmittelfrist eröffnet.

Wird der Antrag vor der Zustellung des Steuerbescheides gestellt, und ist er im Steuerbescheid nicht berücksichtigt, so kann der Pflichtige ihn entweder innerhalb der Rechtsmittelfrist wiederholen, oder er kann das zulässige Rechtsmittel gegen den Bescheid einlegen. Die Einlegung des Rechtsmittels bleibt ferner auch in dem Falle übrig, daß das Besitzsteueramt dem Antrag nicht oder nicht voll entsprochen hat.

Auch ohne Antrag des Steuerpflichtigen **kann** die Steuerbehörde **von Amts wegen** die Durchschnittsberechnung vornehmen, wenn das Einkommen nach der letzten Friedensveranlagung außergewöhnlich hoch war und der Abgabepflichtige nach Lage der Verhältnisse dieses

Einkommen für die Dauer nicht erwarten konnte. So können die Dinge z. B. liegen, wenn der Pflichtige in dem der letzten Friedensveranlagung zugrunde liegenden Jahre einen größeren Lotteriegewinn gemacht oder bedeutende **Spekulationsgewinne** erzielt hat. Voraussetzung für dieses Vorgehen der Steuerbehörden, das infolge der damit verbundenen Ermäßigung des „Friedenseinkommens" im fiskalischen Interesse liegt, ist zunächst (objektiv) das Vorhandensein eines im Vergleich mit den anderen Jahren „außergewöhnlich hohen" Einkommens; sowie ferner (subjektiv), daß der Steuerpflichtige voraussichtlich dieses erhöhte Einkommen auf die Dauer nicht erwarten konnte. Bezüglich beider Voraussetzungen hat **die Steuerbehörde die Entscheidung,** die namentlich hinsichtlich der zweiten nicht immer einfach zu treffen sein wird. Veranlagungsbehörden mit umfangreicher Praxis und zahlreichen, verschiedenen Berufen angehörenden Steuerpflichtigen werden leichter in der Lage sein, sich zutreffende Gesichtspunkte für die Beurteilung der einzelnen Fälle zu schaffen, als kleine Besitzsteuerämter mit einer geringeren und im wesentlichen gleichartigen Bevölkerung. Hier wird wohl erst im Rechtsmittelzuge ein gewisser Ausgleich herbeigeführt werden können, namentlich da die Steuerveranlagungsbehörde erst dann genötigt werden kann, die Gründe darzulegen, weshalb sie das der letzten Friedensveranlagung zugrunde gelegte Einkommen als „außergewöhnlich hoch" angesehen hat, und ferner, weshalb sie angenommen hat, daß der Steuerpflichtige das Einkommen für die Dauer nicht erwarten konnte. Gerade über diesen Punkt werden nicht selten die **Behörde und der Steuerpflichtige verschiedener Meinung** sein. Wenn z. B. der Steuerpflichtige eine Erfindung gemacht hat, die sich gut einführt, wird er meist die Überzeugung haben, daß sie ihm auch weiterhin eine besonders gute Einnahmequelle sein wird. Die Steuerbehörde aber wird vielleicht skeptischer verfahren und annehmen, daß der Erfinder mit Rückschlägen, schlechter geschäftlicher Konjunktur, Konkurrenzerfindungen habe rechnen müssen. Dabei wird sie allerdings auf die **Gestaltung der Dinge während der Kriegszeit** nicht ohne weiteres als Beispiel oder zum Beweise Bezug nehmen dürfen, denn den Krieg hat der Steuerpflichtige zur Zeit des Friedenseinkommens nicht voraussehen können oder in Rechnung zu stellen brauchen.

Die letzte Entscheidung wird bei dem durch das Gesetz vom 26. Juli 1918 errichteten **Reichsfinanzhof** liegen, der zur Wahrung der Rechtseinheit auf dem Gebiete der hauptsächlichen Reichssteuern berufen ist.

Das Gesetz spricht im Abs. 4 ausdrücklich von dem „dreijährigen Durchschnitt". Läßt sich ein solcher nicht feststellen, weil bei einem Steuerpflichtigen erst zwei „Friedensveranlagungen" vorliegen, so kann der Abs. 4, und ebenso der Abs. 3, auf den er sich bezieht nicht angewendet werden, also eine Durchschnittsberechnung überhaupt nicht stattfinden.

Über einige uaf Grund des § 40 (Härteparagraph) vom Bundesrat zugelassenen **Milderungen bei der Mehreinkommensberechnung** s. Erläut. zu § 40.

§ 5

Ist die persönliche Einkommensteuerpflicht erst nach dem für die letzte Friedensveranlagung (§ 4 Abs. 1 und 2) maßgebenden Stichtag eingetreten, so gilt als veranlagtes Einkommen vor dem Kriege der für eine Verzinsung von 5 vom Hundert bemessene Jahresertrag des bei Eintritt der Steuerpflicht nachweislich vorhandenen Vermögens oder das von dem Abgabepflichtigen nachgewiesene höhere Einkommen, das er im Jahre 1913 oder im Durchschnitt der Jahre 1911, 1912, 1913 tatsächlich bezogen hat.

Erläuterungen:

Eine Berechnung des Friedenseinkommens nach § 4 ist nur möglich, wenn **mindestens eine** auf den Einkommensverhältnissen vor dem Kriege gegründete Veranlagung **(Friedensveranlagung)** stattgefunden hat. Liegt eine solche Veranlagung nicht vor, so fehlt zunächst der Gegenposten, mit dem das Kriegseinkommen in Vergleich zu setzen ist, um das steuerpflichtige Mehreinkommen zu ergeben. Hier schafft die Bestimmung in § 5 Abhilfe; sie schreibt die **Berechnung eines fingierten Einkommens** vor, falls die persönliche Einkommensteuerpflicht erst nach dem für die letzte Friedensveranlagung maßgebenden Stichtag (der sich landesrechtlich bestimmt; in Preußen der 1. April 1914) eingetreten ist.

Nur wenn die **persönliche** (subjektive) **Einkommensteuerpflicht erst nachträglich eingetreten** ist, wird zu der fingierten Berechnung gegriffen. Diese ist also nicht anzuwenden, wenn es früher an der objektiven Steuerpflicht, d. h. an steuerbarem Einkommen bei dem Pflichtigen, gefehlt hat. Für diesen Fall muß die **sinngemäße Anwendung des § 7** als erforderlich anzusehen sein, wonach das Friedenseinkommen mit mindestens 10000 ℳ angesetzt werden muß (s. Erläut. zu § 7). Ein nachträglicher Eintritt der subjektiven Steuerpflicht erfolgt z. B. bei einem Steuerpflichtigen dann, wenn er erst **nach dem Stichtage** in einem Bundesstaate seinen **Wohnsitz** oder in Ermanglung eines solchen seinen **dauernden Aufenthalt** nahm, ferner auch dann, wenn er erst nach dem Stichtage geboren wurde.[1]) Für solche Personen soll nicht eine etwa nach dem Stichtage erfolgte staatliche Veranlagung als Grundlage für die Feststellung des Friedenseinkommens gelten, sondern ein **durch eine besondere Rechnung ermittelter Betrag. Drei Formen** der Berechnung stehen dem Steuerpflichtigen nach seiner Wahl zur Verfügung:

1. Der Steuerpflichtige kann entweder sein bei Eintritt der Steuerpflicht (der persönlichen Einkommensteuerpflicht, nicht der Kriegssteuerpflicht) vorhanden gewesenes **Vermögen** nachweisen und sich einen davon errechneten Betrag **von 5 v. H. jährlich** als veranlagtes Einkommen vor dem Kriege ansetzen lassen;
2. oder er kann statt dessen sein **wirkliches Einkommen** im Jahre 1913 nachweisen, um falls dieses höher ist als die 5proz. Verzinsung, dieses als Friedenseinkommen gelten zu lassen;
3. oder er kann das Einkommen, das er im **Durchschnitt der Jahre 1911, 1912 und 1913** tatsächlich bezogen hat, nachweisen, und diesen Durchschnitt als Friedenseinkommen angesetzt verlangen.

Welchen Weg der Steuerpflichtige am vorteilhaftesten einschlägt, läßt sich **nur nach Lage des Einzelfalls** sagen. Sehr häufig wird es für ihn richtiger sein, das tatsächliche Einkommen der Friedensjahre nachzuweisen, als die niedrige 5proz. Verzinsung des Vermögens am Stichtage als Friedenseinkommen gelten zu lassen. Den **Nachweis** des früheren tatsächlichen **Einkommens** kann der Steuerpflichtige außer aus seinen Büchern und Papieren auch durch Vorlegung von Veranlagungen des Staates seines früheren Wohnsitzes, nötigenfalls auch durch andere Urkunden oder durch Zeugen führen.

---

[1]) Nach preußischem Recht auch noch durch den Fortfall einer der in § 3 des Einkommensteuergesetzes ausgesprochenen Befreiungen (für Mitglieder des Königlichen Hauses, der mediatisierten und der diesen gleichgestellten Familien, der Vertreter fremder Mächte und ihrer ausländischen Angestellten sowie der sonstigen völkerrechtlich eximierten Personen).

Dasselbe gilt für den **Nachweis des Vermögens,** falls es der Steuerpflichtige bei der 5proz. Verzinsung belassen will. Sind in dieser Hinsicht Ermittlungen durch die Steuerbehörde notwendig, so finden hierfür und für die darauf gestützte Berechnung die Vorschriften des Besitzsteuergesetzes entsprechende Anwendung (§ 10 der AusfBest.). In den Erläuterungen zu § 16 findet sich näheres über die Grundsätze für die Berechnung des Vermögens nach dem Besitzsteuergesetz.

Sind in dem Kriegseinkommen die **Erträge ausländischen Grund- oder Betriebsvermögens** enthalten, so ist bei der Berechnung der 5proz. Verzinsung auch dieses Vermögen zu berücksichtigen. Für den Nachweis des **Einkommens aus Handel und Gewerbe** dürfte es als ausreichend angesehen werden können, wenn der Steuerpflichtige, statt des Einkommen im Durchschnitt der Kalenderjahre 1911 bis 1913 nachzuweisen, die **Jahresabschlüsse der entsprechenden Geschäftsjahre,** auch wenn diese nicht mit den Kalenderjahren zusammenfallen, vorlegt. Zu fordern wird in dieser Hinsicht lediglich sein, daß keines der drei Geschäftsjahre in den Krieg hineinreicht; denn die Berechnung des Friedenseinkommens muß sich sinngemäß auf die Einkommensverhältnisse vor dem Kriege gründen, wovon auch der § 4 Abs. 1 ausgeht.

Der § 5 setzt ein nach dem Vermögensstande am (landesrechtlichen) Stichtage zu berechnendes **Mindestfriedenseinkommen** fest, daß einer 5proz. Verzinsung des Vermögens entspricht. Dabei ist indes die Vorschrift des § 7 zu beachten, die zwar nicht dem genauen Wortlaut, wohl aber dem Sinne nach hierhergehört und Anwendung finden muß. Nach dieser Vorschrift wird **als Friedenseinkommen ein Betrag von zehntausend Mark** angenommen, wenn das veranlagte Einkommen vor dem Kriege (§§ 4, 5) einschließlich der Hinzurechnung (§ 6) niedriger ist. Hier wird zwar nur von dem „veranlagten Einkommen" vor dem Kriege gesprochen; dadurch aber, daß in der Klammer auf die beiden §§ 4 und 5 verwiesen wird, muß auch die Bestimmung des letztgenannten Paragraphen als darunter fallend angesehen werden, zumal da es im § 5 heißt, daß die auf Grund der besonders zugelassenen Berechnungsarten ermittelten Beträge „als **veranlagtes** Einkommen" gelten sollen. Wer mithin an dem für die letzte Friedensveranlagung maßgebenden (landesrechtlich bestimmten) Stichtage noch nicht persönlich einkommensteuerpflichtig war und bei Eintritt der Steuerpflicht ein nachgewiesenes Vermögen von 150000 ℳ besessen hat, während er ein Kriegseinkommen (§ 8) von 13500 *M* besitzt, hat folgende Berechnung aufzustellen:

5 v. H. des Vermögens von 150000 *M* bei Eintritt der Steuerpflicht = 7500 *M*, erhöht nach § 7 auf .	10000 *M*
Kriegseinkommen (nach § 8) . .	13500 *M*
Unterschiedsbetrag (Mehreinkommen) .	3500 *M*
Nach unten abgerundet (§ 3 Abs. 2) .	3000 *M*

Eine Steuerpflicht ist mithin nicht gegeben (§ 3 Abs. 3). Würde das Kriegseinkommen statt 13500 *M* 18500 *M* betragen haben, so hätte sich der Unterschiedsbetrag auf 8500 *M*, abgerundet auf 8000 *M*, belaufen, wovon „der den Betrag von 3000 *M* übersteigende Teil", also die Summe von 5000 *M*, steuerpflichtig wäre. Die Steuer hierauf beträgt 250 *M* (§ 13).

In diesen Beispielen ist davon ausgegangen, daß der Steuerpflichtige nicht die ihm günstigere Berechnung nach dem höheren tatsächlichen Einkommen wählt. Dieser Weg wird nicht wenigen Pflichtigen wegen der Schwierigkeit des dafür erforderlichen Nachweises versperrt sein. Zum Beispiel werden Auslandsdeutsche, die erst während des Krieges nach Deutschland gekommen sind, keineswegs immer in der Lage sein, ihr Einkommen des Jahres 1913 oder der Jahre 1911 bis 1913 „nachzuweisen", da sie häufig unter Zurücklassung ihrer gesamten Habe, also auch ihrer Bücher und Papiere, das Ausland verlassen mußten. Da der **Nachweis**, den das Gesetz fordert, **nicht durch die bloße Behauptung** als erbracht gelten kann, so sind Personen in solcher Lage der Gefahr von Unbilligkeiten ausgesetzt. Auch bezüglich des Nachweises des Vermögens bei Eintritt der persönlichen Steuerpflicht sind diese Personen häufig recht unsicher gestellt, nämlich dann, wenn ihr Vermögen sich ganz oder zum Teil im Auslande befindet und weder der Nachweis der Höhe, noch, wegen der Kriegsverhältnisse, auch nur eine **Schätzung** in dieser Beziehung gegeben werden kann. Hier wird wiederum die Schutzvorschrift des § 40 (des „Härteparagraphen") in Anspruch genommen werden müssen. Die Regierung hat in der Kommission für solche Fälle ihre Hilfe zugesagt.

Der Möglichkeit, daß die zunächst nicht vorhandenen Nachweise für das Vermögen am Tage des Eintritts der Steuerpflicht und das frühere Einkommen nachträglich noch herbeigeschafft werden können, tragen die Ausführungsbestimmungen im § 10 Abs. 4 Rechnung, wo es heißt, daß der Nachweis eines nach § 5 (und § 6) zu berücksichtigenden Vermögens und Einkommens **auch im Rechtsmittelverfahren** geführt werden kann, solange die Berücksichtigung neuer Tatsachen und Beweise zulässig ist. Das Rechtsmittelverfahren für das Kriegsabgabegesetz wird landesrechtlich geregelt (§ 36). Der in letzter Instanz auf Rechtsbeschwerde hin für die Entscheidung zuständige Reichsfinanzhof ist nur zu der Prüfung berufen, ob die angefochtene Entscheidung auf dem bestehenden Recht beruht und nicht gegen den klaren Inhalt der Akten verstößt, sowie ob nicht wesentliche Mängel des Verfahrens vorliegen. In eine **neue Tatsachenprüfung** tritt also der **Reichsfinanzhof nicht** ein, so daß der nachträgliche Nachweis des Vermögens oder Einkommens nach § 5 (und § 6) in diesem Rechtszuge nicht mehr geführt werden kann.

War jemand bei der Feststellung des Friedenseinkommens nur **beschränkt einkommensteuerpflichtig** (z. B. ein im Ausland Ansässiger mit dem Einkommen aus inländischen Grund- oder Betriebsvermögen) und ist er **später** (z. B. durch Übersiedelung in einen deutschen Bundesstaat) **unbeschränkt** einkommensteuerpflichtig geworden, so finden die Vorschriften des § 5 über die Ermittlung des Friedenseinkommens mit der Maßgabe Anwendung, daß der Veranlagung **mindestens das der beschränkten Einkommensteuerpflicht unterworfene Einkommen** als Friedenseinkommen zugrunde gelegt wird. Ist also ein **Ausländer**[1]) aus dem Ertrage inländischen Grund- oder Betriebsvermögens gemäß landesrechtlicher Veranlagung mit einem Einkommen von 15000 ℳ veranlagt gewesen, so kann er verlangen, daß dieser Betrag als Friedenseinkommen angesetzt wird, auch wenn die fünfprozentige Verzinsung seines bei Eintritt der Steuerpflicht nachweislich vorhanden gewesenen (Netto-) Vermögens eine niedrigere Summe ergibt.

§ 6

Hat der Abgabepflichtige nach dem für die letzte Friedensveranlagung (§ 4 Abs. 1 und 2) maßgebenden Stichtag oder nach dem späteren Eintritt der Steuerpflicht (§ 5) Ein-

---

[1]) In einem Bundesstaat, wo er ohne Rücksicht auf seine Staatsangehörigkeit, seinen Wohnsitz oder Aufenthalt für das Einkommen aus inländischem Grundbesitz und Gewerbe- oder Handelsanlagen oder sonstigen gewerblichen Betriebsstätten einkommensteuerpflichtig ist (vgl. § 2 b des Preuß. EinkStGes.).

kommen aus Vermögen erlangt, das nach diesem Zeitpunkt durch einen der im § 3 Abs. 1 Nr. 1 bis 3 des Kriegssteuergesetzes vom 21. Juni 1916 (Reichs-Gesetzbl. S. 561) bezeichneten Anfälle erworben worden ist, so kann er verlangen, daß dem veranlagten Einkommen vor dem Kriege (§§ 4, 5) ein Betrag hinzugerechnet wird, der einer jährlichen Verzinsung von 5 vom Hundert dieses Vermögens entspricht. Die Hinzurechnung findet nur statt, wenn das Einkommen aus dem angefallenen Vermögen in der nach § 8 maßgebenden Veranlagung berücksichtigt, in der Veranlagung nach § 4 aber nicht berücksichtigt ist.

Erläuterungen:

Der Paragraph enthält eine **Steuervergünstigung** analog der im § 3 des alten Kriegssteuergesetzes. Dort war bestimmt, daß gewisse Erwerbungen, wie Erbanfälle, Vermächtnisse, Kapitalauszahlungen aus einer Versicherung, Schenkungen u. dgl., von dem Vermögen des Steuerpflichtigen abgezogen werden dürfen, so daß der steuerbare Vermögenszuwachs entsprechend geringer wurde.

Ein ähnlicher Gedanke wie der diesem Abzugsrecht zugrunde liegende findet in der Vorschrift des § 6 des Abgabegesetzes Ausdruck. Der Steuerpflichtige, der nach dem für die letzte Friedensveranlagung maßgebenden Stichtag (§ 4, 1 u. 2) oder nach dem späteren Eintritt der Steuerpflicht (§ 5) Einkommen aus Vermögen erlangt, das nach diesem Zeitpunkt durch einen im § 3 Abs. 1—3 des Kriegssteuergesetzes bezeichneten Anfälle erworben worden ist, kann verlangen, daß dem veranlagten Einkommen vor dem Kriege (§ 4, auch dem als veranlagt geltenden Einkommen nach § 5) ein Betrag **hinzugerechnet** wird, der einer fünfprozentigen Verzinsung dieses durch die genannten Anfälle erworbenen Vermögens entspricht. Das Friedenseinkommen erhöht sich also um die so errechnete Summe und das steuerbare Mehreinkommen wird entsprechend geringer. Es handelt sich um **bestimmte Fälle von Vermögenszuwachs** während der Zeit, die nach dem für das Friedenseinkommen in Betracht kommenden Zeitspanne liegt. In der Hauptsache werden solche Vermögensanfälle betroffen, die bereits anderweitiger reichsrechtlicher Besteuerung erfolgen. Die Abs. 1—3 des § 3 des

Kriegssteuergesetzes zählen folgende nach vorliegender Bestimmung in Höhe von 5 v. H. jährlich dem Einkommen hinzuzurechnenden Vermögenserwerbungen auf:

1. der Betrag des Vermögens, das nachweislich im Veranlagungszeitraume durch **Erbanfall**, durch Lehen-, Fideikommiß- oder Stammgutanfall, infolge **Vermächtnisses** oder auf andere Weise aus dem **Nachlaß** eines Verstorbenen von Todes wegen erworben ist. Als Erwerb aus dem Nachlaß gilt **auch die Abfindung** für die Ausschlagung einer Erbschaft oder eines Vermächtnisses;
2. der Betrag einer nachweislich im Veranlagungszeitraum erfolgten **Kapitalauszahlung** aus **einer Versicherung** nach Absetzung des bei der Wehrbeitragsveranlagung festgestellten oder des auf den Anfang des Veranlagungszeitraums festzustellenden Kapitalwerts der betreffenden Versicherung;
3. der Betrag des Vermögens, das nachweislich im Veranlagungszeitraume durch **Schenkung** oder durch eine sonstige ohne entsprechende Gegenleistung erhaltene Zuwendung (Vermögensübergabe) erworben ist, (soweit es sich um Zuwendungen im Einzelbetrage von wenigstens eintausend Mark handelt und nicht ein gesetzlicher Anspruch auf die Zuwendung bestand).

Die Vorschrift betrifft also zunächst die Fälle des sogenannten Erwerbs von Todes wegen durch Erbschaften, Vermächtnis, Schenkung von Todes wegen. Auch wer durch eine **Auflage**, also mittelbar aus einer letztwilligen Verfügung, einen Vermögensvorteil erlangt, kann das Hinzurechnungsrecht geltend machen; jeder Erwerb aus dem Nachlaß eines Verstorbenen von Todes wegen, auch der durch Erbvertrag und Geltendmachung des Pflichtteilsrechts, ist hinzurechnungsfähig (mit der Einschränkung im Satz 2 des § 6, s. unten). Auch wer zugunsten eines anderen eine Erbschaft oder ein Vermächtnis ausschlägt und dafür eine Entschädigung erhält, kann diese mit 5 v. H. jährlich hinzurechnen. **Nicht hingegen** ist der **Erbschaftskauf** (§§ 231 ff. BGB.) steuerlich begünstigt. Hinzurechnungsfähig ist — mit 5 v. H. — nur der Betrag, um den der Erbe, der Vermächtnisnehmer usw. wirklich reicher geworden ist, also der um die etwa geschuldete Erbschaftssteuer gekürzte Betrag.

Dem Erbanfall gleichgestellt ist der Anfall eines **Lehens, Fideikommisses, Stammgutes.** Hier entscheidet das Landesrecht (Art. 59

Einführungsgesetz zum BGB.). Ein Erwerb von Todes wegen braucht hier nicht vorzuliegen. Lehen sind Güter, die von dem Eigentümer (Obereigentümer) einem andern (Untereigentümer) zu Nutzungseigentum unter gleichzeitiger Begründung eines Treuverhältnisses verliehen sind; Fideikommisse sind unveräußerliche Güter und Kapitalien, die nach der Bestimmung des Eigentümers auf die Angehörigen seiner oder einer fremden Familie nach einer bestimmten Ordnung übergehen sollen; Stammgüter sind Güter, die kraft Herkommens (auf Grund einer Observanz) in bestimmter Weise vererbt werden (vgl. Güthe, Grundbuchordnung S. 1387ff.).

Hinzurechnungsfähig sind — mit 5 v. H. des Betrages jährlich — ferner **Kapitalauszahlungen aus einer Versicherung** nach dem in Betracht kommenden Stichtag. Es wird sich zumeist um Fälligkeiten aus einer Lebens- (oder Volks-)Versicherung handeln, wobei es keinen Unterschied macht, ob der Versicherungsnehmer selbst durch die Fälligkeit einer auf den Erlebensfall abgeschlossenen Versicherung die Kapitalauszahlung empfängt, oder ob die versicherte Summe durch das Ableben des Versicherungsnehmers fällig und an einen Dritten ausgezahlt worden ist. Von dem Kapitalauszahlungsbetrage war nach altem Kriegssteuerrecht **abzuziehen** der Wert, den die Versicherung laut Wehrbeitragsveranlagung oder am Anfange des Veranlagungszeitraums hatte. Nach dem Wehrbeitrag- und ebenso nach dem Besitzsteuergesetz und Kriegssteuergesetz rechnen nämlich noch nicht fällige Ansprüche aus Lebens- und Kapitalversicherungen zum Vermögen und sind mit zwei Dritteln der eingezahlten Prämien oder Kapitalbeiträge anzusetzen oder mit dem Werte, zu dem der Versicherungsgeber, d. h. die Versicherungsgesellschaft, die Police zurückkaufen will. Dieser **Abzug des Rückkaufsrechts** kommt aber mangels einer entsprechenden Bestimmung im Abgabegesetz für die neue Kriegsabgabe nicht in Betracht, so daß der volle Versicherungsbetrag in Höhe der fünfprozentigen jährlichen Verzinsung als hinzurechnungsfähig zu gelten hat.

Schließlich sind hinzurechnungsfähig mit 5 v. H. des Betrages jährlich Schenkungen und sonstige **ohne entsprechende Gegenleistung** erhaltenen Zuwendungen, die nach dem betreffenden Stichtag erfolgt sind. Es handelt sich um unentgeltliche und freiwillige Zuwendungen, so daß also jede Leistung, zu der eine gesetzliche Verpflichtung besteht, ebenso ausscheidet wie die gegen Entgelt gemachten Zuwendungen. Außer den eigentlichen Schenkungen sind namentlich die bäuerlichen **Gutsüberlassungen** (durch Altenteilsverträge, soweit nicht Gegenleistungen bedungen sind, sowie die Ausstattung (§ 1624 BGB.) und die sogenannte **Mitgift** (Entsch. des Bad. Verw.-Gerichtshofs, Amtl. Mitt. 1918, 2), nicht aber die (angemessene) Aussteuer zu rechnen, auf die nach § 1620 BGB. die Tochter bei ihrer Verheiratung einen gesetzlichen Anspruch hat.

Die sog. **gemischte Schenkung** und die Schenkung unter einer Auflage sind keine rein unentgeltlichen Zuwendungen. Sie sind (mit 5 v. H. jährlich) hinzurechnungsfähig nur insoweit, als die Gegenleistung hinter dem Wert der Zuwendung zurückbleibt.

Nur solche Schenkungen und unentgeltlichen Zuwendungen sind mit 5 v. H. ihres Betrages auf das Jahr berechnet hinzurechnungsfähig, die **im Einzelfall mindestens 1000 ℳ** betragen. Schenkungen unter 1000 ℳ bleiben also ganz außer Betracht. Hat jemand von demselben Schenker während des in Frage kommenden Zeitraums mehrere Zuwendungen von weniger als 1000 ℳ erhalten, die aber zusammen mehr als 1000 ℳ ausmachen, so wird für die Feststellung des Hinzurechnungsrechts zu prüfen sein, ob sich die Zuwendungen als Einzelfälle charakterisieren oder eine einheitliche Schenkung darstellen. Ist dieses der Fall, was nur nach Lage der besonderen Umstände entschieden werden kann, so ist das Abzugsrecht gegeben.

Überschreitet die Zuwendung den Betrag von 1000 ℳ, so ist sie in voller Höhe für die Berechnung des fünfprozentigen Abzuges heranzuziehen.

Aus welchen Beweggründen die Zuwendungen vorgenommen werden, ist gleichgültig. Auch Schenkungen, die zur Herbeiführung einer **Abgabenersparung** gemacht werden, genießen die Vergünstigung. Ein Vater, der seinem Sohne nach dem Stichtage ein größeres Kapital zuwendet, erreicht damit, daß der Sohn ein um die fünfprozentige Verzinsung dieses Kapitals niedrigeres „Friedenseinkommen" berechnet verlangen kann, wodurch das steuerbare Mehreinkommen entsprechend sinkt. Auch eine Schenkungssteuer kommt für diesen Fall nicht in Frage, da Schenkungen an eheliche Kinder (nach dem Reichserbschaftssteuergesetz §§ 55, 11) von der Steuer befreit sind. Keine Schenkung liegt in der **Unterhaltsgewährung** an Kinder, wenn sie innerhalb des gesetzlichen Rahmens bleibt (§§ 1360ff. BGB.).

Der für die letzte Friedensveranlagung maßgebende Stichtag

richtet sich nach Landesrecht (s. Erläut. zu § 4). In Preußen ist es der 1. April 1914.

Die Hinzurechnung findet nur statt, wenn das angefallene Vermögen im Kriegseinkommen (nach § 8, s. Erläut. dort) mit berücksichtigt worden ist, also bei der Feststellung des Kriegseinkommens als Einkommensquelle mit in Betracht kam; sowie ferner, wenn beim Friedenseinkommen (nach § 4) der Erwerb und die Einnahmen daraus noch nicht mit in Betracht gezogen sind. Diese Regelung entspricht der Natur des Vergünstigungsrechts. Wenn das Friedenseinkommen bereits die Erträge aus der späteren unentgeltlichen Zuwendung mitumfaßt, so liegt kein Grund vor, durch die Zulassung der Hinzurechnung von jährlich 5 v. H. der Zuwendung das Friedenseinkommen zu erhöhen und dadurch das steuerbare Mehreinkommen zu vermindern. Daß die Erträge der späteren Zuwendung schon im Friedenseinkommen berücksichtigt sind, ist insofern möglich, als bei **bedingten oder befristeten Zuwendungen** dem Bedachten schon vor Eintritt der Bedingung oder Befristung die Erträge des Kapitals zugeflossen sind.

Wenn andererseits das Kriegseinkommen (nach § 8) die Zuwendung nicht berücksichtigt, etwa weil sie erst nach der Jahresveranlagung für 1918 erfolgt ist, so ist für das Hinzurechnungsrecht ebenfalls kein Anlaß gegeben. Eine Berücksichtigung der Zuwendung (oder genauer, seiner Erträge) liegt aber auch dann vor, wenn die zugewendete Sache (Gegenstand oder Vermögen) **nicht mehr in der ursprünglichen Form beim Bedachten vorhanden** ist, sondern ein anderer Wert, der eine Einkommensquelle bildet, dafür eingetauscht ist. Die Berechnung der 5 v. H. jährlich hat auch in diesem Falle nach dem ursprünglichen Wert der Zuwendung zu erfolgen. Ist sie ganz oder zum Teil **aufgebraucht,** also aus dem Vermögen des Beschenkten zur Zeit des für die „Kriegsveranlagung" nach § 8 maßgebenden Stichtages verschwunden, so fällt die Hinzurechnungsbefugnis entsprechend fort.

§ 7

Als Friedenseinkommen wird ein Betrag von zehntausend Mark angenommen, wenn das veranlagte Einkommen vor dem Kriege (§§ 4, 5) einschließlich der Hinzurechnung (§ 6) niedriger ist.

Erläuterungen

Während in den vorangegangenen §§ 5 und 6 eine von der grundsätzlichen Berechnung des Friedenseinkommens abweichende Feststellungsart für besonders liegende Fälle zugelassen ist, wird durch den § 7 **eine allgemeine Abweichung** von den Berechnungsgrundsätzen eingeführt. Es handelt sich um die steuerliche Begünstigung von Personen, die **vor dem Kriege ein Einkommen von weniger als 10000 ℳ** gehabt haben. Um die Spannung zwischen deren Friedenseinkommen und dem Kriegseinkommen nicht zu groß werden zu lassen, um also den steuerbaren Betrag des Mehreinkommens zu vermindern, ist bestimmt, daß ein Betrag von 10000 ℳ als Friedenseinkommen angenommen werden soll, wenn das veranlagte (§ 4) oder als veranlagt geltende (§ 5) Einkommen vor dem Kriege einschließlich etwaiger Hinzurechnungen nach § 6 (s. Erläut. dort) niedriger ist. Ist also für jemand unter Berücksichtigung der §§ 4—6 ein Friedenseinkommen von 6000 ℳ ermittelt worden, so wird nicht dieser Betrag, sondern die Summe von 10000 ℳ dem nach § 8 ermittelten Kriegseinkommen entgegengestellt. Der Unterschiedsbetrag ist, wenn und soweit er nach Abrundung nach unten 3000 ℳ übersteigt (§ 3), zu versteuern. Wie in den Erläuterungen zu § 3 näher ausgeführt, ist nur der Teil des Mehreinkommens zu versteuern, der nach dieser Rechnung den Betrag von 3000 ℳ übersteigt. In Frage kommen — wegen der Abrundung nach unten — nur immer volle Tausende.

Man kann also von einer **Freigrenze** sprechen, unterhalb deren das Einkommen überhaupt für die Kriegsabgabe außer Betracht bleibt; es ist dies jedes „Kriegseinkommen" unter 14000 ℳ, da dieses in jedem Fall nach Vergleichung mit dem als Mindestfriedenseinkommen geltenden Betrage von 10000 ℳ und **nach Abrundung** des Unterschiedes **nur ein Mehreinkommen von 3000 ℳ** ergibt, das nach § 3 nicht zu versteuern ist.

Für den Fall, daß die Veranlagung eines Steuerpflichtigen zur Einkommensteuer vor dem Kriege nicht stattgefunden, weil sein Einkommen nach Landesrecht **unter der** für die Einkommensteuer gezogenen **steuerbaren Mindestgrenze** lag[1]), mangelt es an einer besonderen Vorschrift für die Ermittlung des kriegsabgabepflichtigen Mehreinkommens. § 5 kann keine Anwendung finden, weil

[1]) In Preußen beginnt die Einkommensteuerpflicht mit einem Einkommen von mehr als 900 ℳ (§ 74 EinkStGes.).

er nur den Fall behandelt, daß die „**persönliche** Einkommensteuerpflicht" erst nach dem für die letzte Friedensveranlagung maßgebenden Stichtag eingetreten ist (s. Erläut. zu § 5). In § 7 ist nur die Rede davon, daß ein Betrag von 10000 *M* als Friedenseinkommen angenommen werden soll, wenn das „veranlagte" Einkommen vor dem Kriege (gemäß §§ 4, 5) niedriger ist als dieser Betrag. Liegt eine Veranlagung mangels eines steuerlichen Objekts (trotz Vorhandensein der persönlichen — subjektiven — Steuerpflicht) nicht vor, so müßte streng genommen das gesamte Kriegseinkommen als Mehreinkommen anzusehen und, soweit es 3000 *M* übersteigt, zu versteuern sein. Das kann aber nicht im Sinne des Kriegsabgabegesetzes und der Vorschrift des § 7 liegen. Trotz des entgegenstehenden Wortlautes muß vielmehr **die Anwendung des § 7** auf einen Fall der geschilderten Art als zulässig und geboten angesehen werden. Da der Zweck dieser Bestimmung, wie wir oben sahen, dahin geht, die kleineren Friedenseinkommen unter 10000 *M* jährlich steuerlich zu begünstigen, so würde es sinnwidrig sein, wollte man diesen Grundsatz nur streng auf die zur Steuer „veranlagten" Einkommen beschränken, auf die viel geringeren, unveranlagten (weil steuerfreien) Einkommen nicht anwenden.[1]) Auch in diesen Fällen wird dem Kriegseinkommen vielmehr der Betrag von 10000 *M* für Ermittlung des Mehreinkommens gegenübergestellt werden müssen.

Schwieriger zu beurteilen ist die Sachlage, wenn die landesrechtliche Veranlagung eines persönlich Steuerpflichtigen zur Einkommensteuer nicht mit Rücksicht auf sein unter der Mindestgrenze liegendes Einkommen, sondern aus anderen Gründen, z. B. versehentlich oder weil er nicht auffindbar war, vor dem Kriege unterblieben ist. Hier kann die Möglichkeit gegeben sein, daß der **zu Unrecht nicht veranlagte Steuerpflichtige** ein höheres Friedens-

---

[1]) Für Preußen erledigt sich die ganze Frage zum Teil dadurch, daß als „veranlagt" im Sinne des Preuß. Einkommensteuergesetzes auch die Personen gelten, die in den Personenverzeichnissen der Steuerbehörden individuell (mit ihrem Namen, nicht nur als Angehörige eines Haushaltungsvorstandes) als subjektiv Steuerpflichtige aufgeführt, aber von der Staatseinkommensteuer freigelassen sind, weil ihr Einkommen den Jahresbetrag von 900 *M* nicht übersteigt (Entsch. des OVG. 5, 257). Desgleichen diejenigen Personen, die bei regelmäßigen Verfahren in das Personenverzeichnis hätten aufgenommen und steuerfrei veranlagt werden müssen, irrtümlicherweise aber übergangen sind (Entsch. des OVG. 7, 351).

einkommen als 10000 *M* gehabt hat, so daß für ihn jetzt ein Interesse vorhanden ist, mit diesem höheren Betrage bei der Berechnung des kriegssteuerpflichtigen Mehreinkommens berücksichtigt zu werden. Diese Erwägung spricht gegen eine vorbehaltlose analoge Anwendung des § 7 auch auf einen solchen Fall. Die Ausführungsbestimmungen scheinen allerdings dieses Bedenken nicht zu teilen, denn sie schreiben im § 7 Abs. 2 ohne jede Einschränkung vor, daß **als Friedenseinkommen stets ein Mindestbetrag von 10000 *M*** angenommen wird. „Stets" bedeutet: falls kein höheres Einkommen veranlagt ist (§ 4) oder als veranlagt gilt (§ 5). Demgegenüber wird der versehentlich übergangene oder sonstwie ohne seine Schuld nicht veranlagte Steuerpflichtige dennoch verlangen können, daß sein wahres Friedenseinkommen berücksichtigt wird; er wird namentlich zu diesem Zwecke soweit dies die Landesgesetze nicht ausdrücklich ausschließen, die **nachträgliche Veranlagung dieses Einkommens** (vgl. auch § 39) **verlangen können.**

Die Festsetzung eines „Mindestfriedenseinkommens" für die Mehreinkommensteuer der Einzelpersonen entspricht der Zulassung eines be onderen „früheren **Mindestdurchschnittsgewinnes**" bei der Kriegsabgabe der Gesellschaften. Nach § 17 Abs. 3 des alten Kriegssteuergesetzes wurde als früherer Durchschnittsgewinn mindestens ein Betrag von 6 v. H. des eingezahlten Grund- oder Stammkapitals angenommen, zuzüglich des Mehrbetrages, der zur Verteilung einer etwaigen höheren festen Vorzugsdividende für bevorrechtigte Aktien notwendig gewesen wäre. Infolge der Vorschriften in § 22 Abs. 1 des Kriegsabgabegesetzes findet diese Bestimmung **auch auf die neue Kriegsabgabe der Gesellschaften** Anwendung. Im einzelnen s. darüber die Erläuterungen zu § 22.

§ 8

Als Kriegseinkommen gilt das steuerpflichtige Jahreseinkommen, mit dem der Abgabepflichtige bei der Jahresveranlagung für das Rechnungsjahr 1918 zur Landeseinkommensteuer veranlagt worden ist oder veranlagt wird. Im Einverständnisse mit dem Reichskanzler kann die oberste Landesfinanzbehörde bestimmen, daß eine andere Jahresveranlagung, die vornehmlich die im Jahre 1917 erzielten Einkommen berücksichtigt, maßgebend sein soll.

Erläuterungen:

Die §§ 8—12 handeln von dem **„Kriegseinkommen“**. Der Betrag dieses Einkommens wird dem Friedenseinkommen (§§ 4—7) gegenübergestellt; der **Unterschied** ist **als Mehreinkommen** zu versteuern (§ 3). Als Kriegseinkommen gilt das steuerpflichtige Jahreseinkommen, mit dem der Steuerpflichtige bei der Jahresveranlagung für das Rechnungsjahr 1918 veranlagt worden ist oder, falls diese Veranlagung noch aussteht, veranlagt wird. Der Betrag des Jahreseinkommens, das als Friedenseinkommen gilt, wird mithin **aus der Landesveranlagung zur Einkommensteuer** einfach übernommen. Berechnung, Rechtsgrundlage, Verfahren der landesrechtlichen Veranlagung unterliegen **keiner Nachprüfung** bei der Veranlagung der Kriegsabgabe. Ein Widerspruchsrecht gegen die Übernahme der landesrechtlich festgestellten Grundlagen steht dem Steuerpflichtigen nicht zu; fühlt er sich durch die landesrechtliche Veranlagung beschwert, so muß er **gegen diese im Rechtsmittelwege** vorgehen. Findet auf Grund eingelegter Rechtsmittel oder aus sonstigen Gründen eine nachträgliche Änderung der landesrechtlichen Veranlagung statt, so kann der Kriegsabgabepflichtige die Berücksichtigung der neuen Festsetzung für die Mehreinkommensteuer verlangen. Gegebenenfalls wird der Steuerpflichtige gegen die Veranlagung der Kriegsabgabe das zulässige Rechtsmittel (§ 36) einlegen, um Gelegenheit zu haben, die angestrebte, aber noch nicht erfolgte Herabsetzung der veranlagten Einkommensteuer später geltend zu machen. Die zur Entscheidung über das Rechtsmittel gegen die Kriegssteuerveranlagung berufene Behörde wird dann das Verfahren bis zur Entscheidung des gegen die Einkommensteuerveranlagung eingelegten Rechtsmittels auszusetzen haben (Beide Rechtsmittel dürften übrigens in der Regel zunächst von den gleichen — landesrechtlich zu bestimmenden — Behörden zu entscheiden sein. In letzter Instanz ist bei der Kriegsabgabe der R e i c h s f i n a n z h o f auf Rechtsbeschwerde hin zur Entscheidung berufen.)

Die Veranlagung für das Rechnungsjahr 1918 erfolgt nicht in allen Bundesstaaten zur gleichen Zeit; auch die Grundlagen der Veranlagung sind je nach den in Betracht kommenden landesrechtlichen Einkommensteuergesetzen verschieden, worunter die **Einheitlichkeit der Kriegssteuerveranlagung voraussichtlich zu leiden haben wird** (vgl. Erläut. zu § 3). Im allgemeinen wird (wie in Preußen) bei der Veranlagung für 1918 von den Einkommensverhältnissen des Jahres 1917 ausgegangen werden. Dies liegt auch in der Absicht des Kriegsabgabegesetzes, und Satz 2 des § 8 bestimmt in Rücksicht hierauf ausdrücklich, daß im Einverständnis mit dem Reichskanzler (Reichsschatzamt) die oberste Landesfinanzbehörde (Finanzministerium) bestimmen kann, daß eine andere Jahresveranlagung als die von 1918, nämlich eine, die vornehmlich die im Jahre 1917 erzielten Einkommen berücksichtigt, maßgebend sein soll.[1]) — Diese Bestimmung wird sowohl allgemein für sämtliche Fälle, wie auch nur für besondere Gruppen Steuerpflichtiger getroffen werden können. Namentlich auf **Gewerbetreibende,** die nach dem für sie geltenden Landesrecht (wie in Preußen) nach einem mehrjährigen Durchschnitt veranlagt werden, wird in dieser Hinsicht insofern Rücksicht zu nehmen sein, als bei der Veranlagung für 1918 häufig das (bilanzmäßige) Ergebnis des Geschäftsjahres 1917 noch nicht vorgelegen hat, so daß der Durchschnitt früherer Jahre bei der Veranlagung herangezogen wurde. Ist aber in dieser Hinsicht eine besondere Bestimmung der obersten Landesfinanzbehörde im Einverständnisse mit dem Reichskanzler nicht erfolgt (wie in Preußen), so verbleibt es, auch wenn das Einkommen des Jahres 1917 noch nicht berücksichtigt ist, bei der **Jahresveranlagung für das Rechnungsjahr 1918,** als maßgebender „Kriegsveranlagung".[2])

Im Gegensatz zu dem Friedenseinkommen (§ 5) ist bei dem Kriegseinkommen eine **Durchschnittsberechnung nicht** grundsätzlich zugelassen. Wie der § 8 erkennen läßt, soll vielmehr nur das Ergebnis eines Jahres (1917, nur ausnahmsweise ein anderes, s. oben) für das Kriegseinkommen maßgebend sein. Der Grund hierfür ist darin zu finden, daß die (erste) Kriegssteuer der Einzelpersonen den 31. Dezember 1916 als Stichtag vorsah; der an diesem Tage vorhanden gewesene Vermögenszuwachs gegenüber dem Stand vom 31. Dezember 1913 war zu versteuern. Diese Steuer unterschied sich aber von der jetzigen Mehreinkommensteuer sehr beträchtlich; sie traf das Einkommen als solches nur mittelbar. Dennoch hat man **auch den Anschein einer Doppelbesteuerung** durch das neue Gesetz **vermeiden** wollen, und hat deshalb von einer Heranziehung des Einkommens früherer Kriegsjahre zur Berechnung des Kriegseinkommens abgesehen. Ob diese Rücksichtnahme durchweg angebracht

[1]) In Preußen verbleibt es bei der Veranlagung für 1918 als maßgebend. Nr. 2 der MinVO. vom 31. Aug. 1918.

[2]) Vgl. aber die in den Erläuterungen zu § 40 besprochene Bundesratsanweisung vom 22. August 1918.

ist, kann bezweifelt werden. Gerade die ersten Kriegsjahre waren für manche Kriegsgewinnler Zeiten überreicher Einnahmen, die zu verstecken und in kriegssteuerfreien Gegenständen (Möbeln, Kunstgegenständen u. dgl.) anzulegen sehr viele dieser Leute eifrig und zum Teil auch mit Erfolg bemüht gewesen sind. Wenn man diesen Personen für ihr hohes Kriegseinkommen noch nachträglich eine Steuer auferlegt hätte, würde das wohl niemand begründetermaßen als unbillig empfunden haben können. Vielleicht hätte man mit Rücksicht auf den normalen inzwischen erfolgten Verbrauch einige Abzüge zulassen, oder auch die Steuersätze niedriger halten können. Besonders in solchen Fällen wäre diese **nachträgliche Steuerauferlegung durchaus zu rechtfertigen** gewesen, in denen die betreffenden Personen für das Jahr 1917 keine oder nur eine geringe Einkommensmehrung gegen die Friedenszeit hatten, also bei der Mehreinkommensteuer frei ausgingen, während ihre Einnahmen in den vorangegangenen Kriegsjahren ganz ungewöhnlich hoch waren. Dergleichen Fälle sind nicht so selten, sie liegen zum Teil auch in der Entwicklung unserer Kriegswirtschaft begründet, die immermehr zu einer Einengung des dem Handel und Gewerbe freigebliebenen Betätigungsfeldes geführt hat. Die **Kriegsvermögenssteuer,** die diese Leute nach §§ 15 ff. des Kriegsabgabegesetzes gegebenenfalls zu entrichten haben, bietet wegen ihrer verhältnismäßig geringen Höhe **keinen genügenden Ausgleich.**

Zu unbilligen Ergebnissen kann übrigens auch der umgekehrte Fall führen, nämlich daß jemand **nach Verlusten in den vorangegangenen Kriegsjahren** im Jahre 1917 sich wieder erholt, und später reichere Einnahmen hat. Da ein Ausgleich der früher erlittenen Mindereinnahmen und Verluste bei Einzelpersonen (für Gesellschaften s. Erläut. zu § 22) nicht zugelassen ist, so muß das nach mehreren Verlustjahren erzielte Mehreinkommen, wenn es in der Veranlagung für 1918 zum Ausdruck gelange, ebenso versteuert werden, wie ein Mehreinkommen, dem eine Anzahl guter Gewinnjahre vorangegangen ist.

Besondere Härten, die auf diese Gestaltung des Gesetzes in Einzelfällen zurückgeführt werden können, würden unter Umständen auf Grund des § 40 gemildert werden können, wie der Bundesrat (s. Erläut. zu § 40) ausdrücklich bestimmt hat.

Die Jahresveranlagung für das Rechnungsjahr 1918 soll für das Kriegseinkommen maßgebend sein. Das **Rechnungsjahr** bestimmt sich nach Landesrecht und braucht sich mit dem Kalenderjahr nicht zu decken. Rechnungsjahr in diesem Sinne ist **dasselbe wie Steuerjahr** oder Veranlagungsjahr.[1])

Verzieht ein Abgabepflichtiger aus einem Bundesstaat, in dem gemäß § 8 Satz 2 die Jahresveranlagung für das Rechnungsjahr 1919 für maßgebend erklärt ist, in einen Bundesstaat, in dem die Veranlagung für 1918 maßgebend ist, und liegt infolgedessen für ihn in dem Bundesstaate des früheren Wohnsitzes oder Aufenthalts keine Veranlagung für 1919 und in dem Bundesstaate des neuen Wohnsitzes oder Aufenthalts keine Jahresveranlagung für 1918 vor, so ist der Ermittlung des Kriegseinkommens die **in dem Bundesstaate des früheren Wohnsitzes** oder Aufenthalts erfolgte Jahresveranlagung für 1918 zugrunde zu legen (AusfBest. § 13)

§ 9

Bei Feststellung des Kriegseinkommens der Offiziere, Sanitäts- und Veterinäroffiziere sowie der oberen Militärbeamten ist deren Diensteinkommen abzüglich des als Entschädigung für den Dienstaufwand festgesetzten Betrags zu berücksichtigen.

Erläuterungen:

Bei **Offizieren, Sanitäts- und Veterinäroffizieren** sowie **oberen Militärbeamten**[2]) ist das Militäreinkommen nach § 46 des Reichsmilitärgesetzes während der Zugehörigkeit zu einem in der Kriegsformation befindlichen Teile des Heeres oder der Marine gänzlich einkommensteuerfrei. Eine Veranlagung dieses Einkommens für das Jahr 1918 hat mithin nicht stattgefunden.[3]) Das Kriegseinkommen ist danach besonders festzustellen. Als Einkommen dieser Personenklassen ist aber **nicht das volle Diensteinkommen** anzusehen, vielmehr bleibt der Teil, der ausdrücklich als **Dienstaufwand** (früher

---

[1]) In Preußen läuft das Steuerjahr (als Etatsjahr) vom 1. April bis 31. März.

[2]) Welche Personen und Beamtengruppen hierher gehören, ergibt sich aus dem Verzeichnis der zum deutschen Heer und zur Kaiserlichen Marine gehörigen Militärpersonen im Anhang zum Militärstrafgesetzbuch vom 20. Juni 1872 und Reichsmilitärgesetz vom 2. Mai 1874; ferner aus der Verfügung betr. die Klasseneinteilung der Militärbeamten des Reichsheeres und der Marine vom 12. Aug. 1901.

[3]) Vgl. § 5 Nr. 3 Preuß. Einkommensteuergesetz.

Dienstkostenaversum) bewilligt oder in den Etats berechnet wird, ebenso wie nach den meisten Einkommensteuergesetzen[1]) auch von der Kriegsbesteuerung frei, und zwar ohne daß untersucht wird, ob der Offizier oder Beamte an diesem Betrage Ersparnisse macht. Andererseits ist **kein höherer Betrag abzugsfähig**, als der „festgesetzte" Dienstaufwand, so daß der Nachweis, daß für die besonderen Dienstkosten eine größere Summe als die festgesetzte verbraucht worden ist, keine weitergehende Befreiung zur Folge hat.

Auf wieviel der Dienstaufwand festgesetzt worden ist, ergibt sich aus Verfügungen der obersten Militärbehörden für die einzelnen in Frage kommenden Klassen der Offiziere und Beamten. In Preußen ist von den Offiziergehältern, die in einer Summe ausgeworfen sind, drei Zehntel des Gesamtgehaltes als Dienstaufwandsentschädigung festgesetzt. Die Militärbeamten beziehen aber keine einheitliche Summe als Einkommen, sondern ihre Bezahlung gliedert sich in Gehalt, Wohnungsgeldzuschuß und Kriegszulage. Wie seitens des Kriegsministeriums bei den Beratungen des Reichstagsausschusses erklärt wurde, ist **nur diese Kriegszulage** als festgesetzte Dienstaufwandsentschädigung im Sinne des Kriegsabgabengesetzes anzusehen.

Die besondere Berechnung des Kriegseinkommens nach vorliegenden Paragraphen (maßgebend ist das Jahr 1917) wird in der Praxis keine Schwierigkeiten machen. Es fragt sich aber, welcher Rechnungsposten diesem Kriegseinkommen **als Friedenseinkommen** gegenüberzustellen ist. Hierüber fehlt eine ausdrückliche Bestimmung im Gesetz. Für die **Ausfüllung der Lücke** wird davon auszugehen sein, daß in vielen der hierhergehörigen Fälle Friedensveranlagungen im Sinne des § 4 vorliegen dürften, oder ein Friedenseinkommen nach § 5 sich berechnen läßt. Diese Möglichkeiten sind namentlich immer dann gegeben, wenn es sich **nicht um Berufsoffiziere** und Berufsmilitärbeamte, sondern um solche des Beurlaubtenstandes, der Reserve, der Landwehr oder des Landsturms handelt. Bei diesen Personen wird ihr früher veranlagtes bürgerliches Friedenseinkommen (nach §§ 4 oder 5 berechnet) dem Kriegseinkommen zur Ermittlung des Mehreinkommens gegenüberzustellen sein. Bei Berufsoffizieren und Berufsmilitärbeamten wird es darauf ankommen, ob und wieweit auf Grund landesrechtlich bestehender Steuerpflicht **Friedensveranlagungen** ihres Einkommens vorge-

---

[1]) Preuß. Einkommensteuergesetz § 14.

nommen worden sind; sind solche erfolgt, so kann nicht eingesehen werden, weshalb sie nicht in Gemäßheit des § 4 oder § 5 als Grundlagen für das dem Kriegseinkommen gegenüberzustellende Friedenseinkommen herangezogen werden sollen, auch wenn bei diesen Veranlagungen andere Gesichtspunkte leitend waren, als im vorliegenden § 9 enthalten sind. Solche Unebenheiten können bei anderen Steuerpflichtigen (z. B. bei Anwendung der §§ 10 und 11, s. Erläut.) gleichfalls in größerem oder geringerem Umfange eintreten. Allzu schroffen Unbilligkeiten wird (außer gegebenenfalls durch den § 40 des Gesetzes) schon dadurch vorgebeugt, daß als Mindestfriedenseinkommen stets der Mindestbetrag von 10000 *M* zu gelten hat, und die Steuerpflicht erst bei einem Mehreinkommen von mindestens 4000 *M* beginnt.

Nur **falls** für den steuerpflichtigen **Offizier oder oberen Militärbeamten keine Friedensveranlagung** im Sinne der §§ 4, 5 erfolgt ist, weil die für sie maßgebenden Landesgesetze eine (beschränkte oder unbeschränkte) Steuerfreiheit für diese Personenklassen eingeführt haben,[1]) wäre daran zu denken, das nach § 9 berechnete Kriegseinkommen einem **nach den gleichen Grundsätzen** berechneten Friedenseinkommen des Offiziers oder Beamten gegenüberzustellen. Wenn im Reichstagsausschuß die Meinung vertreten wurde, daß eine Gegenüberstellung dieser Art in allen Fällen stattzufinden hat, in denen Offiziere, Sanitäts- und Veterinäroffiziere sowie obere Militärbeamte für die Kriegsabgabe herangezogen werden sollen, so findet sich für diese Anschauung im Gesetz jedenfalls keine Stütze.

§ 10

Wenn eine rechtskräftige Feststellung des steuerpflichtigen Einkommens nicht stattfindet, so gilt als festgestellt das niedrigste Einkommen der Steuerstufe, in welcher der Steuerpflichtige zur Einkommensteuer endgültig veranlagt ist.

Eine im Rechtsmittelverfahren, durch Neu- oder Nachveranlagung oder im Verwaltungswege herbeigeführte Berichtigung der maßgebenden landesgesetzlichen Jahresveranlagungen ist zu berücksichtigen.

---

[1]) Für Preußen s. § 5 Nr. 3 des Einkommensteuergesetzes.

Erläuterungen:

Die meisten landesrechtlichen Einkommensteuerveranlagungen stellen das steuerbare **Einkommen nicht ziffernmäßig** genau fest. Dies hängt damit zusammen, daß die Steuersätze meistens nach **Einkommensstufen** gestaffelt sind, und diese Stufen einen Mindest- und einen Höchstbetrag aufweisen. Das Preuß. Einkommensteuergesetz staffelt beispielsweise wie folgt (§ 17):

Die Einkommensteuer beträgt jährlich bei einem Einkommen

von mehr als	bis einschließlich	
900 M	1050 M	6 M
1050 „	1200 „	9 „
1200 „	1350 „	12 „
1350 „	1500 „	16 „

usw. Wer also z. B. mit einem Satze von 330 M jährlich zur Einkommensteuer in Preußen veranlagt worden ist, dessen Einkommen ist auf die Stufe 10500 M bis 11500 M veronlagt worden. Welches ziffernmäßig genaue Einkommen er innerhalb dieser Stufe hat, wird von der Steuerbehörde nicht festgesetzt. Für die Kriegsabgabe auf das Mehreinkommen ist aber die **genaue Höhe des Einkommens von Wichtigkeit**, weil sonst eine Berechnung nach § 3 (Unterschied zwischen Friedenseinkommen und Kriegseinkommen) und die Abrundung des Unterschiedsbetrages nicht möglich wäre. Aus diesem Grunde bestimmt der Abs. 1 des vorliegenden § 10, daß, wenn eine rechtskräftige Feststellung des steuerpflichtigen Einkommens bei der bundesstaatlichen Veranlagung nicht stattfindet, das **niedrigste Einkommen der Steuerstufe**, in der der Steuerpflichtige zur Einkommensteuer endgültig veranlagt ist, gelten soll. In dem oben gewählten Beispiel würde das bedeuten, daß der Pflichtige als mit einem Einkommen von 10500 M veranlagt angesehen wird. Ist dies das Friedenseinkommen, und beträgt das Kriegseinkommen 18400 M, so ergibt sich für das steuerbare Mehreinkommen folgende Rechnung:

Friedenseinkommen (§§ 4, 10).	10500 M
Kriegseinkommen (§ 8).	18400 „
Unterschiedsbetrag (§ 3 Abs. 1) (Mehreinkommen)	7900 M
Abgerundet (§ 3 Abs. 2) auf . .	7000 „
Davon steuerpflichtig (§ 3 Abs. 3) . . .	4000 „

Diesem Mehreinkommen entspricht ein Abgabebetrag von 200 M.

Die Regelung in Abs. 1 (Annahme des niedrigsten Einkommens der veranlagten Steuerstufe) gilt **unabhängig von der Höhe der Einkommensteuererklärung** des Pflichtigen. Diese bleibt für die Festsetzung des Friedenseinkommens und des Kriegseinkommens außer Betracht; allein entscheidend ist die Veranlagung.

Die Veranlagung muß **endgültig** sein, d. h. sie darf nicht mehr der Möglichkeit der Abänderung unterliegen. Endgültig ist eine Veranlagung, wenn ein Rechtsmittel gegen sie während der zulässigen Frist[1]) nicht eingelegt ist, oder wenn der Rechtsmittelzug durch Entscheidung der letzten (landesrechtlich berufenen) Instanz erschöpft ist, oder wenn der Pflichtige nach Einlegung des Rechtsmittels das Verfahren nicht bis zum letzten Ende betrieben hat, sei es, daß er das Rechtsmittel zurückgenommen oder daß er sich mit der Entscheidung einer unteren Instanz begnügt hat, ohne die letzte anzurufen. In allen diesen Fällen ist die Veranlagung endgültig geworden.

Liegt eine **endgültige Veranlagung** des Steuerpflichtigen für das Friedenseinkommen oder das Kriegseinkommen **noch nicht** vor, z. B. weil ein Rechtsmittelverfahren (Berufung des Steuerpflichtigen gegen die Veranlagung) schwebt, so kann auch eine Feststellung der Kriegsabgabe nach § 10 grundsätzlich noch nicht erfolgen. Der Abs. 2 schreibt ausdrücklich vor, daß ein im Rechtsmittelverfahren, durch Neu- oder Nachveranlagung oder im Verwaltungswege herbeigeführte Berichtigung der maßgebenden landesgesetzlichen Jahresveranlagungen bei der Feststellung der Kriegsabgabe zu berücksichtigen ist. Wird dennoch die Abgabe auf das Mehreinkommen festgesetzt, bevor über ein schwebendes Rechtsmittelverfahren gegen die Veranlagung zur Einkommensteuer endgültig entschieden ist, so bleibt dem Pflichtigen nur übrig, **auch gegen den Kriegssteuerbescheid** das zulässige Rechtsmittel (das landesrechtlich bestimmt wird, s. § 36) einzulegen und mit Beziehung auf § 10 Abs. 2 die Aufhebung der Veranlagung verlangen. Gegebenenfalls kommt die **Aussetzung des Verfahrens** durch die Rechtsmittelinstanz bis zur endgültigen Entscheidung der Landesbehörden über das gegen die Einkommensteuerveranlagung eingelegte Rechtsmittel in Frage. Da dieselben landesrechtlichen Behörden, die zur Veranlagung der

---

[1]) Abgesehen von der Möglichkeit der Wiedereinsetzung in den früheren Stand.

Einkommensteuer berufen sind, in den meisten Bundesstaaten auch die Veranlagung der Kriegssteuer vorzunehmen haben, ebenso wie auch die landesrechtlichen Rechtsmittelbehörden bei beiden Steuern meistens die gleichen sein werden, so wird sich schon daraus eine Anpassung der Kriegssteuerveranlagungen an die Einkommensteuerveranlagung ergeben.

Nicht nur bei nachträglicher Änderung der Veranlagung im Rechtsmittelverfahren, sondern auch bei **jeder sonstigen Berichtigung** der maßgebenden landesgesetzlichen Jahresveranlagungen muß diese Anpassung nach § 10 Abs. 2 erfolgen. Eine sonstige Berichtigung kann durch Neu- oder Nachveranlagung sowie im Verwaltungswege erfolgen. Eine Nach- oder Neuveranlagung findet nur statt, wenn ein Steuerpflichtiger entgegen den Vorschriften des Einkommensteuergesetzes unveranlagt geblieben, oder wenn mit bezug auf einen veranlagten Steuerpflichtigen nachträglich neue Tatsachen oder Beweise ermittelt werden, die eine höhere Veranlagung des Steuerpflichtigen begründen.[1])

Die Berichtigung einer Veranlagung **„im Verwaltungswege"** kann z. B. dann erfolgen, wenn der Veranlagungsbehörde nach erfolgter Veranlagung Tatsachen bekannt werden, die zu der Minderung der Veranlagung oder zu einer anderweiten Veranlagung Anlaß geben.[2])

Ob die nachträgliche Berichtigung, die infolge des Rechtsmittelverfahrens, bei der Neu- und Nachveranlagung oder im Verwaltungswege vorgenommen wird, zugunsten oder zu ungunsten des Steuerpflichtigen erfolgt, ist für die Anwendung des § 10 Abs. 2 gleichgültig. Eine Abänderung zu ungunsten des Steuerpflichtigen kann nicht nur bei der Nach- und Neuveranlagung und der Berichtigung im Verwaltungswege vorkommen, sondern auch im Rechtsmittelverfahren, da ebenso wie dem Steuerpflichtigen auch der Steuerbehörde (in Preußen dem Vorsitzenden der Veranlagungskommission, § 43 EinkStGes.) das Recht zur Einlegung von Rechtsmitteln gegen die Veranlagung zur Einkommensteuer zusteht (vgl. auch noch § 35 und Erläut. dazu).

---

[1]) Vgl. Preuß. Einkommensteuergesetz § 85.

[2]) Nach Art. 62 Nr. 6 der Preuß. Ausführungsbestimmungen zum Einkommensteuergesetz ist diese Berichtigung von Amts wegen nur zulässig, solange das Benachrichtigungsschreiben dem Steuerpflichtigen noch nicht behändigt ist.

§ 11

Ist nach § 14 des Besitzsteuergesetzes das Vermögen der Ehegatten zusammenzurechnen, so ist für die Ermittlung des Mehreinkommens das Einkommen der Ehegatten auch dann zusammenzurechnen, wenn sie nach Landesrecht selbständig zur Einkommensteuer veranlagt sind.

Erläuterungen:

Das Besitzsteuergesetz schrieb im § 14 die **Zusammenrechnung des Vermögens von Ehegatten** vor; diese Bestimmung findet auf die Vermögensabgabe (§§ 15ff.) nach vorliegendem Gesetz ohne weiteres Anwendung, da diese Abgabe das nach dem Besitzsteuergesetz festgestellte oder festzustellende (§ 16) Vermögen zugrunde gelegt wird.

Der § 11 bestimmt nun, daß **auch für das steuerpflichtige Mehreinkommen** die Zusammenrechnungsvorschrift des § 14 Besitzsteuergesetz gelten soll. Sie lautet: „Für die Veranlagung der Besitzsteuer wird das Vermögen der Ehegatten zusammengerechnet, sofern sie nicht dauernd voneinander getrennt leben. Die Ehegatten sind, falls ihr Vermögen hiernach zusammenzurechnen ist, der Staatskasse als Gesamtschuldner der Steuer verpflichtet." Außer **bei dauerndem Getrenntleben** der Ehegatten findet also eine gemeinsame Veranlagung von Ehegatten zur Mehreinkommensteuer durch Zusammenrechnung der Einkommen beider statt. Schon nach landesrechtlichen Einkommensteuergesetzen ist eine solche Zusammenrechnung vielfach vorgeschrieben[1]). Das Kriegsabgabegesetz besagt aber ausdrücklich, daß die Zusammenrechnung **auch dann** zu erfolgen hat, **wenn** die Ehegatten **nach Landesrecht** selbständig, d. h. **getrennt** zur Einkommensteuer veranlagt sind. Rechnerisch können hierbei Schwierigkeiten nicht entstehen. Ist der Ehemann nach Landesrecht mit einem Einkommen von 22500 *M*, die Ehefrau mit einem solchen von 8200 nach § 4 (Friedensveranlagung) veranlagt und ergibt die Kriegsveranlagung (§ 8)

---

[1]) Das Preuß. Einkommensteuergesetz bestimmt im § 10: Dem Einkommen eines . . . Steuerpflichtigen wird das in Preußen steuerpflichtige Einkommen seiner Ehefrau hinzugerechnet. Selbständig werden Ehefrauen nur veranlagt, wenn sie dauernd vom Ehemann getrennt leben oder ihre Steuerpflicht nach § 2 (bei Nichtpreußen) begründet ist.

für den Ehemann 28400 ℳ, für die Ehefrau 9000 ℳ, so werden gegenübergestellt:

Friedenseinkommen der Ehegatten (22500 ℳ + 8200 ℳ =)	30700 ℳ
Kriegseinkommen der Ehegatten (28400 ℳ + 9000 ℳ =)	37400 „
Unterschiedsbetrag (Mehreinkommen zusammen) .	7300 ℳ
Abgerundet	7000 „
Davon steuerpflichtig .	4000 „

Für den darauf entfallenden Steuerbetrag von von 200 ℳ **haften beide Ehegatten** dem Steuerfiskus als Gesamtschuldner, d. h. das Reich kann sich für den Gesamtbetrag der Abgabe oder einen beliebigen Teil an den Ehemann sowohl wie an die Ehefrau halten (kann aber natürlich die Abgabe nur einmal bezahlt verlangen). Ob bei Entrichtung der gesamten Abgabe durch einen Ehegatten diesem **im Innenverhältnis ein Ersatz- oder Ausgleichsanspruch** gegen den andern Ehegatten zusteht, richtet sich zunächst nach dem für die betreffende Ehe geltenden Güterrecht. So fallen z. B. nach § 1415 BGB. beim gesetzlichen Güterstande die von dem Vorbehaltsgut (der Ehefrau) zu entrichtenden Steuern diesem zur Last. Soweit das Einkommen der Ehefrau Vorbehaltsgut ist, muß sie also die vom Manne für sie entrichtete Mehreinkommensteuer ihm wieder ersetzen. Ist aus dem Güterrechtsverhältnis die Ausgleichspflicht nicht zu entnehmen, oder besteht Gütertrennung, so findet die **Ausgleichung** im Innenverhältnis **nach § 427 BGB.** statt, und zwar nach dem Verhältnis, in dem sich die Steuer auf die beiderseitigen Mehreinkommen der Ehegatten verteilt.

Die Zusammenrechnungsvorschrift des § 11 hat zur Folge, daß eine gemeinsame Mehreinkommensteuerpflicht der Ehegatten entstehen kann, obwohl das Einkommen eines der Ehegatten gegenüber dem Friedenseinkommen gar keine Erhöhung erfahren hat. Dann kann dieser natürlich nicht zur Ausgleichung der von dem andern Ehegatten auf Grund der Zusammenrechnung bezahlten „gemeinsamen“ Steuer herangezogen werden.

Waren die Ehegatten zur Zeit der maßgebenden Friedensveranlagung (§§ 4, 5) **noch nicht verheiratet,** so ist ihr Friedenseinkommen auf jeden Fall getrennt veranlagt worden. Es muß also zunächst eine Zusammenrechnung der beiden früheren Veranlagungen stattfinden und dieser Posten dem ebenfalls zusammenzurechnenden Kriegseinkommen (§ 8) beider gegenübergestellt werden (vgl. AusfBest. § 12 Abs. 1). Ein **Zuwachs**, den in solchen Fällen das Vermögen des Mannes etwa **durch Mitgift**, das der Frau durch eine **Ausstattung** erhalten hat, ist mit 5 v. H. des Betrages durch Hinzurechnung zu berücksichtigen (s. Erläut. zu § 6).

Eine Zusammenrechnung der Veranlagungen (oder der Einkommen nach § 5) erfolgt nicht, falls die Ehegatten — zur Zeit der Veranlagung der Kriegssteuer — **dauernd voneinander getrennt** leben. Dauernde Trennung bedeutet getrennte Wirtschafts- und Lebensführung. Eine etwaige Berechtigung zum Getrenntleben (auf Grund des § 1353 BGB. oder gemäß einer einstweiligen Verfügung des Prozeßgerichts) ist weder allgemeine Voraussetzung noch notwendige Bedingung; der **tatsächliche Zustand** entscheidet. Die eheliche Gemeinschaft muß aufgehoben sein. Die Trennung muß ferner auf freiwilliger Entschließung eines Ehegatten oder beider beruhen und dem Zwecke der Ausschließung der ehelichen Gemeinschaft dienen. Ferngehaltensein eines Teiles durch Krankheit, Strafhaft oder dergleichen genügt also nicht. Sodann liegt auch kein Getrenntleben im Sinne dieser Vorschrift vor, wenn der Ehemann sich **im Felde oder in Kriegsgefangenschaft** befindet. Durch **Scheidung** wird die Ehe aufgelöst; für geschiedene Ehegatten gilt die Zusammenrechnungsvorschrift nicht, ebensowenig wie für nichtig erklärte Ehen.

Liegt für die Ehegatten eine gemeinsame „Friedensveranlagung" zur Einkommensteuer gemäß § 4 vor, ist aber einer der Ehegatten in der darauf folgenden Zeit und vor Veranlagung des Kriegseinkommens **gestorben**, so wird **der überlebende Ehegatte** wie jeder andere Steuerpflichtige, ohne Rücksicht also auf die frühere Ehe, veranlagt. Ist er Erbe des verstorbenen Ehegatten geworden, so kann er nach § 6 verlangen, daß seinem Friedenseinkommen (§§ 4, 5) ein Betrag hinzugerechnet wird, der einer jährlichen Verzinsung von 5 v. H. des ererbten Vermögens entspricht. — Die Ausführungsbestimmungen § 11 Abs. 2 besagen hierzu: War das Friedenseinkommen der Ehegatten zusammengerechnet worden und sind die Voraussetzungen der Zusammenrechnung bei Feststellung des Kriegseinkommens nicht mehr gegeben (z. B. auch bei inzwischen erfolgter Scheidung oder Feststellung der Nichtigkeit der Ehe), so ist das frühere Einkommen **nachträglich für jeden Ehegatten gesondert** zu ermitteln und als Friedenseinkommen zugrunde zu legen.

§ 12

Wo eine Einkommensteuer noch nicht eingeführt ist, trifft die Landesregierung Bestimmungen über die Ermittlung des Kriegseinkommens.

Als veranlagtes Einkommen vor dem Kriege (§ 4) gilt im Falle des Abs. 1 das bei der Veranlagung des Wehrbeitrags festgestellte Einkommen.

Erläuterungen:

Das steuerbare Mehreinkommen ergibt sich aus der **Gegenüberstellung von Friedenseinkommen und Kriegseinkommen.** Grundlage des Friedenseinkommens sowohl wie des Kriegseinkommens sind die landesrechtlichen Einkommensteuerveranlagungen oder die Gesetze, auf denen diese Veranlagungen beruhen (vgl. §§ 4—6, 8, 10). Wo eine Einkommensteuer noch nicht eingeführt ist, **mangelt es** mithin **an der Grundlage** für die Berechnung des Mehreinkommens. Für diesen Fall gelten die Vorschriften des vorliegenden § 12.

In Staaten ohne Einkommensteuer — in Betracht kommt gegenwärtig nur Elsaß-Lothringen, das in steuerlicher Hinsicht als Bundesstaat gilt — hat die **Landesregierung Bestimmungen** über die Ermittlung des Kriegseinkommens zu treffen. Die Bestimmungen werden sich etwa denen in § 5 des Abgabegesetzes anschließen können; sie können aber von diesen auch beliebig abweichen. Irgendwelche Richtlinien sind nicht gegeben. Da aber bereits das Wehrbeitragsgesetz die Notwendigkeit der Feststellung des damals für abgabepflichtig erklärten Einkommens der Pflichtigen vorsah, so dürften auch ohne die gesetzliche Regelung der Einkommenbesteuerung überall gewisse Grundlagen für die Ermittlung des „Kriegseinkommens" vorhanden sein. Obwohl reichsrechtliche Vorschriften für die Berechnungsweise des Kriegseinkommens beim Mangel einer staatlichen Einkommenbesteuerung nicht gegeben sind, soll dennoch die nach § 12 landesrechtlich erfolgende Feststellung des Kriegseinkommens, wie § 14 Abs. 2 der Ausführungsbestimmungen besagt, durch die im § 36 des Gesetzes vorgesehenen **Rechtsmittel** gegen den Steuerbescheid angefochten werden können.[1])

---

[1]) Im Gegensatz zu der Anfechtung der sonstigen Friedens- und Kriegsveranlagungen, die nach Landesrecht erfolgen müssen. Nach § 36 des Ab-

Auf diese Weise werden die nach § 36 zu bestellenden Behörden eine Nachprüfung der gemäß § 12 erfolgenden Ermittlung des Kriegseinkommens vornehmen können, und in letzter Instanz wird auf Rechtsbeschwerde hin der Reichsfinanzhof zur Entscheidung berufen sein.

Das dem Kriegseinkommen gegenüberzustellende **Friedenseinkommen** wird nicht durch besondere landesrechtliche Regelung ermittelt. Das Kriegsabgabegesetz geht hier vielmehr unmittelbar auf das Wehrbeitragsgesetz vom 3. Juli 1913 und auf die darin enthaltene Regelung zurück. Diese Regelung entspricht der im Abs. 1 des vorliegenden Paragraphen. § 31 Abs. 1 des Wehrbeitragsgesetzes bestimmte nämlich, daß als Einkommen im Sinne jenes Gesetzes in erster Reihe das bei der landesrechtlichen Veranlagung festgestellte Einkommen, und zwar bei einer Veranlagung nach Stufen das niedrigste Einkommen der betreffenden Stufe, gelten solle. In den Bundesstaaten ohne Einkommensteuer sollte die Landesregierung Bestimmungen über die Ermittlung des Einkommens treffen. Der **Wehrbeitrag** umfaßte ebenso wie das Kriegsabgabegesetz die Besteuerung des Vermögens und des Einkommens. Die **damaligen Festsetzungen** über die Höhe des abgabepflichtigen Einkommens sind nach § 10 Abs. 2 für die Kriegsabgabe auf das Mehreinkommen insofern maßgebend, als das damals auf den 31. Dezember 1913 festgestellte Einkommen als Friedenseinkommen im Sinne des Abgabegesetzes angesehen werden soll.

§ 13

Die Abgabe vom Mehreinkommen beträgt
für die ersten 10000 Mark des abgabepflichtigen Mehreinkommens 5 vom Hundert

---

gabegesetzes soll aber gemäß § 14 der Ausführungsbestimmungen ferner noch anfechtbar sein die Feststellung des Friedenseinkommens nach § 5 des Gesetzes und nach § 12 Abs. 2 der Ausführungsbestimmungen (s. oben Erläut. zu § 11 des Gesetzes). In allen übrigen Fällen kann die Feststellung des Friedens- und des Kriegseinkommens durch die im § 36 des Gesetzes vorgesehenen Rechtsmittel gegen den Steuerbescheid nur angefochten werden, sofern und soweit die Verletzung von Vorschriften des Kriegsabgabegesetzes selbst (z. B. des § 6 und § 9) behauptet wird, nicht dagegen, sofern und soweit die Verletzung von Vorschriften der Landeseinkommensteuergesetze behauptet wird.

für die nächsten angefangenen oder vollen

10000 Mark	**10 vom Hundert**
30000 „	20 „ „
50000 „	30 „ „
100000 „	40 „ „
für die weiteren Beträge	50 „ „

Erläuterungen:

Bei der Feststellung der auf das Mehreinkommen zu entrichtenden Steuersätze hat man das System der Anstoß- oder **„ansteigenden Durchstaffelung“** gewählt, das bereits für die Kriegssteuer auf den Vermögenszuwachs nach altem Kriegssteuerrecht (§ 9 des Kriegssteuergesetzes) galt. Das System besteht darin, daß der zu besteuernde Betrag in die auf die einzelnen Staffeln entfallenden Teile zerlegt wird und jeder dieser Teile den Steuersatz der betreffenden Staffel zu tragen hat. Der § 13 muß also so verstanden werden, daß jeder Steuerpflichtige die ersten (oder angefangenen) 10000 *M* abgabepflichtigen Mehreinkommens mit 5 v. H., die nächsten 10000 *M* mit 10 v. H., die weiteren 30000 *M* mit 20 v. H. usw. zu versteuern hat, so daß sich erst **aus der Zusammenrechnung** der in den einzelnen **Staffeln** zu entrichtenden Steuerbeträge die **Gesamtsteuer** (und auch der Gesamtprozentsatz) ergibt. Als Beispiel diene folgende Berechnung für einen Pflichtigen mit 50000 *M* steuerbarem Mehreinkommen:

Mehreinkommen	Steuer	v. H.
10000 *M*	500 *M*	5
10000 *M*	1000 *M*	10
30000 *M*	6000 *M*	20
50000 *M*	7500 *M*	(= 15)

Hätte derselbe Steuerpflichtige statt 50000 *M* 35000 *M* Mehreinkommen, so würde sich die Berechnung wie folgt stellen:

Mehreinkommen	Steuer	v. H.
10000 *M*	500 *M*	5
10000 *M*	1000 *M*	10
15000 *M*	3000 *M*	20
35000 *M*	4500 *M*	(= ca. 12,86)

Würde das steuerbare Mehreinkommen 200000 *M* betragen, so lautet die Berechnung wie folgt:

Mehreinkommen	Steuer	v. H.
10000 ℳ	500 ℳ	5
10000 ℳ	1000 ℳ	10
30000 ℳ	6000 ℳ	20
50000 ℳ	15000 ℳ	30
100000 ℳ	40000 ℳ	40
200000 ℳ	62500 ℳ	(= 31,25)

Die **höchste Staffel** für die Abgabe auf das Mehreinkommen **beträgt 50 v. H.**; sie wird nach der Staffel von 40 v. H. auf die darauf folgenden weiteren Mehreinkommensbeträge erhoben. Die Staffelung erreicht damit der Höhe nach die der ersten Kriegssteuer auf den Vermögenszuwachs (§ 9 des Kriegssteuergesetzes), zu der aber noch der Zuschlag von 20 v. H. auf Grund des § 1 des Gesetzes über die Erhebung eines Zuschlags zur Kriegssteuer kam. Dennoch geht die absolute Höhe der Kriegsabgabe auf das Mehreinkommen **über die frühere Kriegssteuer** auf den Vermögenszuwachs ziemlich beträchtlich **hinaus**, da die Staffel der neuen Kriegsabgabe steiler ansteigt[1]). Im einzelnen ist die Höhe der **Belastung** des Mehreinkommens **aus nachfolgender Darstellung** zu ersehen, zu der vorweg nochmals bemerkt sei, daß Mehreinkommensbeträge bis zu 3000 ℳ steuerfrei bleiben (§ 3 Abs. 3) und das Mindestfriedenseinkommen mit 10000 ℳ angenommen wird (§ 7).

Kriegsabgabe auf das Mehreinkommen bei Einzelpersonen.

Abgabepflichtiges Mehreinkommen ℳ	Steuerbetrag ℳ	Abgabepflichtiges Mehreinkommen ℳ	Steuerbetrag ℳ	Abgabepflichtiges Mehreinkommen ℳ	Steuerbetrag ℳ
1000	50	7000	350	12000	700
2000	100	8000	400	13000	800
3000	150	9000	450	14000	900
4000	200	10000	500	15000	1000
5000	250			16000	1100
6000	300	11000	600	17000	1200

[1]) Die Abgabe auf den Vermögenszuwachs betrug nach Kriegssteuergesetz: auf die ersten 10000 ℳ 5 v. H., auf die nächsten (vollen oder angefangenen) 10000 ℳ 10 v. H., auf die nächsten 10000 ℳ 15 v. H., auf die nächsten 20000 ℳ 20 v. H., auf die nächsten 50000 ℳ 25 v. H., auf die nächsten 100000 ℳ 30 v. H. usw.

Abgabepflichtiges Mehreinkommen ℳ	Steuerbetrag ℳ	Abgabepflichtiges Mehreinkommen ℳ	Steuerbetrag ℳ	Abgabepflichtiges Mehreinkommen ℳ	Steuerbetrag ℳ
18000	1300	59000	10200	101000	22900
19000	1400	60000	10500	102000	23300
20000	1500	61000	10800	103000	23700
		62000	11100	104000	24100
21000	1700	63000	11400	105000	24500
22000	1900	64000	11700	106000	24900
23000	2100	65000	12000	107000	25300
24000	2300	66000	12300	108000	25700
25000	2500	67000	12600	109000	26100
26000	2700	68000	12900	110000	26500
27000	2900	69000	13200	111000	26900
28000	3100	70000	13500	112000	27300
29000	3300	71000	13800	113000	27700
30000	3500	72000	14100	114000	28100
31000	3700	73000	14400	115000	28500
32000	3900	74000	14700	116000	28900
33000	4100	75000	15000	117000	29300
34000	4300	76000	15300	118000	29700
35000	4500	77000	15600	119000	30100
36000	4700	78000	15900	120000	30500
37000	4900	79000	16200	121000	30900
38000	5100	80000	16500	122000	31300
39000	5300	81000	16800	123000	31700
40000	5500	82000	17100	124000	32100
41000	5700	83000	17400	125000	32500
42000	5900	84000	17700	126000	32900
43000	6100	85000	18000	127000	33300
44000	6300	86000	18300	128000	33700
45000	6500	87000	18600	129000	34100
46000	6700	88000	18900	130000	34500
47000	6900	89000	19200	131000	34900
48000	7100	90000	19500	132000	35300
49000	7300	91000	19800	133000	35700
50000	7500	92000	20100	134000	36100
		93000	20400	135000	36500
51000	7800	94000	20700	136000	36900
52000	8100	95000	21000	137000	37300
53000	8400	96000	21300	138000	37700
54000	8700	97000	21600	139000	38100
55000	9000	98000	21900	140000	38500
56000	9300	99000	22200	141000	38900
57000	9600	100000	22500	142000	39300
58000	9900			143000	39700

Abgabepflichtiges Mehreinkommen ℳ	Steuerbetrag ℳ	Abgabepflichtiges Mehreinkommen ℳ	Steuerbetrag ℳ	Abgabepflichtiges Mehreinkommen ℳ	Steuerbetrag ℳ
144000	40100	178000	53700	211000	68000
145000	40500	179000	54100	212000	68500
146000	40900	180000	54500	213000	69000
147000	41300	181000	54900	214000	69500
148000	41700	182000	55300	215000	70000
149000	42100	183000	55700	216000	70500
150000	42500	184000	56100	217000	71000
151000	42900	185000	56500	218000	71500
152000	43300	186000	56900	219000	72000
153000	43700	187000	57300	220000	72500
154000	44100	188000	57700	usw. für je	je 500 Mark
155000	44500	189000	58100	1000 Mark	mehr
156000	44900	190000	58500	z. B.	z. B.
157000	45300	191000	58900	250000	87500
158000	45700	192000	59300	300000	112500
159000	46100	193000	59700	350000	137500
160000	46500	194000	60100	400000	162500
161000	46900	195000	60500	450000	187500
162000	47300	196000	60900	500000	212500
163000	47700	197000	61300	600000	262500
164000	48100	198000	61700	700000	312500
165000	48500	199000	62100	800000	362500
166000	48900	200000	62500	900000	412500
167000	49300			1000000	462500
168000	49700	201000	63000	2000000	962500
169000	50100	202000	63500	3000000	1462500
170000	50500	203000	64000	4000000	1962500
171000	50900	204000	64500	5000000	2462500
172000	51300	205000	65000	6000000	2962500
173000	51700	206000	65500	7000000	3462500
174000	52100	207000	66000	8000000	3962500
175000	52500	208000	66500	9000000	4462500
176000	52900	209000	67000	10000000	4962500
177000	53300	210000	67500		

Nur die Einkommensmehrung, **nicht das Einkommen als solches** ist zu versteuern. Wer als Kriegseinkommen keinen um mehr als 3000 ℳ höheren Betrag bezieht, als seine „Friedensveranlagung" (ihre Richtigkeit vorausgesetzt, s. die Bestimmung im § 39 und die Erläuterungen dazu) (§§ 4, 5) ausweist, ist steuerfrei, **gleichgültig wie hoch** sein Einkommen ist. Er kann indes für die Kriegsabgabe auf das **Vermögen** (§§ 15ff.) steuerpflichtig sein. Diese Steuer ist im Vergleich zu der scharfen Heranziehung des Mehreinkommens als gering zu bezeichnen; Vermögen von nicht mehr als 100000 *M* sind von der Abgabe überhaupt befreit. Die Staffel steigt von 1 v. Tausend auf 5 v. Tausend, und zwar ebenfalls nach dem System der Anstoß- oder „ansteigenden Durchstaffelung“. Die Steuer wird **neben der Mehreinkommensteuer** erhoben. Das Nähere ist in den Erläuterungen zu den §§ 15—19 ausgeführt.

§ 14

Bei Abgabepflichtigen, die Gesellschafter inländischer Gesellschaften mit beschränkter Haftung sind, bleiben auf Antrag die Abgabebeträge (§ 13) unerhoben, die verhältnismäßig auf die Mehreinnahmen aus Geschäftsanteilen solcher Gesellschaften entfallen. Als Mehreinnahme gilt der in dem Kriegseinkommen eines Abgabepflichtigen enthaltene anteilige Betrag, der von einer Gesellschaft über den Durchschnitt der nach § 17 Abs. 1 des Kriegssteuergesetzes vom 21. Juni 1916 in Betracht kommenden Jahre hinaus oder, falls die Gesellschaft noch kein volles Jahr vor den Kriegsgeschäftsjahren bestanden hat, über eine sechsprozentige Dividende hinaus als Gewinn verteilt worden ist.

Abs. 1 findet nur Anwendung

1. **auf Gesellschafter, die Geschäftsanteile in Höhe von mindestens einem Viertel des Stammkapitals besitzen sowie auf Gesellschafter, die zueinander im Verhältnis von Ehegatten, von Verwandten in gerader Linie, von Geschwistern oder Erben von Geschwistern stehen und zusammen Geschäftsanteile von mindestens der Hälfte des Stammkapitals besitzen;**
2. **auf Gesellschafter, die als Geschäftsführer oder Prokuristen der Gesellschaft bestellt sind oder waren, sowie auf Gesellschafter, die Ehegatten oder Erben solcher Personen sind, wenn diese Gesellschafter in beiden Fällen allein oder zusammen Geschäftsanteile in Höhe von mindestens der Hälfte des Stammkapitals besitzen.**

Erläuterungen:

Die Vorschrift des § 14 dient dazu, eine **Milderung** in den Wirkungen **der mehrfachen Besteuerung** eines und desselben Mehreinkommens, die durch das Kriegsabgabegesetz eintreten kann, herbeizuführen. Eine solche mehrfache Besteuerung liegt nämlich darin, daß **Aktionäre** sowie **Gesellschafter von Gesellschaften m. b. H.** unter Umständen eine Abgabe von ihrem Mehreinkommen, soweit es aus Aktien- oder Geschäftsanteilbesitz herrührt, versteuern müssen, während gleichzeitig **die Gesellschaften selbst** einen Teil ihrer Geschäftsgewinne, aus denen sie die Ausschüttungen an die Beteiligten vornehmen, nach den §§ 20ff. als Mehrgewinn zu versteuern haben. Bei Abgabepflichtigen, die Gesellschafter einer inländischen Gesellschaft m. b. H. sind, will das Kriegsabgabegesetz[1]) in gewissen Fällen auf die Rechtslage Rücksicht nehmen und die Gesellschafter von einem Teil der Steuer befreien. Für Kuxenbesitzer und Aktionäre von Aktiengesellschaften ist (wie schon im Kriegssteuergesetz) von einer entsprechenden Bestimmung abgesehen, weil es sich bei Aktiengesellschaften, Aktienkommanditgesellschaften, Gewerkschaften (neueren Rechts) in erster Linie um Kapitalzusammenschlüsse handelt, wohingegen die Gesellschaften m. b. H. in den meisten Fällen Gemeinschaften von Personen sind. Häufig arbeiten auch die Anteilseigner einer Gesellschaft m. b. H. persönlich im Betrieb mit. Die **steuerliche Begünstigung der Gesellschafter** besteht darin, daß unter bestimmten, gleich zu erörternden Voraussetzungen „die Abgabebeträge unerhoben" bleiben, „die verhältnismäßig auf die Mehreinnahme aus Geschäftsanteilen" inländischer Gesellschaften m. b. H. entfallen (vgl. die Beispiele in dem folgenden Text).

Zuvor sei noch bemerkt, daß es sich bei der Bestimmung des § 14 nur um eine **Hebungs-, nicht** um eine **Veranlagungsvorschrift** handelt (Entsch. des preuß. OVG. V vom 5. Juni 1918). Das bedeutet, daß zunächst der **volle Betrag** der Steuer veranlagt wird, und die Verwaltungsbehörde alsdann auf Antrag über die Außerhebungsetzung entscheidet. Die **Anfechtung der Entscheidung** ist nur durch **Beschwerde im Aufsichtswege,** nicht durch die gegen die Veranlagung zugegebenen Rechtsmittel zulässig.

---

[1]) Eine dem Inhalt und dem Zwecke nach ähnliche Vorschrift ist im § 10 des Kriegssteuergesetzes vom 21. Juni gegeben (siehe Kommentar von Norden-Friedlaender, 2. Aufl., S. 74 ff.).

Steuerlich begünstigt sind nach § 14 **vier Gruppen von Personen:** Einmal solche Gesellschafter, die allein **Geschäftsanteile in Höhe von mindestens einem Viertel** des Stammkapitals besitzen (ohne Rücksicht auf den Betrag der erfolgten Einzahlung); ferner solche Gesellschafter, die zueinander in einem nahen **Verwandtschaftsverhältnis** stehen und **zusammen** mindestens **die Hälfte** des Stammkapitals in Geschäftsanteilen besitzen; drittens Gesellschafter, die **Geschäftsführer** oder **Prokuristen** der Gesellschaft sind oder waren; und viertens Gesellschafter, die **Ehegatten oder Erben von Geschäftsführern und Prokuristen** (Gruppe 3) sind. Für die letzten beiden Gruppen gilt das Vorrecht wiederum nur, wenn die in Betracht kommenden Gesellschafter allein oder zusammen Geschäftsanteile in Höhe von mindestens der Hälfte des Stammkapitals besitzen.[1])

Die steuerliche Bevorzugung der aufgezählten vier Gruppen beruht auf verschiedenartigen **Gründen.** Der Gesellschafter, der allein mindestens ein Viertel der Anteile besitzt, ist deshalb bevorrechtigt, weil er die **Doppelbesteuerung** des Mehrgewinnes (der Gesellschaft) und seines eigenen Mehreinkommens **besonders nachteilig** empfinden muß, zumal da er, wenn sein Anteilsbesitz über das mindestens erforderliche Viertel hinausreicht oder gar die Gesamtheit der Geschäftsanteile umfaßt, einem Alleininhaber des Unternehmens nahe kommt oder gleichsteht. Die zweite Gruppe ist deswegen bevorzugt, weil die Gesellschaft sich hier als **Familienunternehmen** darstellt, dessen persönlicher Aufbau (im Gegensatz zu einem mehr kapitalistischen) besonders augenfällig ist; die dritte Gruppe soll das Vorrecht deshalb genießen, weil die zu ihr gehörenden Gesellschafter **persönliche Arbeit** für das Unternehmen leisten oder geleistet haben und darum eine besondere Schadloshaltung verdienen. Die Erben und Ehegatten solcher Gesellschafter, also die zur Gruppe vier zählenden Personen, sind jenen in gewissem Umfange in ihrer Eigenschaft als nahe **Angehörige oder Rechtsnachfolger** gleichgestellt.

Im einzelnen gilt für die **erste Gruppe,** daß bei einer und derselben Gesellschaft höchstens vier Personen das Steuervorrecht haben können; denn nur vier können an dem für die Veranlagung

[1]) Die weitere, im früheren Kriegssteuergesetz enthaltene Beschränkung des Gesellschaftsvermögens auf einen Mindestbetrag von 300000 ℳ (für das Steuervorrecht der Gruppen 1 und 2) findet sich im Kriegsabgabegesetz nicht.

maßgebenden Zeitpunkt (§ 8) im Besitz von Geschäftsanteilen in Höhe von mindestens einem Viertel des Stammkapitals sein. Besitzt ein Gesellschafter mehr als drei Viertel des Stammkapitals, so kommen andere Begünstigte bei dieser Gesellschaft in der ersten Gruppe nicht in Frage. Entscheidend für die Berechnung der Höhe des Anteilbesitzes ist der **Nennbetrag.** Ob die Geschäftsanteile voll oder nur zum Teil eingezahlt sind, bleibt außer Betracht.

Unerhoben bleiben auf Antrag[1]) die Abgabebeträge, die verhältnismäßig auf die Mehreinnahme aus Geschäftsanteilen entfallen. Dabei ist aber **noch eine allgemeine Voraussetzung** zu beachten: Als Mehreinnahme gilt der in dem Kriegseinkommen des Abgabepflichtigen enthaltene **anteilige Betrag,** der von einer Gesellschaft über den Durchschnitt der nach § 17 Abs. 1 des Kriegssteuergesetzes vom 21. Juni 1916 in Betracht kommenden Jahre hinaus, oder falls die Gesellschaft noch kein volles Jahr vor den Kriegsgeschäftsjahren bestanden hat, über eine sechsprozentige Dividende hinaus als Gewinn verteilt worden ist. Will man also die **Höhe des Steuervorrechts** eines Gesellschafters feststellen, so ist von dem Mehrgewinn der Gesellschaft im Sinne des alten Kriegssteuergesetzes auszugehen. Das nachfolgende **Beispiel** diene zur Erläuterung im einzelnen:

Eine Gesellschaft m. b. H. hat in den fünf dem ersten Kriegsgeschäftsjahr vorangegangenen Friedensgeschäftsjahren folgende Gewinne erzielt:

1909	50000 ℳ
1910 . .	48000 ℳ
1911 .	64000 ℳ
1912 .	70000 ℳ
1913	45000 ℳ

Der durchschnittliche frühere Geschäftsgewinn ist unter Ausscheidung der beiden Jahre mit dem besten und mit dem schlechtesten Erträgnis zu ermitteln:

1909	50000 ℳ
1910 .	48000 ℳ
1911 .	. 64000 ℳ
	162000 ℳ
Durchschnittsgewinn . . .	54000 ℳ

[1]) Der Antragszwang für die Vergünstigung bestand nach altem Kriegssteuerrecht nicht.

Von den Gesellschaftern der Gesellschaft besitzt A die Hälfte, B ein Viertel der Anteile, während das restliche Viertel sich auf mehrere Gesellschafter verteilt. Die Gesellschaft hat in dem Jahre, das bei der Veranlagung des Kriegseinkommens von A und B zugrunde gelegt ist (vgl. § 8, regelmäßig das Jahr 1917) einen Gewinn von 174000 ℳ ausgeschüttet; dieser geht mit 120000 ℳ über den vorhin ermittelten Friedensdurchschnittsgewinn von 54000 ℳ hinaus. Hiervon haben erhalten in Gemäßheit ihres Anteilsbesitzes:

A $^1/_2$ = 60000 ℳ
B $^1/_4$ = 30000 ℳ

Ist für A im ganzen ein Kriegseinkommen von 180000 ℳ und für B ein solches von 120000 ℳ festgestellt worden, so verhält sich bei A das Gesamtkriegseinkommen zu seinem Ertrag aus Anteilbesitz wie 150000 : 60000, bei B wie 120000 : 30000. In diesem Verhältnis bleibt bei beiden die Kriegsabgabe unerhoben. Muß A also von seinem Kriegseinkommen von 160000 ℳ ein Mehreinkommen von 47000 ℳ versteuern, wofür der Abgabebetrag sich auf 6900 ℳ beläuft, so ergibt sich, wenn x der steuerfrei bleibende Betrag des Mehreinkommens ist, folgende Gleichung:

$$180000 : 60000 = 6900 : x$$
$$\text{oder } x = \frac{6900 \cdot 60000}{180000}$$
$$\text{also } x = 2300 \text{ ℳ}.$$

Dieser Betrag bleibt bei der Kriegssteuer von A unerhoben. Hat B auf 38000 ℳ steuerpflichtiges Mehreinkommen eine Steuer von 5100 ℳ zu entrichten, so lautet die Gleichung für ihn.

$$120000 : 30000 = 5100 : x$$
$$\text{oder } x = \frac{30000 \cdot 5100}{120000}$$
$$\text{also } x = 1275 \text{ ℳ}.$$

Es bleiben mithin bei B von seiner Kriegsabgabe von 5100 ℳ 1275 ℳ unerhoben.

Der Personenkreis der steuerlich bevorzugten **Gesellschafter eines „Familienunternehmens“** (**Gruppe** 2 der bevorrechtigten Personen) wird im Gesetz wie folgt begrenzt: Die Ermäßigung der Steuer soll zugute kommen solchen Gesellschaftern, die miteinander **verheiratet** oder untereinander **in gerader Linie** (Eltern, Kinder, Enkel usw.) **verwandt sind**, ferner solchen, die **Geschwister** oder (gesetzliche sowohl wie testamentarische) **Erben von Geschwistern** sind. Zusammen müssen die zur Gruppe 2 gehörenden Gesellschafter, soll die Begünstigung eintreten, mindestens die **Hälfte des Stammkapitals** bei dem für die Steuerveranlagung maßgebenden Zeitpunkt (§ 8) besitzen. Der Verwandtenkreis ist, wie man sieht, ziemlich eng gezogen; nicht begünstigt sind beispielsweise verschwägerte Personen, ebenfalls nicht Geschwisterkinder. Dagegen kann das Erfordernis der nahen Verwandtschaft für das Steuervorrecht ganz in Fortfall kommen, dann nämlich, wenn Erben von Geschwistern als Gesellschafter eingetreten sind. Denn das Gesetz beschränkt das Steuervorrecht nicht auf die gesetzlichen Erben (die in der Regel Blutsverwandte der Geschwister sind), sondern erkennt allen, **auch den Testamentserben,** schlechthin das Vorrecht zu. Das Vorrecht sollen jedoch nur die Erben haben, die durch einen gemeinsamen Erbfall verbunden sind; die Gesellschafter müssen, wie das Gesetz besagt, **zueinander** im Verhältnis von Erben von Geschwistern stehen. **Nicht zueinander** stehen im Erbenverhältnis, also nicht steuerlich begünstigt, sind die Erben eines Geschwisterteils zusammen mit den Erben des andern Geschwisterteils.[1]) Es kommt auch für das Vorrecht der Erben eines Geschwisterteiles nicht darauf an, welchen Teilbetrag des Stammkapitals der Erblasser zusammen mit einem andern Gesellschafter besessen hat, sondern nur darauf, wieviel die Gruppe, deren Mitglieder zueinander im Verhältnis von Erben eines Geschwisterteiles stehen, nunmehr vom Stammkapital besitzt. Nur wenn dieser Besitz, soweit er aus der Erbschaft stammt (sonstiger Besitz zählt nicht mit), mindestens die Hälfte des gesamten Stammkapitals beträgt, tritt für die Erben eines Geschwisterteils die Steuerbegünstigung ein.

Das Schwergewicht für das Verständnis des Familiengesellschafterprivilegs liegt somit auf dem Wort „zueinander" im Gesetzestext. Zueinander müssen die Gesellschafter, sollen sie nach § 14 Nr. 1 steuerlich bevorzugt werden, im Verhältnis von Ehegatten, von Verwandten in gerader Linie, von Geschwistern oder von Erben

[1]) Diese Auffassung wird nicht geteilt von Strutz, Kommentar zum Kriegssteuergesetz, der die gleichlautende Fassung im § 10 des Kriegssteuergesetzes dahin auslegt, daß es genügen soll, wenn nur jeder der Geschäftsanteile in Höhe von mindestens der Hälfte des Stammkapitals besitzenden Gesellschafter zu jedem anderen von diesem Gesellschafterkreis in einem der im Gesetz bezeichneten Verhältnisse steht. Zu einer solchen Erweiterung des Kreises bietet aber der Wortlaut des Gesetzes keinen Raum.

von Geschwistern stehen. So kommen wir zu dem Ergebnis, daß, die sonstigen Voraussetzungen als gegeben angenommen, Ehegatten, Vater und Sohn (**nicht Schwiegervater und Schwiegersohn**) zusammen als bevorrechtigt gelten, ebenso zwei Brüder, und schließlich die Erben (testamentarische sowohl wie gesetzliche) von jedem der Brüder. Nicht dagegen kommen als begünstigt in Betracht die Erben des einen Bruders zusammen mit dem andern Bruder, ebensowenig wie die Erben des einen zusammen mit denen des andern Bruders. Denn in den beiden letzten Fällen stehen die betreffenden Gesellschafter in keinem für bevorrechtigt erklärten Verhältnis „zueinander".

Die **Berechnung** des Steuervorrechts geschieht in allen vier Gruppen nach den gleichen vorhin schon dargelegten Grundsätzen (s. oben S. 70, 71). Ein **Beispiel** mag das nochmals erläutern:

Vater und Sohn A und B besitzen zusammen Geschäftsanteile in Höhe von 100000 *M* einer Gesellschaft m. b. H., deren Stammkapital 200000 *M* beträgt. A besitzt 60000 *M*, B 40000 *M*. Der Friedensdurchschnittsgewinn der Gesellschaft, nach § 17 Abs. 1 des Kriegssteuergesetzes berechnet, beläuft sich für 1917 (§ 8) auf 100000 *M*, wovon dem A 30000 *M*, dem B 20000 *M* zufließen und in deren Kriegseinkommen, das bei A 80000 *M*, bei B 40000 *M* beträgt, mitenthalten sind. Das steuerbare Gesamtmehreinkommen beträgt bei A 15000 *M*, die volle Steuer darauf würde 1000 *M* betragen; bei B beträgt das Mehreinkommen insgesamt 13000 *M*, die volle Steuer würde 800 *M* betragen. Dann berechnet sich für A der unerhoben bleibende Betrag wie folgt:

$$80000 : 30000 = 1000 : x$$

$$\text{oder } x = \frac{1000 \cdot 30000}{80000}$$

$$\text{also } x = 375 \text{ M.}$$

Dieser Betrag der Kriegsabgabe würde mithin bei A nicht erhoben werden. Für B ergäbe sich folgende Gleichung:

$$40000 : 20000 = 800 : x$$

$$\text{oder } x = \frac{20000 \cdot 800}{40000}$$

$$\text{also } x = 400 \text{ M.}$$

Von der 800 *M* betragenden Kriegsabgabe des B bliebe also die Hälfte mit 400 *M* unerhoben.

Die **dritte Gruppe** der Bevorrechtigten bilden die Personen, die als Geschäftsführer oder Prokuristen der Gesellschaft bestellt sind oder waren und allein oder zusammen Geschäftsanteile in Höhe von mindestens der Hälfte des Stammkapitals besitzen. Es werden hier also solche Gesellschafter begünstigt, die außer ihrer Einlage noch Arbeit für die Gesellschaft leisten oder (früher einmal) geleistet haben. Wer der Gesellschaft an dem Veranlagungsstichtage (§ 8) als Prokurist oder Geschäftsführer dient oder ihr zu irgendeinem früheren Zeitpunkte in dieser Eigenschaft **gedient hat**, soll steuerlich begünstigt sein, wenn er allein oder zusammen mit einem oder mehreren anderen, gegenwärtigen oder früheren Geschäftsführern oder Prokuristen (gegebenenfalls auch mit einem oder mehreren der zur Gruppe vier gehörigen Personen, s. unten) die Hälfte des Stammkapitals in Geschäftsanteilen am Veranlagungsstichtage besitzt.

Als Geschäftsführer der Gesellschaft m. b. H. gilt nur, wer in Gemäßheit des § 6 des Gesetzes betreffend die Gesellschaften m. b. H. zum **gesetzlichen Vertreter** und handlungsberechtigten **Organ** der Gesellschaft bestellt, d. h. im Handelsregister als solcher eingetragen ist. Es genügt also nicht, daß jemand die „Führung der Geschäfte" im landläufigen Sinne hat, sondern es muß sich um den — allein oder in Gemeinschaft mit andern — verantwortlichen Leiter der Gesellschaft handeln. Den Geschäftsführern gleichgestellt sind, ohne daß es im Abgabegesetz einer besonderen Erwähnung bedurfte, die — als solche bestellten und eingetragenen — **stellvertretenden Geschäftsführer.**

Ferner ist laut § 14 dem Geschäftsführer gleichgestellt **der Prokurist** (§ 48 Handelsgesetzbuch, § 46 Nr. 7 GmbHGes.); nur er, nicht der bloße Handlungsbevollmächtigte (§ 54 Handelsgesetzbuch), gehört zu der begünstigten Personengruppe. Er gehört aber auch dann dazu, wenn er nicht allein, sondern nur in Gemeinschaft mit einem andern Prokuristen **(Gesamtprokura)** die Gesellschaft zu zeichnen, d. h. rechtsgeschäftlich zu vertreten, berechtigt ist.

Für die **vierte Gruppe** der Begünstigten, die Ehegatten und die (gesetzlichen und testamentarischen) Erben der Angehörigen der Gruppe 3 (Geschäftsführer und Prokuristen), ist zunächst wiederum zu beachten, daß für sie ebenfalls das Erfordernis des Anteilbesitzes in bestimmter Höhe gilt. Die hier in Betracht kommenden Steuerpflichtigen müssen — entweder einzeln oder zusammen, oder auch zusammen mit den Angehörigen der Gruppe 3 — Geschäftsanteile in Höhe von mindestens der Hälfte des Stammkapitals der Gesellschaft besitzen. Gesellschafter, die miteinander verheiratet sind und zusammen mindestens die Hälfte des Stammkapitals besitzen, genießen bereits das Steuervorrecht der Gruppe 2. In Gruppe 4 ist der Ehegatte eines Geschäftsführers oder Prokuristen, wenn der Ehegatte allein mindestens die Hälfte des Stammkapitals besitzt, für steuerbevorrechtigt erklärt.

Besitzt ein Prokurist oder ein Geschäftsführer allein mindestens ein Viertel des Stammkapitals, so ist er schon in Gruppe 1 steuerlich begünstigt.

Von den zu den Gruppen 3 und 4 gehörigen steuerlich begünstigten Gesellschaftern gilt, wie bereits wiederholt hervorgehoben, daß das **Erfordernis** des Besitzes von mindestens der Hälfte des Stammkapitals **als erfüllt anzusehen** ist, wenn irgendein Angehöriger einer dieser beiden Gruppen mit irgendeinem Angehörigen derselben oder der anderen Gruppe zusammen die Hälfte des Stammkapitals besitzt. Nicht nur ist diesem Erfordernis der Steuerbegünstigung — abgesehen von dem Fall, daß ein einziger aus einer der beiden Gruppen die Hälfte des Kapitals hat — nachgekommen, wenn mehrere Geschäftsführer zusammen die Hälfte des Kapitals besitzen, sondern die Voraussetzung der Steuerbegünstigung ist auch dann als gegeben anzusehen, wenn ein oder mehrere Geschäftsführer zusammen mit einem oder mehreren Prokuristen, sowie ferner wenn eine dieser Personen zusammen mit dem Ehegatten eines von ihnen, weiterhin wenn irgendeiner von den in Gruppe 3 und 4 genannten begünstigten Personen zusammen mit den Erben eines Geschäftsführers oder Prokuristen, sowie schließlich wenn die mehreren Erben eines der letztgenannten zusammen Geschäftsanteile in Höhe von mindestens der Hälfte des Stammkapitals der Gesellschaft (das auf keinen Betrag beschränkt ist) besitzen. Hat also ein Prokurist einer Gesellschaft m. b. H. mit 1 Mill. ℳ Stammkapital Geschäftsanteile in Höhe von 10000 ℳ, während die Erben eines Geschäftsführers (oder die Ehegatten der beiden bestellten Geschäftsführer) zusammen 490000 ℳ Anteile besitzen, so sind die Erben (oder Ehegatten) zusammen mit dem Prokuristen, weil ihr Anteilsbesitz die Hälfte des Stammkapitals erreicht, nach § 14 Nr. 2 steuerlich begünstigt. **Jede denkbare Zusammensetzung** der in § 14 Nr. 2 als bevorrechtigt genannten Personen ergibt den Anspruch auf die steuerliche Begünstigung. Bei Erben von Geschäftsführern und Prokuristen ist indes noch Voraussetzung, daß ihr Geschäftsanteilbesitz für die Vergünstigung **nur insoweit** zählt, als er **durch den Erbanfall** an sie gelangt ist.

Hervorzuheben ist noch, daß die Steuervergünstigung nur für Gesellschafter inländischer Gesellschaften m. b. H., **nicht aber für ausländische Unternehmungen** derselben Rechtsform gilt. Der Sitz der Gesellschaft muß sich also im Deutschen Reich befinden. Die Gesellschaft m. b. H. muß auch am Veranlagungsstichtage (§ 8) noch als solche bestanden haben.

Begünstigt sind nur solche **Gesellschafter**, die Einzelpersonen (**physische Personen**) sind; Gesellschaften (oder andere juristische Personen), die Gesellschafter einer Gesellschaft m. b. H. sind, genießen das Steuervorrecht des § 14 schon deswegen nicht, weil sie keine Abgabe auf das Mehreinkommen zu zahlen haben. Eine besondere steuerliche Berücksichtigung der sogenannten **„Schachtelgesellschaften"** findet sich im § 18 des (alten) Kriegssteuergesetzes, der durch den § 24 des Abgabegesetzes auch auf die neue Kriegsabgabe der Gesellschaften für anwendbar erklärt worden ist (s. Erläut. zu § 24).

Die Steuervergünstigung des § 14 tritt **nur auf Antrag** des Pflichtigen ein. Der Antrag über den im Gesetz nichts Näheres bestimmt ist, wird nach Zustellung des Steuerbescheides (§ 35) bis zum Ablauf der Rechtsmittelfrist beim Besitz-(Kriegs-)Steueramt zu stellen sein. Gegen die Ablehnung sind aber nicht dieselben Rechtsmittel gegeben wie gegen den Bescheid selber, sondern es findet nur die Beschwerde im Verwaltungsverfahren (s. oben S. 68) statt.

Abgabe vom Vermögen.

§ 15

Abgabepflichtiges Vermögen ist das nach den Vorschriften des Besitzsteuergesetzes auf den 31. Dezember 1916 festgestellte Vermögen.

Erläuterungen:

Das Kriegsabgabegesetz schreibt eine „außerordentliche Kriegsabgabe" vom Mehreinkommen **und vom Vermögen** vor. Die Abgabe von Mehreinkommen regelt sich nach den Vorschriften der §§ 3—14. Neben dieser Abgabe muß der Steuerpflichtige, wenn bei ihm die Voraussetzungen des §§ 15, 18, 19 vorliegen, eine Abgabe vom Vermögen leisten. Auch diese Vermögenssteuer wird vom Kriegsabgabegesetz, ebenso wie die Steuer auf das Mehreinkommen, als eine **einmalige außerordentliche Abgabe** angesehen und damit zu der Besitzsteuer in Gegensatz gebracht, die jedesmal in dreijährigen Zwischenräumen vom Vermögenszuwachs zu entrichten ist (§§ 1, 18 Besitzsteuergesetz vom 3. Juli 1913). Die Besitz- oder Vermögenszuwachssteuer stellt im übrigen, ebenso wie die Kriegsabgabe auf das Vermögen, eine direkte Besteuerung des Vermögens durch das Reich dar.

Die **Kriegsabgabe auf das Vermögen** schließt sich grundsätzlich **eng an das Besitzsteuergesetz** an. Abgabepflichtiges Vermögen ist das nach den Vorschriften des Besitzsteuergesetzes auf den 31. Dezember 1916 festgestellte Vermögen. An diesem Tage ist die zeitlich letzte Feststellung des steuerbaren Vermögenszuwachses nach dem Besitzsteuergesetz erfolgt. Die nächste Feststellung findet zum 31. Dezember 1919 statt. Die Besitzsteuer bleibt natürlich neben der Kriegsabgabe auf das Vermögen bestehen.

Wer zum 31. Dezember 1916 nach dem Besitzsteuergesetz mit seinem Vermögensstand zur Vermögenszuwachssteuer veranlagt worden ist, dessen **Veranlagung soll auch für die Kriegsabgabe** und deren Bemessung (§ 19) maßgebend sein. Mit andern Worten: nach dem Kriegsabgabegesetz wird grundsätzlich dasselbe Vermögen besteuert, das am 31. Dezember 1916 beim Steuerpflichtigen vorhanden war und zu diesem Stichtage zum Zwecke der steuerlichen Erfassung des Vermögenszuwachses festgestellt worden ist[1]). Dieser Grundsatz ist aber durch die nachfolgenden §§ 16 und 17 vielfach durchbrochen, und man wird davon ausgehen müssen, daß für die Berechnung der Kriegsabgabe sehr **zahlreiche Neuveranlagungen** des Vermögens notwendig werden. Diese Neufeststellungen haben ebenfalls nach den Vorschriften des Besitzsteuergesetzes zu erfolgen, weshalb diese Vorschriften in den Erläuterungen zu § 16 eingehend erörtert sind.

Der in den Händen des Steuerpflichtigen befindliche **Besitzsteuerbescheid** (§ 65 Besitzsteuergesetz) kann also keineswegs vorbehaltlos als die Grundlage für die Kriegsabgabe von dem Pflichtigen an-

[1]) Irgendwelche Abzugsrechte, die im (alten) Kriegssteuergesetz eine ziemlich große Rolle spielten (§ 3 Nr. 1—4, Schenkungen, Erbschaften usw.) sind hier nicht zugelassen (vgl. für das steuerbare Mehreinkommen die Vorschrift in § 6 und die Erläuterungen dazu).

gesehen werden; dies kann vielmehr nur insofern geschehen, als nicht die Ausnahmen in § 16 (z. B. nachträglicher Vermögensanfall durch Erbschaft, Vermächtnis, Schenkung u. dgl.) und in § 17 (Verminderung des Vermögens um ein Fünftel) eine Neufeststellung des Vermögens notwendig machen oder rechtfertigen.

Die **persönliche Steuerpflicht** für die Kriegsabgabe auf das Vermögen ist nach den §§ 1 und 2 des Abgabegesetzes dieselbe wie die für die Abgabe auf das Mehreinkommen. Sie ist nach dem Stande vom 31. Dezember 1917 zu beurteilen und richtet sich in der Hauptsache ebenfalls nach dem Besitzsteuergesetz (§ 11). Das Nähere ist in den Erläuterungen zu §§ 1 und 2 ausgeführt.

Die **Abgabesätze** sind, wie aus § 19 hervorgeht, verhältnismäßig und jedenfalls im Vergleich zu der Besteuerung des Mehreinkommens nach § 13, ziemlich gering. Die Möglichkeit einer späteren, durch besonderes Gesetz anzuordnenden nochmaligen Erhebung der Steuer, gegebenenfalls auch ihrer wesentlichen Erhöhung, muß ins Auge gefaßt werden.

§ 16

Das abgabepflichtige Vermögen ist nach den Vorschriften des Besitzsteuergesetzes auf den 31. Dezember 1917 besonders festzustellen,

1. **wenn eine Vermögensfeststellung auf den 31. Dezember 1916 nicht stattgefunden hat,**
2. **wenn sich das Vermögen eines Abgabepflichtigen nach dem 31. Dezember 1916 durch einen im § 3 Abs. 1 Nr. 1 oder 3 des Kriegssteuergesetzes vom 21. Juni 1916 bezeichneten Vermögensanfall um mehr als fünftausend Mark vermehrt hat.**

Erläuterungen:

Die Kriegsabgabe auf das Vermögen müssen auch solche **Personen** leisten, **die** auf den 31. Dezember 1916, d. i. dem **für die Besitzsteuer** maßgebenden Stichtag, **nicht veranlagt** worden sind, für die also eine Vermögensfeststellung nach dem Besitzsteuergesetz noch nicht vorliegt. Hier muß eine besondere Feststellung des Vermögens stattfinden. Hat sich ferner das auf den 31. Dezember 1916 festgestellte **Vermögen** eines Besitzsteuerpflichtigen nach diesem Tage durch einen im § 3 Abs. 1 Nr. 1 und Nr. 3 des (alten) Kriegssteuergesetzes bezeichneten Vermögensanfall um **mehr als 5000 M vermehrt,** so soll ebenfalls eine neue Vermögensfeststellung für die Berechnung der Kriegsabgabe erfolgen. Die im § 3 Abs. 1 Nr. 1 und 3 des Kriegssteuergesetzes bezeichneten Vermögensanfälle betreffen die Werte:

1. die durch **Erbanfall,** durch **Lehen-, Fideikommiß- oder Stammgutanfall** infolge **Vermächtnisses** oder auf andere Weise aus dem Nachlaß eines Verstorbenen von Todes wegen erworben sind. Als Erwerb aus dem Nachlaß gilt auch die Abfindung für die Ausschlagung einer Erbschaft;
2. die durch eine **Schenkung** oder durch eine sonstige ohne entsprechende Gegenleistung erhaltene Zuwendung (Vermögensübergabe) erworben sind, soweit (es sich um Zuwendungen im Einzelbetrage von wenigstens eintausend Mark[1]) handelt und) nicht ein gesetzlicher Anspruch auf die Zuwendung bestand.

Die besondere oder neue Festsetzung des Vermögens des Steuerpflichtigen, die nach dieser Vorschrift des § 16 erfolgt, hat **ebenfalls** unter Zugrundelegung der **Vorschriften des Besitzsteuergesetzes** zu geschehen, d. h. das steuerbare Vermögen des Pflichtigen ist nach den im Besitzsteuergesetz aufgestellten Grundsätzen zu ermitteln.

Nach dem Besitzsteuergesetz gehört zu dem für die Berechnung des steuerbaren Vermögenszuwachses heranzuziehenden Vermögen das **gesamte bewegliche und unbewegliche Vermögen,** also Grundstücke, Erbbaurechte, Erbpachtrechte, einschließlich Zubehör (Grundvermögen), das dem Betriebe eines Gewerbes, der Land- oder Forstwirtschaft, des Bergbaus dienende Vermögen (Betriebsvermögen) und schließlich das sonstige Vermögen (Kapitalvermögen, § 2 Besitzsteuergesetz). Von dem Vermögen eines Steuerpflichtigen sind **abzuziehen** die dinglichen und persönlichen **Schulden** des Steuerpflichtigen sowie die ihm obliegenden (wiederkehrenden) Leistungen. **Nicht abzugsfähig** sind aber die Haushaltungsschulden sowie Schulden und Lasten, die in wirtschaftlicher Beziehung zu nicht steuerbaren Vermögensteilen (z. B. Möbel, Hausrat) stehen (§ 10 Besitzsteuergesetz). Zum Kapitalvermögen zählen insbesondere auch sogenannte selbständige Rechte und Gerechtigkeiten (z. B.

[1]) Über diese Beschränkung und ihre Anwendbarkeit auf den vorliegenden § 16 des Abgabegesetzes s. unten.

Patentrechte, Urheberrechte und, nach Landesrecht, Fischereigerechtigkeiten, Fährrechte u. dgl.), ferner Kapitalforderungen (auch Hypothekenansprüche) sowie Aktien, Kuxe, Genußscheine, Obligationen, Wertpapiere aller Art, Geschäftsguthaben, Geschäftsanteile, die Rechte auf **Renten** und andere wiederkehrende Leistungen (Berechnung unten) und die noch nicht fälligen Ansprüche aus Lebens-, Kapital- oder Renten**versicherungen** (§ 6 Besitzsteuergesetz). Ferner gehören hierher bares Geld deutscher Währung, fremde Geldsorten, Gold und Silber in Barren, Banknoten und Kassenscheine, ausgenommen die aus den laufenden Jahreseinkünften vorhandenen Bestände, und ferner ausgenommen Bank- oder sonstige Guthaben, von beiden, d. h. vom Geld und was dem gleichgestellt ist, sowie vom Bankguthaben, soweit es zur Bestreitung der laufenden Ausgaben für drei Monate dient. Das **im Ausland** befindliche **Grund- und Betriebsvermögen** gehört **nicht** zum steuerbaren Vermögen nach Besitzsteuergesetz (§ 5), es bleibt also außer Ansatz. Nicht zum steuerbaren Vermögen gehören ferner (§ 8): Möbel, Hausrat und andere bewegliche Gegenstände, die nicht als Kapitalvermögen oder als Zubehör eines Grundstücks oder als Bestandteile eines Betriebsvermögens anzusehen sind. Hierher gehören beispielsweise: Kleidung, Wäsche, Bücher usw. Nicht zu berücksichtigen bei der Vermögensberechnung sind ferner die Ansprüche an Witwen-, Waisen- und Pensionskassen, sowie die Ansprüche aus der gesetzlichen Versicherung der Angestellten. Auch **Rentenbezüge,** die mit Rücksicht auf ein früheres Arbeits- oder Dienstverhältnis gewährt werden, unterliegen nicht der Besteuerung.

Für die Veranlagung von **Ehegatten** gilt die besondere Vorschrift des § 14 Besitzsteuergesetz, wonach ihr Vermögen zusammenzurechnen ist, falls die Ehegatten nicht dauernd voneinander getrennt leben[1]). Nur die Tatsache, nicht die Gründe des Getrenntlebens sind entscheidend. Maßgebend ist der Zustand am 31. Dezember 1917. Wird das Vermögen der Ehegatten (da sie nicht getrennt leben) zusammengerechnet und zusammen veranlagt, so haften sie dem Steuerfiskus als Gesamtschuldner; das Reich kann sich (durch die damit beauftragte einzelstaatliche Behörde) wegen des vollen Betrages oder jeden beliebigen Teiles der zusammen ver-

---

[1]) Vgl. für die Mehreinkommensteuer die entsprechende Bestimmung im § 11 des Kriegsabgabegesetzes und die Erläuterungen dazu.

anlagten Steuer an jeden einzelnen Ehegatten halten (darf aber den ganzen Betrag der Steuer nur einmal fordern). Im Verhältnis der Ehegatten zueinander besteht, falls einer von ihnen wegen der Steuer in Anspruch genommen wird, grundsätzlich eine entsprechende Ausgleichspflicht. Bestand in einer Ehe Gütergemeinschaft, so gehört nach dem Tode eines Ehegatten bei **fortgesetzter Gütergemeinschaft** das Gesamtgut[1]) dem überlebenden Ehegatten allein. Die Abkömmlinge haben nur eine Anwartschaft, sind also nicht steuerpflichtig.

Lehen-, Fideikommiß- und Stammgutvermögen (s. auch die Erläut. zu § 6) gilt als Vermögen des derzeitigen Inhabers (Untereigentümers), also nicht als das der Familie oder sämtlicher Anwärter. Nach Aufhebung der Lehnsherrlichkeit und des Lehnsverbandes in den meisten deutschen Bundesstaaten hat die Vorschrift über das Lehensvermögen nur noch geringe praktische Bedeutung. Stammgüter und Fideikommisse sind aber noch in reicher Zahl in den deutschen Bundesstaaten vorhanden. Bei Stammgütern (s. auch oben S. 42) handelt es sich um nicht frei veräußerliche Besitztümer, die auf Grund der Satzungen bestimmter Verbände (z. B. des hohen Adels) oder auf Grund von einer dem Gewohnheitsrecht gleichzustellenden Observanz nach feststehenden, vom gewöhnlichen Erbrecht abweichenden Grundsätzen vererbt oder übertragen werden. Fideikommisse sind auf Grund einer Stiftungsurkunde gebundene Vermögensanteile, die nicht nach Erbrecht, sondern in Gemäßheit der Bestimmungen der Stiftungsurkunde von Todes wegen übertragen werden und im übrigen nur veräußerlich sowie unteilbar sind.

Unterliegt abgabepflichtiges Vermögen der **Nutznießung** (z. B. seitens des Vaters am Kindesvermögen), so fällt, wenn nicht rechtsgeschäftlich etwas anderes bestimmt ist, die Besitzsteuer, also auch die Kriegsabgabe, dem Eigentümer (nicht dem Nutznießer) zur Last (§ 17 Besitzsteuergesetz). Das bedeutet, daß der **Eigentümer,** obwohl ihm nur die Substanz, nicht aber die Nutzungen an den betreffenden Vermögen rechtlich zustehen, nicht nur dem Reiche gegenüber zur Zahlung der Steuer verpflichtet ist, sondern daß er sie auch im Innenverhältnis, d. h. dem Nutznießer gegenüber, zu tragen hat. Er kann — falls das nicht ausdrücklich vereinbart ist —

[1]) Entsch. des Bad. Verwaltungsgerichtshofs vom 11. Dez. 1917 und 20. Januar 1918.

nicht verlangen, daß der Nutznießer ihm die veranlagte Steuer ersetzt. Dabei ist zu bemerken, daß der Nutznießer seinerseits dem Reiche gegenüber für den nach §§ 37—39 Besitzsteuergesetz kapitalisierten Betrag seiner Nutzungen aus dem Nutznießungsrecht steuerpflichtig ist.

Im Verhältnis zwischen **Vorerben und Nacherben** (§ 2113 BGB.) gilt der Vorerbe ohne Rücksicht auf die Beschränkungen durch die Nacherbschaft als steuerpflichtig in vollem Umfange des Vermögens, während der Nacherbe, solange der Fall der Nacherbfolge noch nicht eingetreten ist, mit seinem **Nacherbrecht nicht steuerpflichtig** ist.

Für die Bewertung des **Kapital- und des Betriebsvermögens** gelten die Grundsätze, die außer im Besitzsteuergesetz auch im Wehrbeitragsgesetz sowie im preußischen Ergänzungssteuergesetz ausgesprochen sind. Zugrunde zu legen ist danach der **gemeine Wert** der einzelnen Vermögensbestandteile. Als gemeiner Wert ist anzusehen der bei einem Verkauf unter gewöhnlichen Umständen für Gegenstände gleicher Art und Güte zu erzielende Preis. **Hypothekenforderungen** sind mit ihrem Nennwert anzusetzen, wenn nicht tatsächliche Umstände nachgewiesen werden (fruchtlose Zwangsvollstreckung usw.), die eine niedrigere Bewertung rechtfertigen.

Rechte, die dem Steuerpflichtigen unter einer **aufschiebenden**, noch nicht eingetretenen **Bedingung** zustehen, bleiben für die Veranlagung außer Betracht. Ein unter einer **auflösenden** Bedingung erworbenes Recht wird voll berücksichtigt, tritt die auflösende Bedingung nach dem Stichtage ein, so soll auf Antrag des Steuerpflichtigen eine Neuveranlagung stattfinden. **Schulden** unter aufschiebender Bedingung sind, solange die Bedingung nicht eingetreten ist, nicht abzugsfähig. Tritt sie nach der Veranlagung ein, so ist auf Antrag eine Neuveranlagung zulässig. Eine **Bürgschaftsschuld** ist nicht abzugsfähig (Preuß. OVG. Entsch. vom 12. Febr. 1916). Im einzelnen finden sich in den §§ 42 Besitzsteuergesetz über diese Fälle nähere Vorschriften.

Wertpapiere sind, falls sie in Deutschland einen Börsenkurs haben, mit dem Kurswert, Forderungen, die in das Schuldbuch einer öffentlichen Körperschaft eingetragen sind, mit dem Kurswert der entsprechenden Schuldverschreibungen der öffentlichen Körperschaft anzusetzen (§ 34 Abs. 1 Besitzsteuergesetz). Da am 31. Dezember 1916 der amtliche Börsenverkehr in Deutschland noch nicht wieder aufgenommen war, wurde von der Regierung unter Mitwirkung sachverständiger Kreise für das (alte) Kriegssteuergesetz ein **besonderer Steuerkurszettel** veröffentlicht, der alle an den deutschen Börsen zugelassenen Wertpapiere (dazu gehören auch ohne weiteres die **deutschen Kriegsanleihen**) enthält. Eine ähnliche Maßregel erübrigt sich für das neue Kriegsabgabegesetz. Denn seit dem 1. Dezember 1917 findet an den deutschen Börsen wieder eine allgemeine amtliche Kursfestsetzung statt. Die Festsetzung wird nur nicht unbeschränkt veröffentlicht.

Grundsätzlich gilt also, daß börsenfähige Wertpapiere (und **Schuldbuchforderungen**) mit dem Kurswert anzusetzen sind. Hat also z. B. jemand 60000 *M* Preußische 3 v. H.-Konsols mit April/Oktober-Coupons in das preußische Staatsschuldbuch eintragen lassen, so würde er festzustellen haben, wie am 31. Dezember 1917 der Kurswert der Preußischen 3 v. H.-Konsols war (die Feststellung kann der Pflichtige nur auf Grund einer amtlichen Veröffentlichung — s. vorstehend — zuverlässig treffen). Ergibt die Feststellung einen Kurs von 70 v. H., so hat er die 60000 *M* Konsols mit 42000 *M* in seine Vermögensbilanz aufzunehmen. Die sogenannten **Stückzinsen** braucht er nicht zu berücksichtigen, d. h. er braucht dem Kurswert nicht die aufgelaufenen Zinsen hinzuzurechnen (die er im Falle eines Verkaufs mitvergütet erhalten würde, also in unserem Falle 90 Tage = 450 *M*). Im Gegensatz zu den festverzinslichen Wertpapieren werden Dividendenpapiere an der Börse seit einigen Jahren einschließlich Zinsen notiert. Das heißt: Verkauft jemand beispielsweise 60000 *M* Aktien einer Gesellschaft, die am 31. Dezember einen Kursstand von 70 v. H. haben, so bekommt er nichts weiter als 42000 *M*. Die verschiedenartige Notierung der Rentenpapiere und Aktien machte es notwendig im Interesse der Gerechtigkeit im Wehrsteuer- und Besitzsteuergesetz (§ 34 Abs. 2) noch eine besondere Bestimmung für Dividendenpapiere zu treffen.

Von dem Kurse der **mit Dividendenschein gehandelten** Wertpapiere kann danach — sofern die Wertpapiere nicht Teile eines Betriebsvermögens sind — der Betrag in Abzug gebracht werden, der für die seit Ausschüttung des letzten Gewinnes abgelaufene Zeit der letztmalig gezahlten Dividende entspricht. Als Tag der Auszahlung gilt der Tag, von dem ab die Dividende für zahlbar erklärt worden ist. Bei „sofort zahlbarer" Dividende ist der auf die Generalversammlung folgende Tag als Tag der Auszahlung anzusehen. Werden Dividenden auf Grund von Halb- oder Vierteljahrsabschlüssen gezahlt, so ist der Kurs nur um die letzte Dividende zu kürzen. Bei Ausschüttung des Jahresgewinns in mehreren Raten, ohne daß Zwischenabschlüsse erfolgen (etwa in Form von Grund- und Restdividende), ist für den Abzug die gesamte Jahresdividende und als Tag der der Zahlung der Restdividende maßgebend. Eine sogenannte **Extradividende** (Sondergewinnausschüttung, **Bonus**) ist nicht als verteilter Gewinn im Sinne des Gesetzes anzusehen. Bei Werten, auf die für das letzte abgelaufene Geschäftsjahr eine Dividende nicht gezahlt ist, kann kein Abschlag vorgenommen werden. Liquidationsraten (z. B. von Terraingesellschaften) sind nicht verteilter Gewinn, sondern Kapitalrückzahlungen.

Die Frage, ob der **Dividendenabzug** auch **für Aktien ohne Börsenkurs** zulässig ist, hat der Reichsschatzsekretär (seinerzeit nach Erlaß des Wehrbeitragsgesetzes) verneinend beantwortet. Unter „Aktien ohne Börsenkurs" wird man indes in diesem Zusammenhange nur solche Aktien zu verstehen haben, die an keiner deutschen Börse eingeführt sind, nicht aber Aktien, die vorübergehend oder weil der amtliche Börsenverkehr bis auf weiteres eingestellt ist, im Zeitpunkte der Veranlagung des Steuerpflichtigen keinen offiziellen Börsenkurs haben.

Wertpapiere, die nicht zur Börsennotierung zugelassen sind, sind mit dem Verkaufswert anzusetzen. Für **Aktien, Kuxe, Gesellschaftsanteile** ist das im § 35 des Besitzsteuergesetzes noch besonders gesagt, und es wird dort hinzugefügt: Sofern ein Verkaufswert nicht zu ermitteln ist, ist der Wert der Aktie, des Kuxes oder des Anteils unter Berücksichtigung des Gesamtvermögens des Unternehmens und der bisher erzielten Gewinne nach freiem Ermessen zu schätzen. (Hierbei bleiben diejenigen Jahresgewinne unberücksichtigt, die unter Zugrundelegung der ortsüblichen Preise als Entgelt für gelieferte Rohstoffe — z. B. für Rübenlieferungen bei Zuckerfabriken — abzusehen sind). Haben also Aktiengesellschaften, Gewerkschaften oder Gesellschaften m. b. H. **hohe offene oder stille Reserven** angesammelt, so sind die Aktien, Kuxe und Anteile über ihren Nennbetrag hinaus zu bewerten, auch wenn keine Kurse oder Verkaufswerte festzustellen sind. Im Streitfalle soll die Veranlagungsbehörde die **Schätzung** des Wertes durch Sachverständige anordnen, die von der zuständigen Handelsvertretung zu ernennen sind.

Kapitalforderungen und -schulden sind (§ 36 Besitzsteuergesetz) mit dem **Nennwert** anzusetzen, falls nicht besondere Umstände eine andere Bewertung rechtfertigen. Für **Obligationen** industrieller

Unternehmungen usw. wird der Regel nach der **Verkaufswert** entscheiden, da der Nennwert in den meisten Fällen nicht dem wirklichen, höheren oder niedrigeren, Wert entspricht. Handelt es sich um **ausländische Forderungen,** so kann der Nennwert nur in deutsche Währung übersetzt werden, und zwar auf Grund der Devisenkurse, die am Stichtage (31. Dezember 1917) notiert werden. Noch nicht fällige Ansprüche aus **Versicherungen** kommen mit zwei Dritteilen der eingezahlten Prämien oder Beiträge, oder, falls ein Rückkaufswert nachgewiesen werden kann, mit diesem in Anrechnung.

Der Gesamtwert der auf bestimmte **Zeit beschränkten Nutzungen** ist unter Abrechnung der Zwischenzinsen durch Zusammenzählung der einzelnen Jahreswerte zu berechnen. Der Gesamtwert darf aber den zum gesetzlichen Zinssatz (4 v. H.) kapitalisierten Jahreswert nicht übersteigen (bei einer Nutzung von 1000 ℳ jährlich darf beispielsweise der Gesamtwert nicht höher sein als 150000 ℳ).

Die Ermittlung des **Gesamtwertes** der auf bestimmte Zeit beschränkten Nutzungen oder Leistungen erfolgt nach der hier abgedruckten Hilfstafel:

Hilfstafel

über den gegenwärtigen Gesamtwert einer Rente oder Nutzung im Werte von 1 ℳ auf eine bestimmte Anzahl von Jahren

Anzahl der Jahre	Gesamtwert ℳ	Gesamtwert ₰	Anzahl der Jahre	Gesamtwert ℳ	Gesamtwert ₰	Anzahl der Jahre	Gesamtwert ℳ	Gesamtwert ₰
1	1	0,0	19	13	65,9	37	19	90,8
2	1	96,2	20	14	13,4	38	20	14,3
3	2	88,6	21	14	59,0	39	20	36,8
4	3	77,5	22	15	02,9	40	20	58,5
5	4	63,0	23	15	45,1	41	20	79,3
6	5	45,1	24	15	85,7	42	20	99,3
7	6	24,2	25	16	24,7	43	21	18,6
8	7	00,2	26	16	62,2	44	21	37,1
9	7	73,3	27	16	98,3	45	21	54,9
10	8	43,5	28	17	33,0	46	21	72,0
11	9	11,1	29	17	66,3	47	21	88,5
12	9	76,0	30	17	98,4	48	22	04,3
13	10	38,5	31	18	29,0	49	22	19,5
14	10	98,6	32	18	58,9	50	22	34,2
15	11	56,3	33	18	87,4	51	22	48,2
16	12	11,8	34	19	14,8	52	22	61,8
17	12	65,2	35	19	41,1	53	22	74,8
18	13	16,6	36	19	66,5	54	22	87,3

Anzahl der Jahre	Gesamtwert ℳ	Gesamtwert ₰	Anzahl der Jahre	Gesamtwert ℳ	Gesamtwert ₰	Anzahl der Jahre	Gesamtwert ℳ	Gesamtwert ₰
55	22	99,3	65	23	96,9	75	24	62,8
56	23	10,9	66	24	04,7	76	24	68,0
57	23	22,0	67	24	12,2	77	24	73,1
58	23	32,7	68	24	19,4	78	24	78,0
59	23	43,0	69	24	26,4	79	24	82,7
60	23	52,8	70	24	33,0	80	24	87,2
61	23	62,4	71	24	39,5	81	24	91,5
62	23	71,5	72	24	45,6	82	24	95,7
63	23	80,3	73	24	51,6	83	24	99,7
64	23	88,7	74	24	57,3	84 und mehr	25	00,0

Immerwährende Nutzungen oder Leistungen sind mit dem Fünfundzwanzigfachen, Nutzungen oder Leistungen von unbestimmter Dauer grundsätzlich mit dem Zwölfeinhalbfachen des einjährigen Betrages zu veranschlagen. Im einzelnen gelten die Berechnungen der §§ 38 ff. des Besitzsteuergesetzes. Danach bestimmt sich der Wert von Renten oder anderen auf die Lebenszeit einer Person beschränkten Nutzungen und Leistungen nach dem Lebensalter der Person, mit deren Tode das Recht erlischt.

Als **Wert wird angenommen** bei einem Alter

1.		bis zu 15 Jahren	das 18fache,
2.	von mehr als 15	„ „ 25 „	„ 17 „
3.	„ „ „ 25	„ „ 35 „	„ 16 „
4.	„ „ „ 35	„ „ 45 „	„ 14 „
5.	„ „ „ 45	„ „ 55 „	„ 12 „
6.	„ „ „ 55	„ „ 65 „	„ 8½ „
7.	„ „ „ 65	„ „ 75 „	„ 5 „
8.	„ „ „ 75	„ „ 80 „	„ 3 „
9.	„ „ „ 80 Jahren das 2fache		

des Wertes der einjährigen Nutzung.

Hat jedoch eine der nach diesen Vorschriften bewertete Nutzung oder Leistung im Falle der

Nr. 1 nicht mehr als 9 Jahre,
„ 2, 3 „ „ „ 8 „
„ 4 „ „ „ 7 „

Nr. 5 nicht mehr als 6 Jahre,
„ 6 „ „ „ 4 „
„ 7—9 „ „ „ 2 „

bestanden, so ist auf Antrag eine **Berichtigung der Veranlagung** unter Zugrundelegung eines der wirklichen Dauer der Nutzung oder Leistung entsprechenden Kapitalwertes vorzunehmen und die zuviel gezahlte Steuer vom Steuerfiskus zu erstatten. In gleicher Weise hat eine Nachveranlagung stattzufinden, wenn die Nutzung oder Leistung den Wert eines Vermögensteils vermindert hat.

Diese Einschränkung ist notwendig, da es sich bei der in der ersten Tabelle aufgestellten Berechnungsart um mutmaßliche Zahlen hinsichtlich der Lebensdauer des Berechtigten oder Verpflichteten handelt. Endet das Leben des Berechtigten oder Verpflichteten — und damit die Rentenzahlung — wesentliche Zeit früher, als bei der Kapitalisierung nach der ersten Tabelle angenommen worden war, so soll eine anderweitige Berechnung der Nutzung oder Leistung zulässig sein, gegebenenfalls soll die zuviel gezahlte **Steuer erstattet** werden können. Das gilt sowohl für den Rentenberechtigten wie für den Rentenverpflichteten. Ist danach die Rente eines dreißigjährigen Steuerpflichtigen mit dem Sechzehnfachen der einjährigen Nutzung der Veranlagung zugrunde gelegt, und bezieht er die Rente nur 8 Jahre lang, so ist auf Antrag die Veranlagung zu berichtigen und die entsprechend einer achtjährigen Nutzungsdauer zuviel gezahlte Steuer zu erstatten. Der Leistende wird aber mit demselben Vermögensteil nachträglich steuerpflichtig, um den der Empfänger nachträglich ermäßigt wird.

Hat die Leistungsverpflichtung länger gedauert, als in Gemäßheit der Tabelle des § 38 Besitzsteuergesetzes anzunehmen gewesen ist, hat also der Berechtigte länger gelebt, als für die Berechnung zugrunde zu legen war, so kann der Rentenpflichtige, ebenfalls im Wege der Nachveranlagung, eine entsprechende Berücksichtigung, eventuell eine Erstatttung der danach zuviel gezahlen Steuer verlangen.

Über die steuerliche Behandlung von Renten, die als **Unterhaltsgewährung** nach gesetzlicher Vorschrift (z. B. an geschiedene Ehegatten, uneheliche Kinder) anzusehen sind, ist hier zu bemerken, daß sie beim Empfänger nach Maßgabe des § 6 Nr. 5 des Besitzsteuergesetzes nicht steuerpflichtig sind, d. h. er braucht sie nicht nach Kapitalisierung seinem Vermögen hinzuzurechnen. Denn es handelt sich nicht um Bezüge, die dem Berechtigten vertragsmäßig als Entgelt für Gegenleistungen zustehen, und ebenso handelt es sich nicht um Schenkungen. Andererseits hat der Rentenpflichtige nicht das Recht zum Abzug der kapitalisierten Rente von seinem Vermögen. Denn absetzen darf er außer seinen Schulden den Wert der sonstigen ihm obliegenden Leistungen nur, wenn diese beim Empfänger als steuerbares Vermögen gelten (§ 10 Abs. 1 Besitzsteuergesetz). Es ergibt sich demnach folgendes: Der **geschiedene Ehemann**, der als allein schuldiger Teil erkannt ist und seiner geschiedenen Ehefrau vertraglich eine Rente aussetzt, deren Höhe der ihm nach dem Gesetz obliegenden Verpflichtung entspricht, darf die kapitalisierte Rente nicht von seinem Vermögen in Abzug bringen, wohl aber darf das der geschiedene Ehemann, der seiner als allein schuldigen Teil erkannten geschiedenen Ehefrau schenkungsweise eine Rente gewährt.

Hängt die Dauer der Nutzung oder Leistung von der Lebenszeit mehrerer Personen ab, so ist maßgebend das Lebensalter der ältesten Person, wenn das Recht mit dem Tode der zuerst versterbenden erlischt; das Lebensalter der jüngsten Person, wenn das Recht mit dem Tode der letztversterbenden erlischt.

Ist eine Rente derart zugesagt, daß sie sowohl erlöschen soll, falls der Rentenempfänger, als auch, wenn der Rentengeber stirbt, und sind Rentengeber und Rentenempfänger verschieden alt, so muß der Rentenberechtigte seinen Anspruch nach Maßgabe des Alters des Rentenverpflichteten kapitalisieren, der Rentenverpflichtete aber seine Last nach dem Alter des Rentenberechtigten. Ist also ein Fünfzigjähriger zur Entrichtung einer Rente von 1000 *M* jährlich an einen Dreißigjährigen verpflichtet, die in Fortfall kommt, sobald einer von beiden stirbt, so berechnet sich für den Fünfzigjährigen die Last nach § 38 des Besitzsteuergesetzes mit dem 16fachen = 16000 *M*, für den Dreißigjährigen das Rentenrecht mit dem 12fachen = 12000 *M*. Diese Beträge sind bei der Ermittlung des Vermögens einzusetzen.

Besonderes ist für die Bewertung von **Grundstücken** vorgeschrieben (§ 30 Besitzsteuergesetz). Auch hier wird nach dem Gesetze zunächst der **gemeine Wert** zugrunde gelegt, auf **Antrag** des Steuerpflichtigen tritt aber an die Stelle des gemeinen Wertes der Betrag der nachgewiesenen oder glaubhaft gemachten **Gestehungskosten.** Zu diesen Kosten gehören der Gesamtwert der Gegenleistungen beim Erwerb, sonstige Anschaffungskosten (z. B. Gerichts- und Notargebühren), sowie alle während der Besitzzeit auf das Grundstück gemachten besonderen Aufwendungen, die zu Verbesserungen des Grundstücks geführt haben. Ausgenommen sind die laufenden

Wirtschaftsausgaben. Von den Gestehungskosten sind die durch **Verschlechterung** entstandenen **Wertminderungen** abzuziehen. Mit dem Begriff „Verschlechterung" ist jede materielle Werteinbuße, auch z. B. durch Brand oder Kriegsereignisse gemeint. Auch die Schäden, die das Inventar betroffen haben, gehören hierher. Nicht unter den Begriff Verschlechterung fallen allgemeine Konjunktureinwirkungen infolge des Krieges. Der Satz für die zu den abzugsfähigen Verschlechterungen zu rechnenden gewöhnlichen **Abnutzungen** wird verschieden zu beurteilen sein, je nach der Bauart, der Lage, der Art und der Dauer der Benutzung des Grundstücks. Für massive städtische Wohnhäuser ist etwa $^1/_2$ v. H. des Feuerkassenwertes, für andere Hausgrundstücke, die gewerblichen Zwecken dienen, z. B. für Fabrikbauten, ist 1 v. H. und mehr als angemessen anzusehen.

Für Grundstücke, die **vor dem 1. Januar 1914 erworben** sind, gilt als Betrag der bis dahin entstandenen Gestehungskosten, falls diese auf Antrag des Steuerpflichtigen an die Stelle des gemeinen Wertes bei der Vermögenswertermittlung treten sollten, der bei der Veranlagung des Wehrbeitrages festgestellte Wert eines Grundstücks. Diese Veranlagung ist bereits im Jahre 1913 erfolgt. Sie ließ es zu, daß bei Grundstücken, die dauernd land- oder forstwirtschaftlichen oder gärtnerischen Zwecken, sowie bei bebauten Grundstücken, die Wohnzwecken oder gewerblichen Zwecken zu dienen bestimmt sind, statt der Gestehungskosten oder des gemeinen Wertes der **Ertragswert** dieser Grundstücke auf der rechnerischen Grundlage des jährlichen Reinertrages oder des Miet- oder Pachtertrages zugrunde gelegt wurde (§ 17 Wehrbeitragsgesetz).

Um **Umgehungen** bei der Berechnung der Gestehungskosten zu verhindern — die Bestimmung kommt nur für nach dem 1. Januar 1914 erworbene Grundstücke in Betracht —, schreibt der auf die Kriegsabgabe ebenfalls anzuwendende § 32 des Besitzsteuergesetzes vor, daß von dem Erwerbspreise abgewichen werden kann, wenn der Preis offensichtlich zu niedrig vereinbart ist. Der Ertragswert (nach § 31 des Besitzsteuergesetzes) soll nämlich in allen den Fällen maßgebend sein, in denen der vereinbarte Erwerbspreis, aus dem die Gestehungskosten zu errechnen wären, um 10 v. H. hinter dem gemeinen Wert oder hinter dem Ertragswert zur Zeit des Erwerbes zurückgeblieben ist.

Für die Berechnung des Ertragswertes bei Grundstücken war in dem zum Wehrbeitragsgesetz ergangenen Ausführungsbestimmungen (vom 8. November 1913) eine Anzahl von Vorschriften enthalten, die auch in die hier zur Anwendung gelangenden Ausführungsbestimmungen zum Besitzsteuergesetz (vom 30. November 1916) übergegangen sind. Sie müssen daher auch auf die Vermögensfestsetzung nach dem Kriegsabgabegesetz als anwendbar angesehen werden. In den Ausführungsbestimmungen heißt es:

„Bei der Ermittlung des Ertragswerts von land- oder forstwirtschaftlichen oder Gärtnereigrundstücken sind die der Land- oder Forstwirtschaft oder der Gärtnerei einschließlich etwaiger Nebenbetriebe dienenden Gebäude und Betriebsmittel mitzuberücksichtigen. Hierbei wird ein angemessener Bestand an lebendem und totem Inventar und an sonstigem Betriebskapitale vorausgesetzt. Ein Mehr- oder Minderwert der dem Grundstückseigentümer gehörenden Gebäude und Betriebsmittel gegenüber einem wirtschaftlich normalen Bestand ist dem Ertragswert hinzu- oder von ihm abzurechnen, insoweit er geeignet ist, den Ertrag zu beeinflussen.

Der Berechnung des Ertragswerts bei landwirtschaftlich oder gärtnerisch genutzten Grundstücken ist der Reinertrag zugrunde zu legen, den ein ordentlicher Unternehmer von den Grundstücken nach ihrer bisherigen wirtschaftlichen Bestimmung bei gemeinüblicher Bewirtschaftung und unter gewöhnlichen Verhältnissen im Durchschnitt einer Reihe von Jahren für ein Wirtschaftsjahr erzielen kann. Bei Grundstücken, bei denen die Ergebnisse des Wirtschaftsbetriebes dem Boden unmittelbar entnommen werden, wie bei Sand-, Lehm-, Tongruben, Stein-, Schiefer-, Kalk- oder Kreidebrüchen, Torfstichen usw., deren Ausbeutung in unmittelbarer Verbindung mit einem land- oder forstwirtschaftlichen oder Gärtnereibetrieb erfolgt, ist die Jahresgewinnung um einen der fortschreitenden Erschöpfung des Bodens entsprechenden Betrag zu kürzen. Sind Grundstücke zu einer wirtschaftlichen Einheit verbunden, so ist der Reinertrag unter Berücksichtigung dieser Zusammengehörigkeit von den Grundstücken als einheitlichem Ganzen zu berechnen.

In die zur Ermittelung des Reinertrags vom Rohertrag abzuziehenden Bewirtschaftungskosten sind alle Kosten einzurechnen, die aufzuwenden sind, um mit entlohnten fremden Arbeitskräften den Rohertrag zu erzielen. Ist eine besondere Arbeitskraft für die Oberleitung für erforderlich zu erachten, so ist bei selbstbewirtschafteten Betrieben der Wert der Tätigkeit des Selbstbewirtschafters vom Rohertrag insoweit in Abzug zu bringen, als diese Tätigkeit des Selbstbewirtschafters eine solche besondere Arbeitskraft ersetzt. Zum Rohertrag ist auch der Mietwert der vom Eigentümer oder vom Pächter und deren Angehörigen selbst bewohnten oder zur Führung des Haushalts benutzten Gebäude zu rechnen. Was zur Bestreitung des Haushalts des Besitzers aus den Ergebnissen des Wirtschaftsbetriebs zu entnehmen ist, darf aus dem Rohertrage nicht ausgeschieden werden.

Bei Forsten (Holzungen) ist, soweit eine ordnungsmäßige Bewirtschaftung auf Grund eines Bewirtschaftungsplans stattgefunden hat und außergewöhnliche, nicht innerhalb der regelmäßigen Nutzung liegende Abtriebe nicht vorgekommen sind, zunächst der Gesamtreinertrag während des vorangegangenen, der Zahl der Jahre der Wirtschaftsperiode entsprechenden Zeitraums zu berechnen. Hierbei sind in Einnahme zu stellen der Erlös aus dem regelmäßigen Abtrieb sowie den Zwischen- und Nebennutzungen, in Ausgabe als Bewirtschaftungskosten die Aufwendungen für Aufsicht und Verwaltung, Schlagen, Aufbereitung usw., für Aufforstung sowie für Unterhaltung der Baulichkeiten (Forsthäuser, Brücken, Wege usw.). Der Berechnung des Ertragswerts ist der Reinertrag zugrunde zu legen, der durchschnittlich auf ein Jahr des der Berechnung des Gesamtreinertrags zugrunde gelegten Zeitraums entfällt. Von der Berechnung des Ertragswerts nach dem wirklichen Reinertrage sind die Flächen auszuscheiden, auf denen während des maßgebenden Zeitraums Neubeforstungen behufs Erweiterung des Forstbestandes oder Abtriebe behufs Änderung der Kulturart stattgefunden haben.

Soweit die Vorschriften für land- und forstwirtschaftliche, für Gärtnerei- und ähnliche Grundstücke. Zur Berechnung des Ertragswertes von bebauten Grundstücken, die zu Wohnzwecken oder zu gewerblichen Zwecken dienen, soll der Durchschnitt des durch Vermietung oder Verpachtung zu erzielen gewesenen Ertrages der letzten drei Jahre zugrunde gelegt werden, und zwar nach Abzug von einem Fünftel für Nebenleistungen und Instandhaltungskosten, falls nicht ein höherer Betrag nachgewiesen wird. Ausfälle an Miet- und Pachtgeldern dürfen nicht berücksichtigt werden. Für den vom Eigentümer selbst benutzten Teil des Grundstücks ist ein entsprechender Verhältnisbetrag dem erzielten Miet- oder Pachtpreis hinzuzurechnen.

Der Nachweis höherer Nebenleistungen und Instandhaltungskosten (siehe vorstehend) muß der Veranlagungsbehörde geführt werden. Hierher gehören u. a. auch Straßenreinigungskosten, nicht aber Abschreibungen wegen Wertminderungen (anders als bei ländlichen Grundstücken, s. oben). Für die eigene Arbeitskraft des Eigentümers oder seiner Angehörigen kann ein entsprechender Betrag angesetzt werden. Abzugsfähig sind nur die durch ordnungsmäßige Instandhaltung des Grundstücks notwendig gewordenen Kosten, nicht dagegen die Kosten für außergewöhnliche Maßnahmen (Umbauten, Erweiterungsbauten usw.).

Ist das Grundstück in den letzten drei Jahren überhaupt nicht oder nur zu einem unwesentlichen Teile vermietet oder verpachtet gewesen, und ist der Grundstückseigentümer in diesem Falle zu einer zuverlässigen Angabe des Ertragswertes außerstande, stehen auch der Veranlagungsbehörde ortsübliche Miet- oder Pachtpreise für ähnliche Grundstücke nicht zu Gebote, so ist als Ertragswert der gemeine Wert zugrunde zu legen."

Für die **vor dem 1. Januar 1914** erworbenen Grundstücke ist, wie hier wiederholt sei (vgl. S. 89), nach Besitzsteuergesetz der bei der Veranlagung des Wehrbeitrages festgestellte Wert als Betrag der bis dahin entstandenen Gestehungskosten anzusetzen.

Ausländische Vermögensstücke sind während des Krieges besonders starken Verlustmöglichkeiten ausgesetzt gewesen. Soweit es sich um ausländisches Grund- und Betriebsvermögen handelt, fällt es nicht unter die Besitzsteuer (§ 5 Besitzsteuergesetz), bleibt also für die Ermittlung des Vermögens auch für das Kriegsabgabegesetz außer Betracht. Soweit indes ausländisches **Kapitalvermögen** in Betracht kommt, muß eine Berücksichtigung bei der Festsetzung des steuerpflichtigen Gesamtvermögens stattfinden. In dieser Hinsicht wird es nicht immer leicht sein, **zuverlässige Schätzungen** und Bewertungen vorzunehmen. Besonders schwer wird dies für die an den Börsen feindlicher Länder eingeführten Wertpapiere, sowie für Forderungen ausländischer Schuldner sein. In den Ausführungsbestimmungen zum (alten) Kriegssteuergesetz heißt es im § 31 Abs. 2:

„Stellt sich heraus, daß im Ausland befindliche Wertpapiere oder Forderungen gegen ausländische Schuldner einen geringeren als den bei der Veranlagung der Kriegssteuer angenommenen Wert gehabt haben, so ist die oberste Landesfinanzbehörde ermächtigt, auf Antrag eine dem nachgewiesenen tatsächlichen Werte entsprechende Berechnung des Vermögenszuwachses oder Mehrgewinns zu bewilligen. Auf Antrag des Steuerpflichtigen ist der aus der Mitberücksichtigung dieser Wertpapiere oder Forderungen sich ergebende Abgabebetrag ohne Sicherheitsleistung zu stunden; ein solcher Antrag kann schon bei Abgabe der Steuererklärung gestellt werden."

Es darf angenommen werden, daß diese Vorschrift auch für das neue Kriegsabgabegesetz Geltung behält, so daß die Stellung von Stundungsanträgen in geeigneten Fällen bei Abgabe der Steuererklärungen zweckmäßig sein dürfte.

Die Neufeststellung des Vermögens, die nach den §§ 16, 17 des Abgabegesetzes notwendig oder zulässig ist, hat **nach dem Stande vom 31. Dezember 1917** zu geschehen, während die Besteuerung des Vermögens, falls keine Neufeststellung stattfindet, nach dem Stande vom 31. Dezember 1916 erfolgt. Aus dieser Ungleichheit können Unbilligkeiten entstehen, z. B. kann derselbe Gegenstand unter Umständen **doppelt besteuert** werden, wie etwa bei Schenkungen, die in der Zeit vom 1. Januar 1917 bis 31. Dezember 1917 vorgenommen werden, so daß sie beim Schenker, falls dieser nach dem Stande vom 31. Dezember 1916 besteuert ist, abgabepflichtig sind, und ebenfalls beim Beschenkten, da für diesen (§ 16 Abs. 2) bei einer Schenkung von mehr als 5000 *M* der Stand vom 31. Dezember 1917 maßgebend ist. Hier kann nur der „Härteparagraph" (§ 40) helfen. **Keine Hilfe** dürfte freilich von dieser Milderungsvorschrift für die **allgemeine Ungleichheit** zu erwarten sein, die in der Zulassung der beiden verschiedenen Stichtage liegt. Je nachdem der eine oder der andere Tag maßgebend ist, wird es vorkommen, daß Vermögenserwerbungen, die während des Jahres 1917 gemacht sind, mitversteuert werden oder steuerfrei bleiben; auf der anderen Seite werden Verluste je nach dem in Frage kommenden früheren oder späteren Stichtage berücksichtigt oder nicht berücksichtigt werden. Für den Eintritt von **Verlusten, die nach dem 31. Dezember 1916** eingetreten sind, ist indes die Bestimmung des § 17 zu beachten, wonach solchen Verlusten, wenn sie eine Vermögensminderung um mehr als den fünften Teil herbeigeführt haben, auf Antrag des Pflichtigen durch eine Neuveranlagung Rechnung zu tragen ist.

Jede der beiden Voraussetzungen des § 16 führt zu einer Neufeststellung des kriegsabgabepflichtigen Vermögens. Die Voraussetzung unter Nr. 1 ist die, daß zum 31. Dezember 1916 keine Feststellung des Vermögens stattgefunden hat. **Feststellung des Vermögens ist nicht gleichbedeutend mit Veranlagung** zur Besitzsteuer. Wo ein nicht besitzsteuerpflichtiges Vermögen vorhanden war, kann dennoch eine „Feststellung" dieses Vermögens seinerzeit erfolgt sein. Nur wenn damals keine Feststellung stattgefunden hat, also namentlich auch bei nachträglichem Eintritt der persönlichen Steuerpflicht (Rückkehr Auslandsdeutscher) ist das abgabepflichtige Vermögen, und zwar auf den 31. Dezember 1917, „besonders", d. h. neu festzustellen.

Die zweite Voraussetzung für eine solche Neufeststellung betrifft den Fall des § 3 Nr. 3 des (alten) Kriegssteuergesetzes. Eine im Jahre 1917 erfolgte **Vermögensmehrung** durch eine Schenkung von mehr als 5000 *M* soll eine Neuveranlagung des Vermögens notwendig machen. In dem im § 16 des Abgabegesetzes angezogenen § 3 Nr. 3 heißt es nun, daß Schenkungen und andere unentgeltliche Zuwendungen nach (altem) Kriegssteuerrecht nur (durch Abzug) berücksichtigt werden, „soweit es sich um Zuwendungen im Einzelfalle von wenigstens eintausend Mark handelt". Diese **Beschränkung** dürfte für den § 16 des Kriegsabgabegesetzes **nicht aufrecht** zu erhalten sein. Es kann nach dem Sinne der Bestimmung im § 16 Nr. 2 offenbar nicht darauf ankommen, ob der die Neufestsetzung herbeiführende Vermögensanfall von über 5000 *M* mit einem Male oder nach und nach im Laufe des Jahres 1917 erfolgt ist. Wer fünf Schenkungen zu je tausend Mark erhalten hat, steht nicht anders da, als der, den dieser Betrag in e i n e m Schenkungsakt zugewendet worden ist. Schon durch die Einführung der **neuen Mindestgrenze von 5000 *M*** muß die alte von 1000 *M* als für das Abgabegesetz hier als aufgehoben gelten.

Nur die Fälle des § 16 Nr. 1 und 2 (sowie der des § 17 auf Antrag) führen zu einer Neufestsetzung des Vermögens (auf den 31. Dezember 1917). **Jede andere Vermögensveränderung bleibt außer Betracht.**

Außer Betracht bleiben also namentlich auch die z. T. recht wesentlichen Vermögenserhöhungen, die infolge der **Kursbewegung** der Wertpapiere im freien Börsenverkehr in den letzten Jahren zeitweise eingetreten sind; an dem Markte dieser Werte hat sich eine Zeitlang eine sehr starke, zuweilen geradezu hemmungslose Aufwärtsbewegung vollzogen, und die meisten Kurse von 1916 sind später bei weitem überschritten worden. Daß hier teilweise Überwertungen vorgenommen wurden, so daß ein Rückschlag unausbleiblich war, hat die Entwicklung gelehrt. Immerhin würden in vielen Fällen allzuhohe Kurse als Grundlage für die Vermögensberechnung angenommen werden, falls eine allgemeine Neufestsetzung etwa auf den Stand vom 31. Dezember 1917 stattfände. Das ist aber nicht der Fall, und auch noch so starke **Erhöhungen allein** geben der Steuerbehörde **nicht das Recht** dazu (anders bei Verminderungen, s. § 17). Benachteiligt werden unter Umständen aber wiederum jene Steuerpflichtigen, die nach dem vorliegenden § 16 mit ihrem Vermögen nach dem Stande vom 31. Dezember 1917 neuveranlagt werden. An diesem Tage hatte die allgemeine Aufwärtsbewegung an den Börsen bereits in den Kursen ihren Ausdruck gefunden, so daß bei den Neufestsetzungen der Vermögen wohl fast durchweg höhere Kurse in Betracht kämen, als am 31. Dezember 1916. Welche Kurse einzusetzen sein werden, ergibt sich aus den seit dem 31. Dezember 1917 wieder erfolgenden amtlichen Notierungen.

§ 17

Außer in den Fällen des § 16 ist auf Antrag des Pflichtigen die Abgabe nach dem auf den 31. Dezember 1917 neu festzustellenden Vermögen zu bemessen, wenn er nachweist, daß sich sein Vermögen gegenüber dem Stande vom 31. Dezember 1916 um mehr als den fünften Teil vermindert hat. § 4 Abs. 3 Satz 2 findet Anwendung.

Erläuterungen:

Die Neufestsetzung des Vermögens nach § 17 setzt einen **Antrag** des Steuerpflichtigen voraus. Mit dem Antrag ist der **Nachweis** zu verbinden, daß das Vermögen des Antragstellers sich gegenüber dem Stande vom 31. Dezember 1916 um mehr als den fünften Teil

vermindert hat. Auf den Antrag findet die Bestimmung im § 4 Abs. 3 Anwendung, wonach der Antrag bis zum Ablauf der mit der Zustellung des Steuerbescheids eröffneten Rechtsmittelfrist gestellt werden kann. Das Rechtsmittel und die Frist werden von den Einzelstaaten bestimmt und dem Steuerpflichtigen im Steuerbescheid genannt.

Zum Antrage auf Neufestsetzung des Vermögens **berechtigt** jede Verminderung um ein Fünftel des auf den 31. Dezember 1916 festgestellten Vermögens, gleichgültig, aus welchem Grunde sie eingetreten ist. Nur muß die Verminderung am Stichtage, d. i. am 31. Dezember 1917 noch vorhanden gewesen sein. Sie muß also für diesen Tag nachgewiesen werden. **Nachträglich erfolgte Erhöhungen** des Vermögens bleiben außer Betracht. Bei dem Nachweise der Verminderung wird dem Steuerpflichtigen auch der Nachweis gestattet sein, daß das für den 31. Dezember 1916 festgestellte Vermögen **nicht richtig ermittelt** war. Er wird dann also zwei Vermögensnachweise zu führen haben: Erstens den seines wirklichen Vermögens am 31. Dezember 1916, sodann den des Vermögens am 31. Dezember 1917. Dieses muß um mindestens ein Fünftel des Wertbetrages hinter jenem zurückbleiben. Verluste brauchen nicht gesondert nachgewiesen zu werden; entscheidend ist nur der Unterschiedsbetrag zwischen den Vermögen an den beiden Stichtagen.

Eine Vermögensminderung in der nach § 17 auf Antrag zu berücksichtigenden Höhe wird insbesondere häufig in den Fällen eingetreten sein, in denen Steuerpflichtige im Jahre 1917 die auf sie veranlagte **Kriegssteuer** auf den Vermögenszuwachs **entrichtet** haben; denn diese Steuer kann bei besonders hohen „Kriegsgewinnen" sehr wohl 20 v. H. des Gesamtvermögens erreicht haben. Die Berücksichtigung der Kriegssteuerzahlung nach § 17 ist unzweifelhaft zulässig. Das Gegenteil müßte ausdrücklich bestimmt sein. Nur wenn etwa im Vermögensstande vom 31. Dezember 1916 die künftig zu entrichtende Kriegssteuer schon als Schuld anerkannt und zum Abzug zugelassen worden ist — was aber kaum in der Praxis geschehen sein dürfte —, bietet die nachträgliche tatsächliche Zahlung keine Grundlage für den Antrag nach § 17.

Hat jemand einen Teil seines Vermögens in 1917 **unentgeltlich** einem andern **übereignet,** so kann der Schenker, wenn die Schenkung sein Vermögen um mindestens ein Fünftel minderte, den Antrag auf Neufestsetzung stellen. Der Beschenkte andererseits kann unter

Umständen (§ 6, s. Erläuterungen dort) verlangen, daß seinem Friedenseinkommen (§§ 4, 5) ein Betrag hinzugerechnet wird, der einer jährlichen Verzinsung von 5 v. H. des geschenkten Betrages entspricht. Ist er bei Eintritt des für die Kriegsveranlagung maßgebenden Zeitraums erst 6 Monate lang im Besitz der Schenkung, so kann er also die Hälfte des Zinsbetrages von 5 v. H., d. h. nur $2^1/_2$ v. H. auf die ganze Summe, rechnen.

Wird ein Antrag gemäß § 17 noch rechtzeitig nach Zustellung des Steuerbescheides gestellt, so wird die **Veranlagung** von der Behörde zunächst **berichtigt.** Mit der Zustellung des berichtigten Steuerbescheides oder der Mitteilung, daß sich an dem Bescheide nichts ändere, wird eine neue Rechtsmittelfrist eröffnet (§ 16 der AusfBest.).

§ 18

Vermögen von nicht mehr als einhunderttausend Mark sind von der Abgabe befreit.

Erläuterungen:

Vermögen **bis 100 000 ℳ einschließlich** bleiben von der Abgabe frei. Da die Steuersätze (§ 19) sich auf volle Tausende beziehen, so ergibt sich eine Hinausschiebung der eigentlichen Freigrenze: d. h. alle Vermögen von **unter 101 000 ℳ** sind **nicht abgabepflichtig** (§ 15 Abs. 4 der AusfBest.) Bei der Besteuerung der Vermögen findet eine Zurückbeziehung auf frühere Zeitpunkte statt, und zwar entweder — regelmäßig — auf den 31. Dezember 1916 (§ 15) oder auf den 31. Dezember 1917 (§§ 16, 17). Alle Vorfälle, die nachher, also entweder nach dem 31. Dezember 1916 oder nach dem 31. Dezember 1917 auf das Vermögen von Einfluß gewesen sind, bleiben außer Betracht, starke Vermehrungen sowohl wie starke Minderungen. Letzterenfalls, namentlich bei etwaigen nachträglichen **völligen Vermögensverluste,** könnte höchstens der § 40 (Härteparagraph, s. Erläuterungen dort) helfen. Zweckmäßiger wäre es allerdings gewesen, man hätte im Gesetz eine Möglichkeit geschaffen, solche Fälle offenbarer steuerlicher Unbilligkeit schon bei der Veranlagung zu berücksichtigen.

In der gegenwärtigen Zeit starker Vermögensverschiebungen werden Fälle der Art nicht selten sein. Die Notwendigkeit, dann erst die Entscheidung des Bundesrats anzurufen, bedeutet für den Steuerpflichtigen eine lästige und zeitraubende Formalität, bis zu deren Erledigung im übrigen seine Zahlungspflicht auf Grund der Veranlagung fortbesteht; das Besitzsteueramt „kann" nur „entsprechende Beträge" der Steuer einstweilen unerhoben lassen, wenn „nach der Ansicht des Amtes" die Anwendung des § 40 gerechtfertigt ist (§ 31 der AusfBest.).

Im übrigen ist die **Freigrenze ziemlich hoch** hinaufgesetzt; von einer allgemeinen Vermögensabgabe ist die jetzige Kriegssteuer noch weit entfernt. Ob die Finanzen des Reiches es gestatten, auch künftig auf eine solche zu verzichten, bleibt abzuwarten. Jedenfalls wird für den Fall einer späteren **allgemeinen Vermögenssteuer** auch mit erheblich **höheren Abgabesätzen** zu rechnen sein, als sie im § 19 für die jetzige Kriegsabgabe enthalten sind.

Der Reichstagsausschuß wollte die Freigrenze ursprünglich noch weit über 100000 *M*, bis auf 500000 *M* hinausschieben, dies wohl unter dem stillschweigenden Vorbehalt, bei der vielleicht schon im nächsten Jahre wiederum erforderlich werdenden neuen Kriegssteuer auf die niedrigeren Vermögen zurückzugreifen.

Die Vermögensabgabe schließt sich, ebenso wie die Mehreinkommensteuer, enger an das **Wehrbeitragsgesetz** als an das erste Kriegssteuergesetz an. Dieses sah für Einzelpersonen nur die Besteuerung des innerhalb des dreijährigen Veranlagungszeitraums bis zum 31. Dezember 1916 eingetretenen Vermögenszuwachses vor. Das Einkommen blieb (nachdem der Reichstag den Regierungsentwurf in dieser Hinsicht abgeändert hatte) steuerlich in jeder Beziehung frei. Nach dem neuen Kriegsabgabegesetz ist die Rechtslage fast genau umgekehrt. Ein seit dem 31. Dezember 1916 (oder dem 31. Dezember 1917 — §§ 16, 17 —) eingetretener Vermögenszuwachs bleibt für die Steuer unberücksichtigt, wogegen das Vermögen selber und die Einkommensmehrung steuerpflichtig sind.

Bei der Vermögensabgabe wird der **volle Betrag** des über die **Freigrenze hinausgehenden** Vermögens (zu vollen Tausenden gerechnet) versteuert; es bleibt also kein Mindestsatz (wie die Summe von 3000 *M* beim Mehreinkommen, nach § 3 Abs. 3) steuerfrei. Die Steuersätze erhöhen sich, wie bei der Mehreinkommensteuer, nach dem Grundsatz der Anstoß- oder **Durchstaffelung**; sie sind jedoch sehr beträchtlich niedriger als bei der Mehreinkommensteuer (das Nähere siehe in den Erläut. zu § 19).

§ 19

Die Kriegsabgabe vom Vermögen beträgt

für die ersten 200000 Mark . . .	1	**vom Tausend**	
für die nächsten angefangenen oder vollen			
300000 **Mark** . . .	2	„	„
500000 „ .	3	„	„
1000000 „ .	4	„	„
für die weiteren Beträge . .	5	„	„

Erläuterungen:

Für die Vermögensabgabe gilt ebenso wie für die Mehreinkommensteuer der Grundsatz der **Anstoß- oder Durchstaffelung** (s. Erläut. zu § 13). Die Steuerpflicht beginnt, immer für volle Tausende gerechnet, bei einem Vermögen von über 100000, das niedrigste steuerpflichtige Vermögen beläuft sich also auf 10100 ℳ. Die Kriegsabgabe ist aber nicht nur von dem über den Betrag von 100000 ℳ hinausgehenden Teil des Vermögens, sondern, falls überhaupt eine Steuerpflicht vorliegt, **von dem gesamten Vermögen** des Steuerpflichtigen zu berechnen und zu zahlen. D. h.: besitzt jemand ein Vermögen von 90000 ℳ, so ist er für die Kriegsabgabe nach §§ 15ff. gänzlich steuerfrei; wer jedoch 190000 ℳ besitzt, muß diesen ganzen Betrag versteuern, und zwar nach § 19 mit 1 vom Tausend. Die Abgabe beläuft sich also in diesem Falle auf 190 ℳ. Für ein Vermögen von 1500000 ℳ würde sich die Abgabe nach dem System der Durchstaffelung wie folgt berechnen:

200000 ℳ	zu 1 v. T.	200	ℳ
300000 „	„ 2 v. T. =	600	„
500000 „	„ 3 v. T.	1500	„
500000 „	„ 4 v. T. =	2000	„
1500000 ℳ	Abgabe:	4300	ℳ

Für ein Vermögen von 3 Mill. ℳ ergibt sich folgende Berechnung:

200000 ℳ	zu 1 v. T. =	200	ℳ
300000 „	„ 2 v. T. =	600	„
500000 „	„ 3 v. T. =	1500	„
1000000 „	„ 4 v. T. =	4000	„
1000000 „	„ 5 v. T. =	5000	„
3000000 ℳ	Abgabe:	11300	ℳ

Im einzelnen ergeben sich die Steuersätze auf das steuerpflichtige Vermögen aus nachstehender Übersicht:

Die vom Vermögen der Einzelpersonen zu zahlende Kriegsabgabe.

Es beträgt bei einem Vermögen von ℳ	die Kriegsabgabe ℳ	Es beträgt bei einem Vermögen von ℳ	die Kriegsabgabe ℳ	Es beträgt bei einem Vermögen von ℳ	die Kriegsabgabe ℳ
101 000	101	139 000	139	177 000	177
102 000	102	140 000	140	178 000	178
103 000	103	141 000	141	179 000	179
104 000	104	142 000	142	180 000	180
105 000	105	143 000	143	181 000	181
106 000	106	144 000	144	182 000	182
107 000	107	145 000	145	183 000	183
108 000	108	146 000	146	184 000	184
109 000	109	147 000	147	185 000	185
110 000	110	148 000	148	186 000	186
111 000	111	149 000	149	187 000	187
112 000	112	150 000	150	188 000	188
113 000	113	151 000	151	189 000	189
114 000	114	152 000	152	190 000	190
115 000	115	153 000	153	191 000	191
116 000	116	154 000	154	192 000	192
117 000	117	155 000	155	193 000	193
118 000	118	156 000	156	194 000	194
119 000	119	157 000	157	195 000	195
120 000	120	158 000	158	196 000	196
121 000	121	159 000	159	197 000	197
122 000	122	160 000	160	198 000	198
123 000	123	161 000	161	199 000	199
124 000	124	162 000	162	200 000	200
125 000	125	163 000	163		
126 000	126	164 000	164	201 000	202
127 000	127	165 000	165	202 000	204
128 000	128	166 000	166	203 000	206
129 000	129	167 000	167	204 000	208
130 000	130	168 000	168	205 000	210
131 000	131	169 000	169	206 000	212
132 000	132	170 000	170	207 000	214
133 000	133	171 000	171	208 000	216
134 000	134	172 000	172	209 000	218
135 000	135	173 000	173	210 000	220
136 000	136	174 000	174	211 000	222
137 000	137	175 000	175	212 000	224
138 000	138	176 000	176	213 000	226

Es beträgt bei einem Vermögen von ℳ	die Kriegsabgabe ℳ	Es beträgt bei einem Vermögen von ℳ	die Kriegsabgabe ℳ	Es beträgt bei einem Vermögen von ℳ	die Kriegsabgabe ℳ
214000	228	256000	312	298000	396
215000	230	257000	314	299000	398
216000	232	258000	316	300000	400
217000	234	259000	318	301000	402
218000	236	260000	320	usw. für je	je 2 ℳ
219000	238	261000	322	1000 ℳ	mehr
220000	240	262000	324	z. B. 310000	420
221000	242	263000	326	320000	440
222000	244	264000	328	330000	460
223000	246	265000	330	340000	480
224000	248	266000	332	350000	500
225000	250	267000	334	360000	520
226000	252	268000	336	370000	540
227000	254	269000	338	380000	560
228000	256	270000	340	390000	580
229000	258	271000	342	400000	600
230000	260	272000	344	410000	620
231000	262	273000	346	420000	640
232000	264	274000	348	430000	660
233000	266	275000	350	440000	680
234000	268	276000	352	450000	700
235000	270	277000	354	460000	720
236000	272	278000	356	470000	740
237000	274	279000	358	480000	760
238000	276	280000	360	490000	780
239000	278	281000	362	500000	800
240000	280	282000	364		
241000	282	283000	366	501000	803
242000	284	284000	368	502000	806
243000	286	285000	370	503000	809
244000	288	286000	372	504000	812
245000	290	287000	374	505000	815
246000	292	288000	376	506000	818
247000	294	289000	378	507000	821
248000	296	290000	380	508000	824
249000	298	291000	382	509000	827
250000	300	292000	384	510000	830
251000	302	293000	386	511000	833
252000	304	294000	388	512000	836
253000	306	295000	390	513000	839
254000	308	296000	392	514000	842
255000	310	297000	394	515000	845

Es beträgt bei einem Vermögen von ℳ	Es beträgt die Kriegsabgabe ℳ	Es beträgt bei einem Vermögen von ℳ	Es beträgt die Kriegsabgabe ℳ	Es beträgt bei einem Vermögen von ℳ	Es beträgt die Kriegsabgabe ℳ
516000	848	549000	947	2000000	6300
517000	851	550000	950		
518000	854	usw. für je	je 3 ℳ	2001000	6305
519000	857	1000 ℳ	mehr	2002000	6310
520000	860	z. B. 551000	953	2003000	6315
521000	863	600000	1100	2004000	6310
522000	866	700000	1400	2005000	6325
523000	869	800000	1700	2006000	6330
524000	872	900000	2000	2007000	6335
525000	875	100000	2300	2008000	6340
526000	878			2009000	6345
527000	881	1001000	2304	2010000	6350
528000	884	1002000	2308	2011000	6355
529000	887	1003000	2312	usw. für je	je 5 ℳ
530000	890	1004000	2316	1000 ℳ	mehr
531000	893	1005000	2320	z. B. 2100000	6800
532000	896	1006000	2324	2200000	7300
533000	899	1007000	2328	2300000	7800
534000	902	1008000	2332	2400000	8300
535000	905	1009000	2336	2500000	8800
536000	908	1010000	2340	2600000	9300
537000	911	usw. für je	je 4 ℳ	2700000	9800
538000	914	1000 ℳ	mehr	2800000	10300
539000	917	z. B. 1011000	2344	2900000	10800
540000	920	1100000	2700	3000000	11300
541000	923	1200000	3100	4000000	16300
542000	926	1300000	3500	5000000	21300
543000	929	1400000	3900	6000000	26300
544000	932	1500000	4300	7000000	31300
545000	935	1600000	4700	8000000	36300
546000	938	1700000	5100	9000000	41300
547000	941	1800000	5500	10000000	46300
548000	944	1900000	5900		

Der **höchste Prozentsatz** der Staffel beläuft sich auf 5 v. Tausend. Dieser Satz wird aber, wie vorstehende Tabelle erkennen läßt, niemals voll erhoben, da die auf Grund der **Durchstaffelung** erfolgende Berechnung der Steuer stets eine Berücksichtigung der niedrigeren Prozentsätze der Staffel erforderlich macht, so daß sich der Höchstbetrag von 5 vom Tausend, wenn er überhaupt in Ansatz kommt, für das Endergebnis entsprechend mindert.

Die Vermögensabgabe wird neben der Steuer auf das Mehreinkommen veranlagt und erhoben. Gegen die Veranlagung ist nur ein einheitliches Rechtsmittel (das nach § 35 von den Landesregierungen bestimmt wird) zulässig. Dadurch ist indes nicht ausgeschlossen, daß mit dem Rechtsmittel nur die eine oder die andere Besteuerung allein, und zwar entweder der Höhe oder dem Grunde nach, angegriffen wird.

Abgabepflicht der Gesellschaften.

§ 20

Inländische Aktiengesellschaften, Kommanditgesellschaften auf Aktien, Berggewerkschaften und andere Bergbau treibende Vereinigungen, letztere sofern sie die Rechte juristischer Personen haben, Gesellschaften mit beschränkter Haftung und eingetragene Genossenschaften haben zugunsten des Reichs von dem im vierten Kriegsgeschäftsjahr erzielten Mehrgewinn eine außerordentliche Kriegsabgabe zu entrichten.

Erläuterungen:

Die Kriegssteuerpflicht der Gesellschaften nach dem Abgabegesetz lehnt sich eng an die Besteuerung der Gesellschaften nach dem bisherigen Kriegssteuergesetz. **Steuerpflichtig war** nach altem Kriegssteuerrecht **der Mehrgewinn,** den eine Gesellschaft (juristische Person) in den Kriegsgeschäftsjahren gegenüber dem Friedensgewinn erzielt hatte. Als Kriegsgeschäftsjahre gelten die drei aufeinanderfolgenden Geschäftsjahre, deren erstes noch den Monat August 1914 mitumfaßte. Als Friedensgewinn wurde ein Betrag eingesetzt, der sich aus den Ergebnissen der fünf den Kriegsgeschäftsjahren vorangegangenen Geschäftsjahre berechnet, unter Ausscheidung der beiden Jahre mit dem besten und mit dem schlechtesten Ergebnis. Der Mehrgewinn, d. h. der Unterschied zwischen dem durchschnittlichen früheren Geschäftsgewinn (Friedensgewinn) und dem jeweils in einem Kriegsgeschäftsjahre erzielten Geschäftsgewinn, unterlag als Mehrgewinn der Besteuerung.

Die **Abstufung der Steuer** war bei den inländischen Gesellschaften anders geordnet als bei den ausländischen. Bei jenen richtete sie sich zunächst nach dem Verhältnis des Mehrgewinns zum eingezahlten Grund- oder Stammkapital zuzüglich der bei Beginn des ersten Kriegsgeschäftsjahres vorhandenen offenen Reserven. Ferner war aber auch der ganze Gewinn (nicht bloß der Mehrgewinn) durch einen in sich wiederum gestaffelten Zuschlag in Beziehung zum Kapital und den Reserven gebracht. Bei ausländischen Gesellschaften war Gegenstand der Besteuerung der auf den inländischen Geschäftsbetrieb entfallende Mehrgewinn. Die Besteuerung erfolgte nach der absoluten Höhe des im Jahresdurchschnitt erzielten Mehrgewinns. Die Steuerstaffeln waren für inländische und für ausländische Gesellschaften nach dem Grundsatz der steigenden Durchstaffelung aufgestellt.

Diese Form der **Staffelung** ist **vom Kriegsabgabegesetz nicht übernommen** worden, und auch im übrigen sind die Grundzüge für die Besteuerung der Gesellschaften nicht durchweg beibehalten worden. Der neue Tarif (§§ 29, 31) sieht für inländische und für ausländische Gesellschaften eine **fallende Staffel** vor, eine Stufenfolge also, die sich, von einem Grundsatze beginnend, nicht ansteigend (progressiv), sondern **nach unten** gerichtet **(degressiv)** entwickelt. Die Grundstufe beträgt (nach § 29) 60 v. H. des Mehrgewinns. Dieser Betrag ermäßigt sich um 10, 20, 30, 40 und 50 v. H., je nach dem Vorliegen gewisser Mindererträge gegenüber der Höchststufe. Ähnlich „fällt" im § 31 die Höchststaffel von 60 v. H. des Mehrgewinns bei den ausländischen Gesellschaften.

Dem Kriegsabgabegesetz ist (ähnlich wie dem ersten Kriegssteuergesetz) ein **Sicherungsgesetz** vorangegangen (Gesetz über Sicherung der Kriegssteuer vom 9. April 1917). In diesem war für steuerpflichtige Gesellschaften vorgeschrieben worden, daß sie aus dem Geschäftsgewinn des vierten Kriegsgeschäftsjahres 60 v. H. (gegenüber 50 v. H. in den ersten drei Geschäftsjahren nach dem früheren Sicherungsgesetz) des erzielten Mehrgewinns in eine **Steuerreserve** zu legen haben. Der Mehrgewinn war für das vierte Kriegsgeschäftsjahr gesondert zu berechnen, d. h. eine Ausgleichung mit etwaigen Mindergewinnen der vorangegangenen Kriegsgeschäftsjahre war nicht zulässig. Im übrigen war nach dem Sicherungsgesetz der Mehrgewinn ebenso wie nach dem (alten) Kriegssteuergesetz zu ermitteln, mit der Ausnahme indes, daß Gewinnbeträge, die zu ausschließlich gemeinnützigen Zwecken bestimmt sind und deren dauernde Verwendung zu solchen Zwecken gesichert ist, nicht zum steuerpflichtigen Mehrgewinn gehören sollen (im endgültigen Abgabegesetz ist wiederum ein Abzugsrecht in gewissem Umfange anerkannt, s. § 32 und Erläuterungen dazu). Im Gegensatz zum ersten Rücklagengesetz enthielt das neue Sicherungsgesetz **auch** eine **für Einzelpersonen** geltende Bestimmung, die verhindern sollte, daß sich jemand der bevorstehenden neuen Kriegsabgabe durch Verlegung seines Wohnsitzes ins **Ausland** entzieht. Es war vorgesehen, daß der Abwandernde vor Verlegung des Wohnsitzes auf Verlangen der Steuerbehörde wegen der etwaigen Kriegssteuerschuld **Sicherheit** zu leisten habe. Demselben Ziele dient das im Rahmen der Steuergesetzgebung vom Jahre 1918 ergangene **Gesetz gegen die Steuerflucht** vom 26. Juli 1918, das ebenfalls die Zulassung der Auswanderung Steuerpflichtiger von einer Sicherstellung der von ihnen weitergeschuldeten Personalsteuern abhängig macht.

Der **Kreis der subjektiv steuerpflichtigen Gesellschaften** entspricht genau dem im § 13 des (alten) Kriegssteuergesetzes. Doch hat das neue Abgabegesetz die Bestimmung des § 23 des Kriegssteuergesetzes nicht aufgenommen, wonach die Abgabe nach näherer Bestimmung des Bundesrates auch von anderen juristischen Personen zu entrichten ist. Solche nähere Bestimmung zum Kriegssteuergesetz ist seinerzeit übrigens nicht ergangen. Was die einzelnen Gesellschaften angeht, so ist darauf hinzuweisen, daß die **Aktiengesellschaften,** die **Kommanditgesellschaften** auf Aktien und die **Gesellschaften mit beschränkter Haftung** vor der Eintragung im Handelsregister nicht bestehen; für **Genossenschaften** gilt das gleiche bezüglich der Eintragung im Genossenschaftsregister. Die **Berggewerkschaften** sind nach Landesrecht geordnet. Die **Liquidation** einer steuerpflichtigen Gesellschaft hat das Aufhören ihrer Steuerpflicht noch n i c h t zur Folge; erst wenn sie tatsächlich nicht mehr besteht (auch nicht mehr zur Abwicklung der Geschäfte, wie während der Liquidation), hat ihre Steuerpflicht ein Ende.

Außer den Berggewerkschaften sind auch „andere **Bergbau treibende Vereinigungen**" für subjektiv steuerpflichtig erklärt, diese aber nur, sofern sie die Rechte juristischer Personen haben. Es muß sich also um Vereinigungen (d. h. Vereine im Sinne des bürgerlichen Rechts) handeln, denen die Rechtspersönlichkeit verliehen ist (vgl. § 22 BGB.).

Die Steuerpflicht ist nicht auf die zunächst genannten inländischen Gesellschaften beschränkt. **Ausländische Gesellschaften** unterliegen ihr ebenfalls, aber nur insofern, als sie im **Inland** einen **Geschäftsbetrieb** unterhalten (§ 30). Als „inländisch" haben solche Gesellschaften und Vereinigungen zu gelten, die im Inlande ihren **Sitz** haben. Der Sitz bestimmt sich nach den Satzungen, außer für die Gewerkschaften. Soweit diese juristische Persönlichkeit haben, ist der Ort ihrer Niederlassung als Sitz anzusehen. Bei den „älteren Gewerkschaften" ohne juristische Persönlichkeit ist für den Sitz nicht die Lage des Bergwerks, sondern der Ort maßgebend, an dem die Verwaltung geführt wird (Fuisting-Strutz, Einkommensteuergesetz Anm. 40c zu § 1). Dasselbe gilt von dem Sitz anderer Bergbau treibender Vereinigungen.

Da der **Kreis** der steuerpflichtigen Gesellschaften nach § 20 **geschlossen** ist, so unterliegen alle hier nicht genannten Gesellschaften als solche der Kriegsabgabepflicht nicht. Namentlich werden also die **offenen Handelsgesellschaften** und die **Kommanditgesellschaften** nicht als solche und nicht nach den Grundsätzen der §§ 21ff. besteuert, sondern ihr Ertrag ist abgabepflichtig nur insofern, als er zu abgabepflichtigem Mehreinkommen oder Vermögen der einzelnen Gesellschafter geworden ist. Während also bei der Aktiengesellschaft, und fühlbarer noch bei der Gesellschaft m. b. H., eine Doppelbesteuerung des Mehrgewinns der Gesellschaft und des etwa daraus fließenden Mehreinkommens oder steuerpflichtigen Vermögens der Gesellschafter stattfindet, werden die nicht im § 20 genannten Gesellschaftsformen hiervon nicht betroffen. Es handelt sich, soweit Erwerbsgesellschaften in Frage kommen (offene Handelsgesellschaft, Kommanditgesellschaft), um Vereinigungsformen, die der besonderen Rechtspersönlichkeit entbehren, weil bei ihnen das Moment der kapitalistischen Selbständigkeit hinter dem der persönlichen Zusammenarbeit der Beteiligten gewöhnlich zurücktritt. Darum hat man sie auch steuerlich nicht den von den einzelnen Mitgliedern unabhängigeren juristischen Personen gleichgestellt. Dabei ist indes darauf hinzuweisen, daß **nicht alle juristischen Personen** des geltenden Rechts der **besonderen Besteuerung** nach §§ 20ff. unterstellt sind. Ausgenommen bleiben z. B. die **Kolonialgesellschaften**, die **Reichsbank** (die Kriegsabgabe der Reichsbank ist Gegenstand eines besonderen Gesetzes gewesen — vom 24. Dezember 1915 — das aber das vierte Kriegsgeschäftsjahr nicht mitberücksichtigte), die **Versicherungsvereine** auf Gegenseitigkeit, die **Vereine nach BGB.** (wohl aber Vorschußvereine, Kreditvereine u. dgl., wenn sie Genossenschaftsform haben), die **Stiftungen,** sowie landesrechtlich mit Rechtspersönlichkeit ausgestattete Organisationen, wie kommunale Pfandbriefanstalten u. dgl.

Voraussetzung für die Steuerpflicht ist bei den pflichtigen Gesellschaften ein **„Geschäftsbetrieb“**; nur auf Grund eines solchen, und sei er noch so geringfügig, können die zur Ermittlung des steuerpflichtigen Mehrgewinns erforderlichen Feststellungen über die in den maßgebenden Jahren erzielten **Geschäftsgewinne** getroffen werden. Eine Gesellschaft z. B., deren Liquidation tatsächlich längst beendet ist, ohne daß ihre formelle Löschung — die auch von Amts wegen vorgenommen werden könnte — erfolgte, kann nicht zur Abgabe einer Kriegssteuererklärung nach § 34 Abs. 2 herangezogen werden, da sie keine wirkliche Existenz mehr führt (s. aber den Vorbehalt in § 26). Solche und ähnliche Fälle der vollständigen **Einstellung** des **Geschäftsbetriebes** sind nicht so selten; neuerdings ist übrigens nach derartigen nur noch in der „Façon“ vorhandenen Aktiengesellschaften und Gesellschaften m. b. H. eine gewisse Nachfrage entstanden, im Zusammenhang mit den die Neuausgabe von Obligationen, Aktien und G. m. b. H.-Anteilen beschränkenden Bundesratsverordnungen vom 8. März und 2. November 1917. Bei der Veräußerung solcher „Façons“ entsteht aber regelmäßig kein Geschäftsgewinn für die Gesellschaft, sondern, wenn die Veräußerung überhaupt einen Gewinn läßt, höchstens ein solcher für die Aktionäre oder Anteilsbesitzer, die allein als Veräußerer in Frage kommen. Nur soweit eine Aktiengesellschaft im Besitz eigener Aktien ist, was der Regel nach nicht der Fall sein soll (§ 226 HGB.), kann sie selbst gegebenenfalls aus der Veräußerung ihrer Aktien noch einen Gewinn erzielen. In den allermeisten Fällen kommen bei „Façon“veräußerungen aber nur die Aktionäre der Gesellschafter als Einzelpersonen, nicht indes die Gesellschaft selber als kriegsabgabepflichtig in Frage.

Für inländische anerkannte **gemeinnützige Gesellschaften** gilt die Befreiungsvorschrift des § 28 (s. Erläuterungen dazu).

Die **kriegswirtschaftlichen Gesellschaften** sind, soweit sie Erwerbszwecke verfolgen, steuerpflichtig.

Gegenstand der Besteuerung ist der nach den Vorschriften der §§ 21ff. berechnete **Mehrgewinn.** Objektiv steuerpflichtig sind also diejenigen (subjektiv steuerpflichtigen) Gesellschaften, bei denen ein steuerbarer Mehrgewinn **im vierten Kriegsgeschäftsjahr** erzielt worden ist. Als viertes Kriegsgeschäftsjahr gilt das Geschäftsjahr, das auf den durch § 15 des (alten) Kriegssteuergesetzes erfaßten Zeitraum folgt. Dort waren zu Kriegsgeschäftsjahren erklärt worden die drei aufeinanderfolgenden Geschäftsjahre, deren erstes noch den

Monat August 1914 mitumfaßt oder bei einer später gegründeten Gesellschaft mitumfassen würde, wenn sie damals schon bestanden hätte (nähere Erläuterungen zum Begriff des vierten Kriegsgeschäftsjahres s. zu § 23). Diesmal handelt es sich nur um den **Mehrgewinn eines einzigen Jahres.** Daß damit die Kriegsbesteuerung der Gesellschaften ihr Ende erreicht hat, ist jedoch keinesfalls anzunehmen. Vielmehr werden dem Gesetz über die Kriegsabgabe für 1918 aller Voraussicht nach noch **weitere Kriegssteuergesetze** folgen. Inwiefern sich dadurch der Charakter der Steuer als einer „außerordentlichen Kriegsabgabe" ändert, wird gegenüber der Notwendigkeit weiterer Kriegssteuern nicht in Betracht kommen können.

Die **Abgabe** geschieht, ebenso wie die der Einzelpersonen, **„zugunsten des Reichs".** Diese Worte haben in dem entsprechenden § 13 des ersten Kriegssteuergesetzes gefehlt. Es ist aber kein Zweifel, daß die frühere und die gegenwärtige Abgabe ihrem Wesen als Reichssteuer nacheinander gleich sind.

§ 21

Als abgabepflichtiger Mehrgewinn gilt der Unterschied zwischen dem Friedensgewinne (§ 22) und dem in dem vierten Kriegsgeschäftsjahre (§ 23) erzielten Geschäftsgewinne (§ 24).

Der Unterschiedsbetrag wird auf volle Tausende nach unten abgerundet. Beträge unter fünftausend Mark bleiben außer Betracht.

Erläuterungen:

Gegenstand der Besteuerung bei steuerpflichtigen Gesellschaften ist der Mehrgewinn, der im vierten Kriegsgeschäftsjahre gegenüber dem Friedensgewinn (§ 22) erzielt worden ist. Der **Mehrgewinn** ist auch für die Kriegsabgabe ebenso wie nach früherem Kriegssteuergesetz die **Bemessungsgrundlage** der Kriegssteuer der Gesellschaften. Über die **Berechnung** des Mehrgewinns enthalten die §§ 22 und 23 nähere Vorschriften. Der Begriff des Geschäftsgewinns ist in den Erläuterungen zu § 24 ausführlich dargelegt.

Mit der Besteuerung aller während des Veranlagungszeitraums — d. i. des vierten Kriegsgeschäftsjahres, s. § 20 — entstandenen Mehrgewinne hat auch das Abgabegesetz, ebenso wie schon das frühere Kriegssteuergesetz, die **Erfassung der eigentlichen „Kriegsgewinne"**

aufgegeben. Was den Gedanken der besonderen Kriegsabgabe, als er zuerst im Laufe des Jahres 1915 auftauchte, alsbald besonders volkstümlich machte, war die Vorstellung und der Wunsch breiter Kreise, die während des Krieges immer wachsenden und zuweilen auf nicht reeller Grundlage erzielten, unmittelbar mit dem Kriege in Zusammenhang stehenden Gewinne von Einzelpersonen und Gesellschaften zu treffen, die Gewinne also von **Heereslieferanten, Vermittlern** von Lieferungen usw. steuerlich dem Reiche nutzbar zu machen. Die besonders scharfe Erfassung der **nicht legitimen Kriegsgewinne,** die im Volke sehr begrüßt worden wäre, erwies sich aber schon bei der Vorbereitung des ersten Kriegssteuergesetzes als unmöglich, denn man erkannte bald, daß die Steuerbehörde keinesfalls feststellen könne, ob ein Kriegsgewinn „legitim" oder „nicht legitim" ist. Aber auch eine Trennung der mit dem Kriege im Zusammenhang stehenden Gewinne (Einkommensmehrungen, Vermögenszugänge) von denen, die keine Beziehung zum Kriege haben, hat der Gesetzgeber bereits bei der ersten Kriegssteuer abgelehnt, weil auch diese beiden Gruppen nicht einwandsfrei zu unterscheiden sind. Es ist als im Einzelfall unausführbar erkannt worden, **Gewinne** daraufhin zu untersuchen, **ob und inwieweit sie unter Friedensverhältnissen zu erzielen** gewesen wären. Und es ist erst recht schwierig, zum Zwecke der Besteuerung den Teil des erzielten Gewinnes auszuscheiden, der auf der „Kriegskonjunktur" im weitesten Sinne beruht.

Diese selben Erwägungen blieben auch für das neue Kriegsabgabegesetz bestehen. Bei der Besteuerung des Vermögens als solchem tritt der von der Kriegskonjunktur grundsätzlich unabhängige Charakter der Abgabe besonders deutlich hervor, denn besteuert wird **jedes** auf den Stichtag festgestellte **Vermögen** von über 100000 ℳ (§§ 15 ff.); auch bei der Mehreinkommensteuer (§§ 3 ff.) und bei der Mehrgewinnsteuer der Gesellschaften (§§ 20 ff.) ist der Zusammenhang mit dem Kriege insofern gelockert, als **jedes Mehreinkommen** und **jeder Mehrgewinn,** der während der Kriegszeit erzielt worden ist, der Kriegsabgabe unterliegt, gleichgültig auf welchem Entstehungsgrunde sie beruhen.

Der steuerbare Mehrgewinn wird ermittelt, indem man den **Geschäftsgewinn des vierten Kriegsgeschäftsjahres** (§ 23) **dem Friedensgewinn** (§ 22) **gegenüberstellt.** Der Unterschiedsbetrag, um den der Gewinn des Kriegsgeschäftsjahres den Friedensgewinn übersteigt, ist der Mehrgewinn. Der Friedensgewinn berechnet sich, wie zu § 23 näher ausgeführt wird, nach dem Durchschnitt von fünf den Kriegsgeschäftsjahren unmittelbar vorangehenden Friedensgeschäftsjahren, unter Ausscheidung des Jahres mit dem besten und des Jahres mit dem schlechtesten Erträgnis. Besteht eine Gesellschaft **noch nicht** so lange, um **fünf Friedensgeschäftsjahre** nachzuweisen, so ist der durchschnittliche Gewinn nach der kürzeren Zeit, für die Jahresabschlüsse vorliegen, zu berechnen. Eine Ausscheidung der beiden Jahre mit dem besten und dem schlechtesten Ergebnis findet dann nicht statt (s. Erläut. zu § 22). Handelt es sich um die Kriegsabgabe einer erst im vierten Kriegsgeschäftsjahre **neugegründeten Gesellschaft**, und umfaßt dieses Geschäftsjahr daher keine vollen zwölf Monate, so wird für die Berechnung des Mehrgewinnes der Gewinn des vierten Kriegsgeschäftsjahres mit einem **verhältnismäßigen Teil** des Friedensgewinnes verglichen. Als Friedensgewinn gilt bei Gesellschaften, die erst während des Krieges entstanden sind, der Betrag von 6 v. H. des eingezahlten Kapitals (§ 17 Abs. 4 Kriegssteuergesetz, der auf die Kriegsabgabe Anwendung findet). Beispiel: Ist eine Gesellschaft mit 1 Mill. *M* Kapital am 1. September 1917 gegründet worden, bei der das erste Geschäftsjahr am 31. Dezember 1917 endigt, so ergibt sich als angenommener Geschäftsgewinn ein Betrag von 60000 *M* (6 v. H. von 1 Mill. *M*). Der Geschäftsgewinn im ersten Geschäftsjahr (= vierten Kriegsgeschäftsjahr) beläuft sich auf 30000 *M*. Da dieses nur vier Monate umfaßt, sind gegenüberzustellen: 30000 *M* und 20000 *M*, also beträgt der Mehrgewinn 10000 *M*.

Dieselben Grundsätze gelten, wenn eine Gesellschaft **während des vierten Kriegsgeschäftsjahres aufgelöst** wird (d. h. aufhört, zu bestehen; der Eintritt des Liquidationsstadiums reicht nicht aus, s. oben S. 106). Auch hier wird (§ 26, s. Erläuterungen dazu) für die Berechnung des Mehrgewinns der Gewinn des (nicht vollen) vierten Geschäftsjahres mit einem verhältnismäßigen Teilbetrag des Friedensgewinnes verglichen.

Ein **Ausgleich zwischen Verlust- und Gewinnabschlüssen** während der Kriegsgeschäftsjahre ist im § 25 vorgesehen. Ist eine Gesellschaft mit einem Verlust (Unterbilanz) in das vierte Kriegsgeschäftsjahr eingetreten, so kann dieser Verlust zunächst aus dem Gewinn des vierten Kriegsgeschäftsjahres getilgt werden. Ergibt sich alsdann, daß die Geschäftsgewinne der früheren (drei ersten) Kriegsgeschäftsjahre im Gesamtergebnis hinter dem entsprechenden Betrage des Friedensgewinnes zurückgeblieben sind, so darf dieser **Minder**

gewinn von dem Mehrgewinne des vierten Kriegsgeschäftsjahres **abgezogen** werden. Es muß also zunächst der Gewinn der drei ersten Kriegsgeschäftsjahre zusammengerechnet werden; dem so erhaltenen Gesamtbetrage ist der dreifache Betrag des Friedensgewinns (Durchschnitt von fünf bzw. drei Friedensgeschäftsjahren) gegenüberzustellen. Ist dann die erste Zahl kleiner als die zweite, so kann dieser Unterschied von dem Mehrgewinn des vierten Kriegsgeschäftsjahres abgezogen werden. Dagegen ist es **nicht gestattet**, einem im **vierten Kriegsgeschäftsjahre** erzielten **Mindergewinn von dem Mehrgewinn der drei ersten Kriegsgeschäftsjahre abzuziehen** und die danach zuviel gezahlte erste Kriegssteuer zurückzuverlangen (vgl. das Nähere in den Erläut. zu § 25). In letzterer Hinsicht bedeutet das Abgabegesetz eine wesentliche Änderung gegen das erste Kriegssteuergesetz, dessen § 14 im Abs. 3 bestimmte, daß wenn der Geschäftsgewinn eines Kriegsgeschäftsjahres hinter dem durchschnittlichen früheren Geschäftsgewinn zurückbleibt, der Mindergewinn mit dem Mehrgewinn anderer Kriegsgeschäftsjahre ausgeglichen werden darf.

Der Unterschiedsbetrag zwischen Kriegsgewinn und Friedensgewinn wird auf **volle Tausende nach unten** abgerundet. Beträge **unter 5000 ℳ bleiben steuerfrei.** Die Abrundung erfolgt, nachdem der Unterschiedsbetrag ermittelt ist. Beträgt der Gewinn des Kriegsgeschäftsjahres 22370 ℳ und der Friedensgewinn 14500 ℳ, so ergibt sich ein „Unterschiedsbetrag" von 7870 ℳ, dessen Abrundung auf 7000 ℳ für die Steuer erfolgt. Die Höhe des Steuersatzes berechnet sich sodann nach § 29.

§ 22

Friedensgewinn ist der nach den Vorschriften in §§ 16, 17 des Kriegssteuergesetzes vom 21. Juni 1916 berechnete durchschnittliche frühere Geschäftsgewinn.

Die Anteile der Vorstandsmitglieder oder Geschäftsführer wie der sonstigen Beamten und Angestellten am Jahresgewinn, auf welche diese einen Rechtsanspruch haben, sind als abzugsfähige Betriebskosten anzusehen. Dagegen sind Vergütungen (Tantiemen) der Aufsichtsratsmitglieder, die von der Höhe des Reingewinns und von dessen Feststellung durch die Generalversammlung oder

Gesellschafterversammlung abhängig sind, von dem Geschäftsgewinne nicht abzusetzen.

Sind Gesellschafter zu Geschäftsführern einer Gesellschaft mit beschränkter Haftung bestellt, so sind die ihnen zukommenden Gewinnanteile nur insoweit als abzugsfähige Betriebskosten zu behandeln, als sie sich als Entgelt für die auf Grund eines mit der Gesellschaft abgeschlossenen Dienstvertrags ausgeübte Tätigkeit als Geschäftsführer darstellen. Der Umstand, daß die Bestellung als Geschäftsführer im Gesellschaftsvertrage selbst erfolgt ist, schließt die Annahme eines Dienstvertragsverhältnisses nicht aus.

Erläuterungen:

Zum Verständnis dieses und der folgenden Paragraphen des Abgabegesetzes ist es nötig, zuvor auf den **Begriff des Geschäftsgewinnes** im Sinne der kriegssteuerrechtlichen Vorschriften näher einzugehen. Dadurch, daß das Abgabegesetz im vorliegenden § 22 auf die Vorschriften der §§ 16 und 17 des (alten) Kriegssteuergesetzes Bezug nimmt, ist zum Ausdruck gebracht, daß das neue Gesetz das Wesen des Geschäftsgewinns ebenso aufgefaßt haben will, wie **das alte Kriegssteuergesetz. Auch die Berechnung** des durchschnittlichen früheren Geschäftsgewinnes (Friedensgewinns) ist dieselbe geblieben. Die in den Abs. 2 und 3 des vorliegenden § 22 geregelten Fragen betreffen Auslegungszweifel, die bei der Anwendung des alten Kriegssteuergesetzes in Wissenschaft und Praxis entstanden sind, und die nunmehr für die neue Kriegsabgabe eine gesetzliche Klarstellung erfahren haben (s. unten).

Soweit nach dem alten Kriegssteuergesetz der Friedensgeschäftsgewinn bereits nach den Vorschriften der §§ 16, 17 zu berechnen gewesen ist, und unanfechtbar feststeht, wird eine neue Berechnung dieses Durchschnittsgewinnes zum Zwecke der Ermittlung des steuerpflichtigen Mehrgewinnes sich erübrigen; es bleibt dann **nur noch der Geschäftsgewinn des vierten Kriegsgeschäftsjahres** in Gemäßheit des § 23 zu berechnen. In vielen Fällen dürfte aber die Berechnung des Friedensgewinns nach dem alten Kriegssteuergesetz noch nicht als völlig feststehend gelten, sei es, daß die endgültige Veranlagung zur Kriegssteuer noch aussteht, sei es, daß ein Rechtsmittelverfahren gegen die Veranlagung schwebt und in diesem die Art der Berechnung des Geschäftsgewinns Gegenstand der Nachprüfung ist. In diesen Fällen, sowie für die Vorschrift des § 23 (Ermittlung des Kriegsgeschäftsgewinnes) ist es erforderlich, zuvor Klarheit über den Begriff des Geschäftsgewinns überhaupt zu haben.

Die Bestimmung des § 16 Kriegssteuergesetz, von der dabei auszugehen ist, lautet wie folgt: „Geschäftsgewinn ist der in einem Geschäftsjahr erzielte, nach den gesetzlichen Vorschriften und den Grundsätzen ordnungsmäßiger kaufmännischer Buchführung berechnete Bilanzgewinn. Abschreibungen sind insoweit zu berücksichtigen, als sie einen angemessenen Ausgleich der Wertverminderung darstellen.

Bei Kommanditgesellschaften auf Aktien bleiben diejenigen Gewinnbeträge, welche auf die von den persönlich haftenden Gesellschaftern nicht auf das Grundkapital gemachten Einlagen entfallen, außer Ansatz."

Maßgebend für den Geschäftsgewinn ist danach der auf Grund der gesetzlichen Vorschriften und unter Innehaltung der kaufmännischen Übung ermittelte **Bilanzgewinn.** Die gesetzlichen Vorschriften sind die des Handels-, Gesellschafts- und Genossenschaftsrechtes, d. h. die §§ 38—40 HGB., neben denen für Aktiengesellschaften und Kommanditgesellschaften auf Aktien noch die §§ 161, 162 HGB. zu berücksichtigen sind. Für die Gesellschaften m. b. H. gilt § 42 GmbHG., währenddes für Genossenschaften nur Anhaltspunkte in den §§ 7, 33 des Genossenschaftsgesetzes gegeben sind. Die in den Gesetzesvorschriften enthaltenen Grundsätze haben die steuerpflichtigen Gesellschaften für ihre Jahresrechnung ohne Rücksicht auf die **Steuergesetze** zu befolgen. Diese (z. B. die Einkommen- und Gewerbesteuer) gehen nicht selten von **anderen rechnerischen Grundlagen** aus, als die Bilanzgesetze sie vorsehen. Im Gegensatz hierzu soll aber für die Kriegsabgabe (ebenso wie für die erste Kriegssteuer) gerade das Bilanzrecht, wie es in den obengenannten Gesetzesbestimmungen enthalten ist, maßgebend sein. Daneben sollen ferner die „Grundsätze ordnungsmäßiger kaufmännischer Buchführung" berücksichtigt werden. In Betracht kommen **Handelsbräuche** und sonstige Verkehrsüblichkeiten, die im Streitfalle von den zuständigen öffentlichrechtlichen Vertretungen des Handelsstandes und der Industrie festgestellt werden müßten.

Die Anwendung der dargelegten Grundsätze macht es unter Umständen erforderlich, daß besonders „vorsichtig" bilanzierende Gesellschaften, d. h. solche, die ungewöhnlich hohe durch Gesetz und Handelsbrauch nicht zu rechtfertigende, von den Aktionären aber gut geheißene **Reserven** stellen und **Abschreibungen** vornahmen, **für die Kriegssteuer eine besondere Bilanz** aufmachen, in der die zu hohen Reserven und Abschreibungen auf das zulässige Mehr zurückgeführt sind. Nur mit dieser Einschränkung ist der „Bilanzgewinn" dem — für die Steuer maßgebenden — „Reinertrag" des Unternehmens gleichzusetzen.

Inländische Gesellschaften haben den Gewinn des **Gesamtunternehmens** zu versteuern, ohne Rücksicht darauf, ob die Gewinne im Inland oder im Auslande erzielt worden sind. Es sind mithin auch die Gewinne ausländischer Niederlassungen zu berücksichtigen. **Agiogewinne,** die bei Ausgabe neuer Aktien oder Geschäftsanteile über dem Parikurse entstehen, gehören ebensowenig zum Geschäftsgewinne, wie etwaige Buchgewinne, die auf der Zusammenlegung von Aktien oder Geschäftsanteilen beruhen. Es handelt sich in beiden Fällen dem Wesen nach um Veränderungen des Grund- oder Stammkapitals. Agiogewinne aber, die von **Hypothekenbanken** aus dem Verkauf ihrer eigenen Obligationen erzielt werden, müssen, soweit über sie nach den gesetzlichen Bestimmungen (Reichshypothekenbankgesetz) verfügt werden kann, als Geschäftsgewinn gelten.

Es könnten Zweifel darüber entstehen, ob der „Geschäftsgewinn" erst auszuweisen ist, nachdem eine von früher übernommene **Unterbilanz (Verlustvortrag)** getilgt ist. In dieser Hinsicht ist zu unterscheiden zwischen den Friedensgeschäftsjahren (s. unten) und dem nach dem Abgabegesetz in Betracht kommenden vierten Kriegsgeschäftsjahr (s. § 23). Für die **Friedensgeschäftsjahre** gilt (nach § 20 der AusfBest. zum Abgabegesetz, § 23 Abs. 1 Satz 1 der AusfBest. zum Kriegssteuergesetz), daß den in Friedensjahren erzielten Geschäftsgewinn die Beträge hinzuzurechnen sind, die zur Deckung eines aus früheren Jahren herrührenden Verlustes dienten. Es findet also **keine Ausgleichung** zwischen dem Verlust eines früheren und dem Gewinn eines späteren Geschäftsjahres statt. Für das vierte **Kriegsgeschäftsjahr** gilt (wie in den Erläut. zu § 20 schon dargelegt, s. ausführlicher zu § 23) die Vorschrift des § 23, wonach eine **Verrechnung** der Mindergewinne der drei ersten Kriegsgeschäftsjahre mit dem Mehrgewinn des vierten Kriegsgeschäftsjahres unter Umständen statthaft ist.

Der Gewinnvortrag auf Rechnung des neuen Geschäftsjahres ist ein Teil des im vorangegangenen Jahre erzielten Gewinnes;

eine Absetzung des Vortrags von diesem Gewinn oder die Hinzurechnung zum Ertrage des nächsten Jahres ist nicht statthaft. Beispiel:

Debet:		Kredit:	
Unkosten	300000 ℳ	Gewinnvortrag	100000 ℳ
Abschreibungen	200000 ℳ	Fabrikationsgewinn . .	1400000 ℳ
Reingewinn 900000 ℳ			
Vortrag 100000 ℳ	1000000 ℳ		
	1500000 ℳ		1500000 ℳ

Für die Berechnung der Kriegsabgabe kommen danach 900000 ℳ, nicht etwa 1000000 ℳ in Betracht.

Bei Ermittlung des Geschäftsgewinnes für Kriegssteuerzwecke sind **Abschreibungen insoweit zu berücksichtigen,** als sie einen angemessenen Ausgleich der Wertminderung darstellen. Diese Vorschrift gilt nicht nur für Abschreibungen, die durch unmittelbare Einstellung des wirklichen zeitigen Wertes in die Bilanz erfolgen, sondern auch für Abschreibungen, die durch Ansetzung des ursprünglichen Wertes unter bilanzmäßiger Gegenüberstellung eines besonderen, die Wertverminderung darstellenden Kontos (Erneuerungs-, Delkrederekonto) erfolgen (§ 19 Abs. 1 AusfBest.). Bilden die vorgenommenen Abschreibungen (oder Bewertungskonti auf der Passivseite) keinen angemessenen Ausgleich, sondern gehen sie darüber hinaus, so sind sie insoweit als **steuerpflichtige stille Reserven** anzusehen. Die Feststellung solcher stiller Reserven wird in der Praxis oft schwierig sein. Denn über die notwendige oder zulässige Höhe von Abschreibungen werden gerade während der Kriegszeit die Ansichten häufig weit auseinandergehen. Im ganzen wird man den **Friedensmaßstab nicht** anlegen dürfen. **Reichlichere Abschreibungen** auf Maschinen und Anlagen während des Krieges gegenüber der Friedenszeit erscheinen im Kriege der Regel nach aus dem Grunde **gerechtfertigt,** weil der Betrieb vieler Unternehmungen für Heereszwecke besonders angespannt gearbeitet hat, so daß eine größere Abnutzung der Betriebsgegenstände die Folge war. Auch die mangelnde Gelegenheit oder Möglichkeit, an Maschinen, Bauten u. dgl. die nötigen Ausbesserungen vorzunehmen, sowie die unsachgemäße Bedienung und Behandlung von Apparaten und Maschinen durch ungelernte Arbeiter und Hilfspersonen sind Umstände, die besonders wertmindernd auf die betreffenden Gegenstände einwirken können. Auf der andern Seite ist auch zu berücksichtigen, daß stillgelegte Anlagen und Betriebsgegenstände gerade durch die fortgesetzte Nichtbenutzung unter Umständen an Wert stark einbüßen.

Sehr viel hängt für die Beurteilung der Notwendigkeit oder Zulässigkeit von Abschreibungen von der **künftigen Gestaltung des Wirtschaftslebens,** der finanziellen Entlastung im Innern, der Wiederaufnahme der Außenhandelsbeziehungen usw. ab. Die Lösung dieser Fragen liegt vorläufig noch im Dunkeln. Daher lassen sich Gesichtspunkte allgemeiner Natur für die Bemessung der Abschreibungen keinesfalls geben. Die Frage muß von Fall zu Fall geprüft und entschieden werden. Das gilt namentlich auch für die **Abschreibungen auf Forderungen an ausländische** oder feindesländische **Schuldner.** Hier ist die Einschätzung des Wertes sehr häufig völlig unmöglich, und eine völlige Abschreibung wird sich bei Berücksichtigung aller Umstände in vielen Fällen rechtfertigen lassen.

Der § 31 Abs. 2 der AusfBest. zum (alten) Kriegssteuergesetz bestimmte bezüglich der Behandlung der Auslandsforderungen und **im Ausland** befindlicher **Wertpapiere:** Falls sich herausstellt, daß diese einen geringeren Wert haben als bei der Veranlagung angenommen, soll die oberste Landesfinanzbehörde ermächtigt sein, auf Antrag eine anderweitige Berechnung des (nach altem Kriegssteuergesetz steuerbaren) Vermögenszuwachses zuzulassen; bis dahin war die Abgabe zum entsprechenden Teile auf Antrag des Pflichtigen zu stunden. Eine derartige Bestimmung ist in die Ausführungsverordnung zum (neuen) Kriegsabgabegesetz nicht aufgenommen worden. Es muß also die freie Schätzung unter Berücksichtigung aller Umstände des Falles (s. oben) Platz greifen.

Reserven, die in **früheren Jahren** gestellt worden sind, sollen an sich nicht zur Steuer herangezogen werden. Wenn jedoch, was häufig geschieht, stille Reserven aus früheren Jahren **realisiert** werden, so gehen sie, da die stillen Reserven in der Bilanz der früheren Jahre nicht besonders erschienen sind, in den Gewinn des betreffenden Geschäftsjahres hinein.

Will eine Gesellschaft die (auch der Steuerbehörde gegenüber) nicht offen ausgewiesenen stillen Reserven aus früheren Jahren nachträglich zu dem Zwecke in Erscheinung treten lassen, daß der **Friedensgewinn höher** aus der Bilanz ersichtlich nachgewiesen wird — will sie also ihre früheren Bilanzen nachträglich ändern und berichtigen —, so kann dem vom Standpunkt des Kriegssteuerrechts nicht widersprochen werden. Nur muß die Gesellschaft sich die Frage vorlegen, ob sie nicht mit der Einkommensteuerbehörde in Konflikt gerät; einmal insofern, als diese Behörde die nachträgliche Versteuerung des damals nicht ausgewiesenen Einkommenteiles verlangt, dann aber auch insofern, als die Einkommensteuerbehörde die Strafverfolgung der für die damals abgegebenen und jetzt veränderten Steuererklärungen verantwortlichen Personen einleiten könnte. In dieser Hinsicht wird man zu unterscheiden haben zwischen **Bewertungen,** die sich **nachträglich als unrichtig** herausgestellt haben, die man aber seinerzeit für zutreffend hielt, und solchen, die **bewußt zu hoch** vorgenommen sind, um stille Reserven zu schaffen. Bezüglich des ersten Falles ist im Anschluß an die bisherige Rechtsprechung des Preußischen Oberverwaltungsgerichts (Entscheidung in Staatssteuersachen Bd. 2 S. 41; Bd. 7 S. 363; Bd. 11 S. 263; Bd. 14 S. 353) davon auszugehen, daß ursprünglich für zutreffend gehaltene Bewertungen in der Bilanz **nicht nachträglich lediglich für die Steuerveranlagung geändert** werden können (vgl. aber § 39 und Erläuterungen dazu). **Anders** liegt es indes, wenn die Gesellschaft behauptet, die Abschreibungen in einem früheren Jahre seien bewußt zu hoch vorgenommen. Sind die dadurch geschaffenen stillen Reserven bei der Einkommensteuererklärung nicht angegeben worden, so liegt in der nachträglichen Geltendmachung der stillen Reserven zugleich das Zugeständnis, daß die Steuererklärung für die Einkommensteuer in der Absicht der Steuerhinterziehung wissentlich falsch abgegeben war. Die Vertreter der Gesellschaft, welche die falschen Angaben gemacht haben, würden dann der im § 72 des preußischen Einkommensteuergesetzes angedrohten Strafe des vier- bis zehnfachen Betrages der hinterzogenen Jahressteuer verfallen und die Gesellschaft zur Zahlung der Nachsteuer verpflichtet sein. Sind jene Vertreter dieselben Personen, die die Kriegssteuererklärung abzugeben haben, so können sie sich allerdings **vor der Strafe schützen,** wenn sie gleichzeitig mit der Kriegssteuererklärung die früheren falschen Einkommensteuererklärungen **berichtigen** und die Gesellschaft die Nachsteuer in der ihr gesetzten Frist entrichtet (§ 72 Abs. 3 des preußischen Einkommensteuergesetzes). Die Berichtigung muß aber ausdrücklich sein, d. h. es muß aus ihr hervorgehen, welche Erklärungen falsch waren und durch welche wichtigen Erklärungen sie ersetzt werden sollen (Entsch. des Reichsgerichts in Zivilsachen Bd. 45 S. 393).

Bei der für die Berechnung des steuerpflichtigen Einkommens maßgebenden Durchschnittsrechnung müßte also die Berichtigung aller Steuererklärungen erfolgen, in denen das betreffende Jahr in der Durchschnittsrechnung vorkommt. Haben aber die Vertreter, die die Kriegssteuererklärung abgeben, nicht auch zugleich die falsche Einkommensteuererklärung abgegeben, so können ihre berichtigenden Angaben die Straffreiheit der Täter nicht herbeiführen; vielmehr müßten diese veranlaßt werden, ihre falschen Angaben selbst zu berichtigen, bevor die Steuerbehörde durch die richtige Kriegssteuererklärung von der begangenen Steuerhinterziehung erfährt und so in die Lage kommt, alsbald die Untersuchung deshalb einzuleiten.

Einen Anhalt für die Beurteilung der zulässigen Höhe von Abschreibungen bietet § 19 Abs. 2 der Ausführungsbestimmungen zum Kriegsabgabegesetz, der dem § 22 Abs. 2 der Kriegssteuerausführungsbestimmungen entspricht. Inwieweit Abschreibungen (oder Rücklagen, die sich als Erneuerungs- oder Delkrederekonti darstellen) einen angemessenen Ausgleich der Wertverminderung bedeuten, ist danach unter Berücksichtigung der besonderen **Verhältnisse des einzelnen Unternehmens**, insbesondere auch unter Berücksichtigung der durch den Krieg und durch die spätere **Überführung in die Friedenswirtschaft** bedingten Veränderungen nach den Grundsätzen eines ordentlichen Kaufmanns zu beurteilen. Mit Berufung auf diese Vorschrift werden die in der bisherigen Kriegssteuerpraxis von großen Unternehmungen sehr häufig vorgenommenen Rücklagen auf **„Umstellungskonto"** gerechtfertigt. Es handelt sich um Beträge, die der Zurückführung des Betriebes auf den Friedensstand dienen sollen; hierfür sind, namentlich bei Werken und Betrieben, die ausschließlich oder fast ausschließlich für Kriegszwecke arbeiten, infolge der starken Abnutzung und der mangelnden Wiederherstellungsmöglichkeit der Betriebseinrichtungen sowie der Wiederherstellung der Anlagen für den Friedensbetrieb, teilweise sehr beträchtliche Summen erforderlich. Nicht nur die baulichen und maschinellen Anlagen, auch **das Geschäft selber** muß häufig für die Friedenszwecke wieder umgebaut oder neu aufgebaut werden, so namentlich bei Ausfuhrunternehmungen; alle diese Umstände berechtigen, ja verpflichten vom kaufmännischen Standpunkt aus zur Bereitstellung von Mitteln. Für die steuerliche Beurteilung indes wird zu unterscheiden sein, ob diese Bereitstellung lediglich einem künftig (wenn auch mit Sicherheit) zu erwartenden Geldbedarf zu dienen bestimmt ist oder ob das „Umstellungskonto" einen bereits jetzt vorhandenen, wenn auch gewissermaßen „latenten" Minderwert bestimmter Gegenstände oder des Unternehmens im Ganzen zum Ausdruck bringt. Im ersten Falle ist die Reserve für Ausgaben gestellt, die der **künftige Geschäftsbetrieb,** sein Ausbau, Umbau oder seine Erweiterung mit sich bringt. Diese aus dem Geschäftsgewinn zurückgelegten Mittel wird man selbst bei weitherziger Auslegung des vorhin angeführten § 19 Abs. 2 der Ausführungsbestimmungen **kaum als steuerfrei** in Anspruch nehmen können. Wird indes geltend gemacht, daß die Rücklage der Deckung eines **jetzt** bereits vorhandenen Minderwertes dient, wozu auch der später notwendige Ersatz der für Kriegszwecke angeschafften, künftig nicht mehr brauchbaren Einrichtungsgegenstände, Maschinen, Apparate u. dgl. beitragen kann, so wird eine andere Beurteilung Platz greifen können. Hier kann die Rücklage ein abzugsfähiger Ausgleichsposten sein, der das Unternehmen als Ganzes, sowie gegebenenfalls auch die einzelnen maschinellen Einrichtungen, die Apparate usw. betrifft.

Letztinstanzliche Entscheidungen von grundsätzlicher Bedeutung liegen über die steuerliche Behandlung der „Umstellungskonten" zum bisherigen Kriegssteuergesetz gegenwärtig noch nicht vor. Es handelt sich um eine für sehr weite Kreise des Handels und der Industrie wichtige Frage, deren einheitliche und nach ein für allemal maßgebenden Gesichtspunkten erfolgende Klärung erwünscht wäre.

Es kann übrigens auch vorkommen, daß die Gefährdung der Kriegssteuer nicht durch zu hohe Abschreibungen (oder Rückstellungen auf Erneuerungskonto od. dgl.) erfolgt, sondern dadurch, daß die **Abschreibungen** früher **unzureichend** bemessen wurden, sei es, um die Ausschüttung hoher Dividenden zu ermöglichen, oder sei es zum Zwecke von Kurstreibereien. Da nach dem Gesetz die „angemessenen Abschreibungen" zu berücksichtigen sind, so kommt auch hier (wie in den oben behandelten Fällen zu geringer Abschreibungen) unter Umständen eine nachträgliche **Berichtigung der** betreffenden **Bilanzen** in Frage. Wenn aus Nachlässigkeit zu geringe Abschreibungen vorgenommen worden sind, so kann die Leitung des Unternehmens, d. h. die für die Bilanzaufstellung verantwortlichen Vertreter nach den Bestimmungen des Handelsrechts (§ 314 HGB.) verantwortlich gemacht und unter Umständen bestraft werden.

Für die Berechnung des Geschäftsgewinns in einem Kriegsgeschäftsjahr gilt noch die besondere Vorschrift des § 23 Nr. 2 der Ausführungsbestimmungen zum (alten) Kriegssteuergesetz. Danach dürfen für die Berechnung des in einem Kriegsgeschäftsjahr erzielten Geschäftsgewinns Vermögensgegenstände, insbesondere Warenvorräte, die in einem Kriegsgeschäftsjahre **veräußert** worden sind, anstatt mit dem Buchwert der letzten Friedensbilanz, mit dem wirklichen Werte angesetzt werden, den sie zur Zeit der Aufstellung der letzten Friedensbilanz, jedoch zu keinem späteren Zeitpunkt als am 30. Juni 1914 gehabt haben. Es darf somit der **Unterschied** zwischen dem Buchwert und dem wirklichen Werte von dem Geschäftsgewinne des betreffenden Kriegsgeschäftsjahrs **abgesetzt** werden. (Die Gesellschaften sind demnach in den fraglichen Fällen **befugt**, eine **fingierte Bilanz** aufzustellen, in welcher andere Aktivwerte als die bilanzmäßig genehmigten erscheinen.) Als Veräußerung im Sinne dieser Vorschrift gilt jedoch nicht die Veräußerung durch Tausch, Fusion oder einen ähnlichen Rechtsvorgang.

Diese Vorschrift findet auch auf die Berechnung des im vierten Kriegsgeschäftsjahre (§ 23) erzielten Geschäftsgewinns Anwendung. Der entsprechende § 20 Nr. II der Ausführungsbestimmungen zum Abgabegesetz weist jedoch gegenüber der soeben wiedergegebenen Bestimmung der Kriegssteuerausführungsverordnung eine kleine Änderung auf. Die Ausführungsbestimmungen des Abgabegesetzes lassen ebenfalls die Buchwerte der letzten Friedensbilanz (letzter Stichtag: 30. Juli 1914) für die „Kriegsbilanz" zu, fahren dann aber, von der bisherigen Fassung teilweise abweichend, fort: „Es darf somit der Unterschied zwischen dem Buchwert und dem wirklichen Wert, mit dem die Vermögensgegenstände hätten in die Bilanz eingesetzt werden können, von dem Geschäftsgewinn des vierten Kriegsgeschäftsjahres abgesetzt werden. Damit ist die früher aufgeworfene Streitfrage, ob die Vorschrift (der Kriegssteuerausführungsbestimmungen) für alle im Frieden gelegten stillen Reserven oder nur für die freiwillig gelegten Geltung habe, bezüglich der Bilanz des vierten Kriegsgeschäftsjahres dahin gelöst, daß die seinerzeit zulässig gewesenen, gesetzmäßigen Bilanzwerte allgemein eingesetzt werden können. Es soll also die Annahme gelten, als seien die betreffenden Gegenstände bereits am Ende des letzten Friedensgeschäftsjahres veräußert worden, so daß der **nachher erzielte Buchgewinn steuerfrei** bleiben soll.

Die allgemeinen Grundsätze über das, was unter Geschäftsgewinn zu verstehen ist, erfahren gewisse Ausnahmen: „**Versicherungs-**

gesellschaften können vom Reingewinn den Teil absetzen, der als sog. Versichertendividende auf die den Versicherten selbst zurückzugewährenden Prämienüberschüsse entfällt. Bei **Gesellschaften m. b. H. und eingetragenen Genossenschaften,** die ausschließlich der gemeinschaftlichen Verwertung von Erzeugnissen der Gesellschafter oder Genossen oder dem gemeinschaftlichen Einkauf von Waren dienen, können vom Reingewinn diejenigen Beträge abgesetzt werden, die als Entgelt für die von den Gesellschaftern oder Genossen gelieferten Erzeugnisse oder als Rückvergütung auf den Kaufpreis der von den Gesellschaftern oder Genossen bezogenen Waren anzusehen sind." Es handelt sich hierbei um die sog. **„Produktivgenossenschaften"**, von denen aber nicht alle eingetragene Genossenschaften, sondern auch manche Gesellschaften m. b. H. sind. Das System ist juristisch verschieden geregelt, in der Sache besteht aber Übereinstimmung, daß die Mitglieder der Gesellschaften ihre Erzeugnisse der Gesellschaft zum Zwecke der gemeinschaftlichen Verarbeitung und des gemeinschaftlichen Verkaufs übergeben. Meist wird ein Abschlagspreis für die Einlieferungen ausbedungen, der in der Regel mäßig ist. Daneben wird eine Nachzahlung vorgesehen. Der Gewinn solcher Gesellschaften oder Genossenschaften zerfällt in zwei Teile, nämlich in den Teil, der pro rata des eingezahlten Kapitals ausgeschüttet wird, und zweitens in den Teil, der pro rata der Einlieferungen der Erzeugnisse an die Genossen oder Gesellschafter als Nachzahlung gewährt wird. Im allgemeinen wird Geschäftsgewinn der Gesellschaft nur der pro rata der Kapitalbeteiligung ausgeschüttete Gewinn sein, während die pro rata der eingelieferten Erzeugnisse erfolgten Nachzahlungen einen Bestandteil des Kaufpreises bilden.

Die Kommanditgesellschaften auf Aktien werden diejenigen Gewinnbeträge, die auf die von den persönlich haftenden Gesellschaftern **(Komplementären)** nicht auf das Grundkapital gemachten Eingaben entfallen, aus dem steuerpflichtigen Mehrgewinn der Gesellschaft ausgeschieden und ausschließlich der Besteuerung des persönlich haftenden Gesellschafters selber vorbehalten. Die persönlich haftenden Gesellschafter brauchen nicht mit einer Einlage beteiligt zu sein, weder auf das Kommanditkapital, noch sonst. Sie dürfen es aber nach beiden Richtungen hin. Von dem steuerpflichtigen Mehrgewinn der Kommanditgesellschaft auf Aktien werden nur in Abzug gebracht solche Gewinnbeträge, die auf Vermögenseinlagen außerhalb des Grundkapitals entfallen. Wenn also beispielsweise der persönlich haftende Gesellschafter einer Kommanditgesellschaft auf Aktien von dem 1 Mill. M betragenden Kommanditkapital 100000 M Kommanditanteile (Aktien) besitzt, so darf nicht etwa der zehnte Teil des Mehrgewinns abgesetzt werden. Hat er dagegen außerhalb des Grundkapitals eine Geschäftseinlage gemacht, so darf der darauf entfallende Gewinnbetrag von dem steuerpflichtigen Mehreinkommen der Gesellschaft in Abzug gebracht werden. Unter „Gewinnbeträgen, die auf die von den persönlich haftenden Gesellschaftern gemachten Einlagen entfallen", wird man die den Komplementären zukommenden Gewinne verstehen, also den Betrag, den sie tatsächlich als Einnahme aus ihrer Beteiligung außerhalb des Grundkapitals beziehen.

Die **Gewinnanteilbezüge (Tantiemen)** des Vorstands und Aufsichtsrats sind durch den Abs. 2 des vorliegenden § 22 geregelt. Die Regelung entspricht (wörtlich) der im § 20 Abs. 2 der Ausführungsbestimmungen zum (alten) Kriegssteuergesetz. Soweit ein fester rechtlicher Anspruch der Vorstandsmitglieder, Geschäftsführer, Beamten und sonstigen Angestellten auf Anteile am Jahresgewinn besteht, sollen diese als abzugsfähige Betriebskosten gelten, den Geschäftsgewinn also mindern. Insoweit ein solcher satzungsgemäß gesicherter, von den Beschlüssen der Generalversammlung oder Gesellschafterversammlung unabhängiger Anspruch besteht, sollen also die **Tantiemen** gewissermaßen **als Gehaltsteile** gelten, auch wenn sie sich vom Reingewinn berechnen; sie sind mithin Geschäftsunkosten. Diese Eigenschaft wird aber den Vergütungen (Tantiemen) der **Aufsichtsratsmitglieder** abgesprochen, wenn diese von der Höhe des Reingewinns und von dessen Feststellung durch die Generalversammlung (bei Aktiengesellschaften und Aktienkommanditgesellschaften) oder Gesellschafterversammlung (bei Gesellschaften m. b. H.) abhängig sind. Diese Tantiemen sollen also vom Geschäftsgewinn nicht abgesetzt werden dürfen. Steuerfrei bleibt auch bei der Aufsichtsratstantieme derjenige Teil, der dem Aufsichtsrat als „Fixum", d. h. unabhängig von der Feststellung der General- oder Gesellschafterversammlung (und meist auch unabhängig von der Höhe des Reingewinns) satzungsgemäß zufließt.

Eine andere hiervon zu trennende Frage ist die, ob die **Berechnung der Tantieme,** soweit sie nach Prozenten des Reingewinns festgestellt wird, **unter Kürzung der Steuerrücklage vom Gewinn** zu erfolgen hat oder ob die Steuerrücklage als tantiemepflichtig in Anspruch genommen werden darf. Wenn man davon ausgeht, daß der Gewinn nach den kaufmännisch üblichen Grundsätzen ermittelt werden muß, so sind die „Rücklagen" zuvor abzusetzen. Daß die Kriegssteuerrücklage sich ihrem Wesen und ihrer Zweckbestimmung nach von anderen Rücklagen nicht unterscheidet, kann als dargetan gelten.[1]) Das Kriegsabgabegesetz enthält aber im § 24 eine Sonderbestimmung, die eine von der Norm **abweichende Behandlung der Kriegssteuerrücklage** ausdrücklich vorsieht. In § 24 heißt es, daß die Sonderrücklage und die Kriegssteuer von dem Geschäftsgewinn **nicht abgezogen** werden dürfen. Diese Bestimmung ist ursprünglich im fiskalischen Interesse gedacht, d. h. sie soll die Steuerpflicht des um etwaige während des Geschäftsjahres vorgenommenen Kriegssteuerrücklagen und -Zahlungen nicht gekürzten Geschäftsgewinnes sichern (vgl. Erläut. zu § 24). Über diesen Zweck hinaus ist die Vorschrift aber von entscheidender Bedeutung für die Tantiemepflichtigkeit der Sonderrücklage und der Kriegssteuer. Da nämlich beide von dem Geschäftsgewinn nicht abgesetzt werden dürfen, müssen sie auch grundsätzlich als **der Tantiemepflicht unterliegend** gelten, d. h. die Tantieme ist von dem gesamten Geschäftsgewinn, wie er nach § 24 festzustellen, also unter Einschluß der Sonderrücklage und der in dem betreffenden Geschäftsjahr entrichteten Kriegssteuern zu berechnen. Daß dieses Ergebnis über das zunächst vom Gesetzgeber mit der Bestimmung des § 24 Abs. 2 Satz 1 erstrebte Ziel hinausgeht, ist sicher, kann aber an den rechtlichen Folgen nichts ändern. Die Satzungen können allerdings abweichende Bestimmungen treffen.

Der Abs. 3 des vorliegenden § 22 entspricht dem § 20 Abs. 3 der Ausführungsbestimmungen zum (alten) Kriegssteuergesetz. Die Vorschrift will verhindern, daß Gesellschaften mit beschränkter Haftung in der Form von Geschäftsführertantiemen **verschleierte Gewinnausschüttungen** an ihre Gesellschafter vornehmen. Würden die Gewinnanteile, die sich solche Gesellschafter sichern, unbeschränkt als Entgelte, d. h. als Betriebskosten zugelassen sein, so würde der Gewinn beliebig niedrig gehalten werden können. Darum will der Abs. 3, daß nur die als wirkliche Entgelte anzusehenden Teile der Tantiemen als abzugsfähige Betriebskosten gelten sollen. Ob und wie weit die Gewinnanteile als Entgelte anzusehen sind, wird durch Prüfung aller Umstände von Fall zu Fall ermittelt werden müssen.

---

[1]) Vgl. Näheres bei Norden-Friedlaender, Kriegssteuergesetz, 2. Aufl., S. 105, 106.

Nicht entscheidend ist, ob der Gesellschafter durch besondern Dienstvertrag, oder ob er im Gesellschaftsvertrag zum Geschäftsführer bestellt worden ist. Bei der Beurteilung wird man die an Geschäftsführer, die nicht Gesellschafter sind, üblicherweise gezahlten **Vergütungen zum Vergleiche** heranziehen müssen, unter Berücksichtigung der Größe und der Ertragslage des betreffenden Unternehmens. Ein Anhaltspunkt wird ferner aus den Gehaltssätzen gewonnen werden können, die in nichtgesellschaftlichen Betrieben gleicher oder ähnlicher Art an Angestellte auf leitenden Posten gezahlt werden. Auch ein aus sonstigen Umständen feststellbares auffälliges **Mißverhältnis zwischen Leistung und Vergütung** muß zu einer Trennung zwischen eigentlichen Entgelt und (dividendenähnlicher) Gewinnbeteiligung führen.

Nach dem vorliegenden § 22 Abs. 1 ist nicht nur der Geschäftsgewinn im allgemeinen, sondern auch der **durchschnittliche frühere Geschäftsgewinn**, der als Friedensgewinn dem Kriegsgewinn gegenübergestellt wird, nach altem Kriegssteuerrecht zu berechnen. Über die Berechnung des Friedensgewinnes heißt es im § 17 des (alten) Kriegssteuergesetzes: „Der durchschnittliche frühere Geschäftsgewinn ist nach den Ergebnissen der fünf den Kriegsgeschäftsjahren vorangegangenen Geschäftsjahre oder, wenn eine Gesellschaft noch nicht so lange besteht, nach den Ergebnissen der kürzeren Zeit, für welche Jahresabschlüsse vorliegen, zu berechnen. Besteht eine Gesellschaft schon fünf Jahre, so haben für die Berechnung des Durchschnittsgewinns die beiden Geschäftsjahre mit den besten und den schlechtesten Geschäftsergebnissen auszuscheiden.

Hat innerhalb der fünf den Kriegsgeschäftsjahren vorangegangenen Geschäftsjahre eine Vermehrung des eingezahlten Grund- oder Stammkapitals stattgefunden, so wird dem Geschäftsgewinne für die vor der Vermehrung liegende Zeit ein Betrag von sechs vom Hundert jährlich des der Gesellschaft durch die Neueinzahlungen tatsächlich zugeflossenen Kapitalbetrags zugerechnet.

Als früherer Durchschnittsgewinn wird mindestens ein Betrag von sechs vom Hundert des eingezahlten Grund- oder Stammkapitals angenommen zuzüglich des Mehrbetrags, der zur Verteilung einer etwaigen höheren festen Vorzugsdividende für bevorrechtigte Aktien notwendig gewesen wäre. Das Grundkapital einer Berggewerkschaft oder einer Bergbau treibenden Vereinigung ist aus dem Erwerbspreis und den Anlage- und Erweiterungskosten abzüglich des durch Schuldaufnahme gedeckten Aufwandes hierfür zu berechnen. An Stelle des Grundkapitals tritt bei eingetragenen Genossenschaften die Summe der eingezahlten Geschäftsanteile der Genossen.

Der im Abs. 3 vorgesehene Betrag wird als Mindestbetrag auch zugrunde gelegt, wenn ein volles Geschäftsjahr vor den Kriegsgeschäftsjahren nicht vorliegt. In diesem Falle werden jedoch für Aktien oder Anteile, die zu einem den Nennwert übersteigenden Preise ausgegeben worden sind, die sechs Hundertstel von dem Kapitale berechnet, das der Gesellschaft als Einzahlung auf ihre Aktien oder Anteile tatsächlich zugeflossen ist.

Hat sich das eingezahlte Grund- oder Stammkapital einer Gesellschaft während der Kriegsgeschäftsjahre vermehrt, so ist für die Zeit nach der Vermehrung dem durchschnittlichen früheren Geschäftsgewinn ein Betrag von sechs vom Hundert jährlich der der Gesellschaft durch die Neueinzahlungen tatsächlich zugeflossenen Kapitalbetrags hinzuzurechnen."

Der Geschäftsgewinn von **fünf** den Kriegsgeschäftsjahren vorangegangenen **(Friedens-)Geschäftsjahren** ist also zur Ermittlung des maßgebenden Friedensgeschäftsgewinnes heranzuziehen. **Kriegsgeschäftsjahre** sind (nach § 16 Kriegssteuergesetz alter Fassung) die drei aufeinanderfolgenden Geschäftsjahre, deren erstes noch den Monat August 1914 mitumfaßt oder bei einer später gegründeten Gesellschaft mit umfassen würde, wenn sie damals schon bestanden hätte. Das letzte Friedensgeschäftsjahr ist also das, das spätestens mit dem 31. Juli 1914 abschließt. Dieses Geschäftsjahr und die ihm vorangehenden 4 Jahre sind die für die Durchschnittsberechnung heranzuziehenden Zeitabschnitte. Besteht eine Gesellschaft **noch nicht so lange**, um fünf Friedensjahre nachweisen zu können, so ist der durchschnittliche Geschäftsgewinn nach dem Ergebnisse der kürzeren Zeit, für die Jahresabschlüsse vorliegen, zu berechnen. Danach würde eine Gesellschaft, die so lange besteht, daß sie vier Friedensgeschäftsjahre nachweisen kann, den Durchschnitt dieser vier Jahre festzustellen haben. Eine Gesellschaft, die so lange besteht, daß sie $3^1/_2$ Friedensgeschäftsjahre nachweisen kann, würde den Durchschnitt von $3^1/_2$ Jahren festzustellen haben. Mindestens muß der Abschluß eines satzungsmäßigen Geschäftsjahres vorliegen. Dieses braucht aber **nicht notwendig volle 12 Monate** zu umfassen. Liegt ein volles Geschäftsjahr vor den Kriegsgeschäftsjahren nicht vor, so wird als früherer Durchschnittsgewinn ein **Mindestbetrag von 6 v. H.** des eingezahlten Kapitals angenommen. Ist z. B. eine

Gesellschaft mit 1 Mill. *M* Grundkapital, deren Geschäftsjahr das Kalenderjahr ist, am 1. April 1913 gegründet worden, so wird das Ergebnis der ersten, unvollständigen, nur neun Monate umfassenden Geschäftsjahres nicht ohne weiteres zugrunde gelegt, sondern nach Abs. 4 § 17 wird zunächst als durchschnittlicher Geschäftsgewinn der Betrag von 6 v. H. auf 1 Mill. *M* (bei Ausgabe der Aktien zu pari) = 60000 *M* angenommen. Hat aber die Gesellschaft nach dem Abschluß des ersten neunmonatigen Geschäftsjahres bereits einen Gewinn von angenommen 90000 *M* erzielt, so wäre als Friedensdurchschnittsgewinn 120000 *M* ($^3/_4$ = 90000 *M*, $^4/_4$ = 120000 *M*) anzunehemn. Würde man in diesem Falle nur 60000 *M* gelten lassen, so würde das eine Unbilligkeit gegen die Gesellschaft bedeuten. Darum soll der „fiktive Durchschnittsgewinn" von 6 v. H. des eingezahlten Kapitals nur als „Mindestbetrag" angesehen werden.

Liegt der Abschluß eines vollen Normalgeschäftsjahres vor dem ersten Kriegsgeschäftsjahr bereits vor, so findet das noch in den fünfjährigen Zeitraum fallende etwaige vorangegangene **kürzere Geschäftsjahr** ohne weiteres nach Abs. 1 Berücksichtigung, d. h. eine am 1. April 1912 gegründete Gesellschaft, deren Geschäftsjahr das Kalenderjahr ist, kann den Durchschnittsgewinn nach dem Erträgnis einer Periode von $1^3/_4$ Jahren berechnen. Ist in dem ersten, neun Monate umfassenden Geschäftsjahr ein Gewinn von 54000 *M* und in dem zweiten Geschäftsjahr ein Gewinn von 90000 *M* erzielt worden, so beträgt der Durchschnittsgewinn 81000 *M*.

Wenn zur Fortführung desselben Unternehmens eine Gesellschaft der im § 13 des (alten) Kriegssteuergesetzes (s. oben S. 102 ff.) bezeichneten Art in eine andere Gesellschaft der im § 13 bezeichneten Art umgewandelt worden ist (z. B. **Umwandlung einer Gesellschaft m. b. H. in eine Aktiengesellschaft**), so sind für die Feststellung des Durchschnittsgewinns die Ergebnisse der Gesellschaft in der früheren Rechtsform mit zu berücksichtigen. Die Worte im Text des § 17 Abs. 1 Satz 2: „Besteht eine Gesellschaft" sind also auszulegen: „Besteht eine Gesellschaft, wenn auch nicht in der gleichen Form, so doch in einer der im § 13 bezeichneten Formen." Hat innerhalb der fünf den Kriegsgeschäftsjahren vorangegangenen Geschäftsjahre eine **Vermehrung des eingezahlten Grund- oder Stammkapitals** stattgefunden, so wird dem Geschäftsgewinn für die vor der Vermehrung liegende Zeit ein Betrag von sechs v. H. jährlich des der Gesellschaft durch die Neueinzahlungen tatsächlich zugeflossenen Kapitalbetrages zugerechnet (§ 17 Abs. 2). Beispiel: Eine Gesellschaft, deren Geschäftsjahr das Kalenderjahr ist, hat im ersten Friedensgeschäftsjahr 1 Mill. ℳ Kapital gehabt, im zweiten, sowie in der ersten Hälfte des dritten $1^{1}/_{2}$ Mill. ℳ Kapital, in der zweiten Hälfte des dritten und im vierten Geschäftsjahre $2^{1}/_{2}$ Mill. ℳ Kapital und im fünften Geschäftsjahr 4 Mill. ℳ Kapital. Ihre Geschäftsgewinne beliefen sich

im ersten Geschäftsjahre	(1909)	auf . . .	70000	ℳ
„ zweiten „	(1910)	„	95000	„
„ dritten „	(1911)	„	110000	„
„ vierten „	(1912)	„	150000	„
„ fünften „	(1913)	„ . .	300000	„

Sind die jungen Aktien jeweilig zum Nennwert ausgegeben worden, so würden hinzuzurechnen sein:

dem Geschäftsgewinn für 1909 6% auf 3 Mill. ℳ Kapital	= 180000	ℳ
dem Geschäftsgewinn für 1910 6% auf $2^{1}/_{2}$ Mill. ℳ Kapital	= 150000	„
dem Geschäftsgewinn für 1911 6% für ein halbes Jahr auf $2^{1}/_{2}$ Mill. ℳ = 75000 ℳ und 6% für ein halbes Jahr auf $1^{1}/_{2}$ Mill. ℳ = 45000 ℳ, zusammen	120000	„
dem Geschäftsgewinn für 1912 6% auf $1^{1}/_{2}$ Mill. ℳ =	90000	„
dem Geschäftsgewinn für 1913 nichts.		

Es steigt mithin der Gewinn für	1909	auf	250000	„
„ „ „ „ „ „	1910	„	245000	„
„ „ „ „ „ „	1911	„	230000	„
„ „ „ „ „ „	1912	„	240000	„
Unverändert bleibt der „ „	1913	mit . . .	300000	„

Für die Berechnung des Durchschnittsgewinnes scheiden die Jahre 1911 und 1913 aus. Die Jahre 1909, 1910, 1912 ergeben im Durchschnitt 245000 ℳ.

Hat sich das eingezahlte **Grund- oder Stammkapital** einer Gesellschaft während der Kriegsgeschäftsjahre **vermehrt**, so ist für die Zeit nach der Vermehrung dem durchschnittlichen früheren Geschäftsgewinn ein Betrag von 6 v. H. jährlich das der Gesellschaft durch die Neueinzahlungen tatsächlich zugeflossenen Kapitalbetrages hinzuzurechnen. Beispiel: Die in dem vorigen Beispiel genannte Gesellschaft hat im Jahre 1914 — dem ersten Kriegsgeschäftsjahre — ihr Kapital unverändert mit 4 Mill. ℳ behalten, im Jahre 1915 und 1916 hat sie aber mit 6 Mill. ℳ Kapital gearbeitet, und zwar wurden die 2 Mill. ℳ neue Aktien mit 155 v. H. ausgegeben, so daß der Gesellschaft nach Abzug der Ausgabespesen 3 Mill. ℳ bar zuflossen. Der Kriegsgeschäftsgewinn für 1914 betrug 500000 ℳ, der für 1915 800000 ℳ, der für 1916 900000 ℳ. Der Mehrgewinn für das erste Kriegsgeschäftsjahr berechnet sich danach wie folgt:

Kriegsgeschäftsgewinn (1914)	500000 ℳ
Durchschnittlicher Friedensgeschäftsgewinn (s. oben)	245000 „
Mehrgewinn	255000 ℳ

Für das zweite Kriegsgeschäftsjahr berechnet sich der Mehrgewinn folgendermaßen:

Kriegsgeschäftsjahr (1915)		800000 ℳ
Durchschnittlicher Friedensgeschäftsgewinn, oben ermittelt mit	245000 ℳ	
zuzüglich 6% auf 3 Mill. ℳ . .	180000 „	425000 „
Mehrgewinn		375000 ℳ

Für das dritte Kriegsgeschäftsjahr berechnet sich der Mehrgewinn folgendermaßen:

Kriegsgeschäftsjahr (1916)	900000 ℳ
Durchschnittsfriedensgewinn wie vorstehend. .	425000 „
Mehrgewinn	475000 ℳ

Für Kapitalsvermehrungen innerhalb des vierten Kriegsgeschäftsjahres (§ 23) gelten entsprechende Grundsätze.

Ist im Durchschnitt der Friedensgeschäftsjahre **kein oder** ein hinter dem angenommenen (fiktiven) Mindestgewinn **zurückbleibender Geschäftsgewinn** erzielt (§ 17 Abs. 4 Kriegssteuergesetz), so wird zur Ermittlung des steuerpflichtigen Mehrgewinns als früherer (fiktiver) Durchschnittsgewinn ein Betrag von 6 v. H. des eingezahlten Grund- oder Stammkapitals angenommen zuzüglich des Mehrbetrages, der zur Verteilung einer etwaigen höheren Vorzugsdividende für bevorrechtigte Aktien notwendig gewesen wäre. Beispiel: Eine Aktiengesellschaft, deren Grundkapital aus 2 Mill. ℳ voll eingezahlter Stammaktien und 1 Mill. ℳ voll eingezahlter 7proz. Vorzugsaktien besteht, hat im Durchschnitt der Friedensgeschäftsjahre einen Geschäftsgewinn in Höhe von 100000 ℳ erzielt. Da der Betrag von 100000 ℳ keine Verzinsung von 6 v. H. des Grundkapitals darstellt, als früherer Durchschnittsgewinn aber mindestens eine solche Verzinsung angenommen wird, zuzüglich des Mehrbetrages, der zur Verteilung der höheren festen Dividende auf Vorzugsaktien erforderlich ist, so muß die Berechnung des „Durchschnitts" und des Mehrgewinns wie folgt vorgenommen werden:

(angenommener) Durchschnittsgewinn auf 3 Mill. *M* Grundkapital zu 6 v. H.	180000 *M*
auf 1 Mill. *M* Vorzugsaktien (7 — 6 =) 1 v. H.	10000 „
	190000 *M*

Dem wird für die Kriegsabgabe der Gewinn des vierten Kriegsgeschäftsjahres gegenübergestellt, woraus sich der steuerpflichtige Mehrgewinn ergibt.

Das **Grundkapital einer Berggewerkschaft** oder einer Bergbau treibenden Vereinigung wird wie folgt berechnet: Erwerbspreis plus Anlage- und Erweiterungskosten minus durch Schuldaufnahme gedeckter Aufwand hierfür. Bei den **eingetragenen Genossenschaften** tritt an Stelle des Grundkapitals die Summe der eingezahlten Genossenanteile.[1])

Liegt ein volles Geschäftsjahr vor den Kriegsgeschäftsjahren nicht vor, so wird zur Berechnung des Mehrgewinns gleichfalls der Betrag von 6 v. H. des Grundkapitals als Durchschnittsgewinn zugrunde gelegt. In diesem Falle werden jedoch für Aktien und Anteile, die zu einem den Nennbetrag übersteigenden Preise ausgegeben worden sind, die 6 Hundertstel von **dem Kapital** berechnet, das der Gesellschaft als Einzahlung auf ihre Aktien oder Anteile **tatsächlich zugeflossen** ist. Das heißt also: sind 3 Mill. *M* Aktien zu 130 v. H. ausgegeben und ist von der Gesellschaft eine Summe von 3900000 *M* vereinnahmt worden, so gilt als Mindestbetrag der Betrag von 234000 *M*.

Ist eine Gesellschaft im Laufe des vor dem ersten Kriegsgeschäftsjahre liegenden Jahres gegründet worden, so wird nach § 24 der Ausführungsbestimmungen zum (alten) Kriegssteuergesetz der im § 17 Abs. 4 des Gesetzes vorgesehene Mindestbetrag als Friedensgewinn nur dann zugrunde gelegt, wenn der in dem ersten Geschäftsjahr erzielte Geschäftsgewinn auf ein volles Jahr umgerechnet keinen höheren Betrag ergibt.

Bei Kapitalveränderungen, die dadurch entstehen, daß eine (subjektiv) steuerpflichtige Gesellschaft in die **Form einer andern steuerpflichtigen Gesellschaft übergeführt** wird (Umwandlung in

[1]) Zu unterscheiden von den Geschäftsguthaben der Genossen.

Aktiengesellschaften), finden die vorstehend dargelegten Grundsätze sinngemäß Anwendung. Die Ergebnisse der Gesellschaft in der früheren Form sind zu berücksichtigen. Das gleiche gilt bei **Verschmelzungen (Fusionen)** wenn damit eine Kapitalvermehrung der aufnehmenden Gesellschaft verbunden ist. Soweit hierbei Sacheinlagen und deren Verwertung (Grundstücke, Maschinen usw. als Gegenwert für neue Aktien) in Frage kommt, bestimmt § 21 Abs. 3 der Ausführungsbestimmungen zum Abgabegesetz. Bei der Feststellung des der Gesellschaft tatsächlich zugeflossenen Kapitalbetrages sind **Sacheinlagen** nach ihrem gemeinen Wert anzusetzen. Gemeiner Wert ist der Verkaufswert, der im Geschäftsverkehr für Gegenstände gleicher Art und Güte erzielt wird.

Eine in **Liquidation befindliche Gesellschaft** wird, soweit sie noch regelmäßig im Erwerbsleben tätig ist, für etwaige Mehrgewinne, die sie gegenüber der Friedenszeit erzielt, genau so steuerpflichtig, wie andere Gesellschaften. Sie ist verpflichtet, die Rücklage zu bilden und die Kriegsabgabe zu zahlen. Besitzt z. B. eine in Liquidation befindliche Gesellschaft Hausgrundstücke, die sie während der Kriegszeit in besonders vorteilhafter Weise vermietet hat, so können steuerpflichtige Mehrgewinne entstanden sein. Wenn jedoch die Voraussetzungen der erwerbenden Gesellschaft fehlen, wird von Mehrgewinn im Sinne des Gesetzes nicht die Rede sein können. Gelingt es einer Liquidationsgesellschaft z. B., alte, vordem gar nicht oder schlecht verkäufliche Werte abzustoßen, Forderungen zu realisieren usw., so ist der hierdurch etwa unerwartet eintretende Gewinn, d. h. Überschuß über die bilanzmäßige Bewertung der betreffenden Aktiven in der Liquidationsbilanz nicht als Geschäftsgewinn im Sinne des Gesetzes anzusehen. Anders wenn die Gesellschaft etwa wieder in das Erwerbsleben eintritt. In solchen Fällen, wie überhaupt bei Fortsetzung einer auf den Erwerb gerichteten Tätigkeit wird neben der Liquidationsbilanz eine Steuerbilanz aufzumachen sein. Tritt eine Gesellschaft **während der Kriegsgeschäftsjahre in Liquidation,** so ist die etwa vordem gebildete Sonderrücklage der freien Verfügung der Liquidatoren entzogen. Die Rücklage darf an die Gesellschafter nicht verteilt werden, auch wenn die Gläubigerschutzvorschriften die Ausschüttung des übrigen Vermögens gestatten würden; denn die Auflösung der Gesellschaft hat nicht den Wegfall der Steuerpflicht für etwa schon erzielten Mehrgewinn zur Folge.

Gerät eine subjektiv kriegssteuerpflichtige Gesellschaft während des vierten Kriegsgeschäftsjahres in **Konkurs,** so wird bei ihr eine objektive Steuerpflicht mangels Mehrgewinnes der Regel nach nicht in Betracht kommen; im übrigen würde steuerlich dieselbe Behandlung wie bei Liquidationsgesellschaften eintreten müssen. Nach Aufhören des Geschäftsbetriebs erlischt sowohl im Liquidations- wie im Konkursfalle die subjektive Steuerpflicht.

§ 23

Als viertes Kriegsgeschäftsjahr gilt das Geschäftsjahr, das auf den durch den § 15 des Kriegssteuergesetzes vom 21. Juni 1916 erfaßten Zeitraum folgt.

Abgesehen von den Fällen der Neugründung oder der Auflösung einer Gesellschaft muß das vierte Kriegsgeschäftsjahr einen Zeitraum von mindestens zwölf Monaten umfassen. Ein beim Ablauf der zwölf Monate noch laufendes Geschäftsjahr ist voll zu berücksichtigen, es sei denn, daß für den Zeitpunkt des Ablaufs der zwölf Monate ein Geschäftsabschluß gemacht wird.

Erläuterungen:

Als **viertes Kriegsgeschäftsjahr** gilt das auf die drei ersten Kriegsgeschäftsjahre (nach § 25 des alten Kriegssteuergesetzes) zunächst folgende Geschäftsjahr. Nach § 15 Kriegssteuergesetz alter Fassung gelten als Kriegsgeschäftsjahre die drei aufeinanderfolgenden Geschäftsjahre, deren erstes noch den Monat August 1914 mitumfaßt oder bei einer später gegründeten Gesellschaft mitumfassen würde, wenn sie damals schon bestanden hätte. Für das erste Kriegsgeschäftsjahr, aus dem sich die folgenden berechnen lassen, gilt folgende Übersicht:

Wenn das Geschäftsjahr		
vom 1. 1.—31. 12.	läuft, so gilt als erstes Kriegsjahr	1. 1. 1914—31. 12. 1914
„ 1. 2.—31. 1.	„ „ „ „ „ „	1. 2. 1914—31. 1. 1915
„ 1. 3.—28. 2.	„ „ „ „ „ „	1. 3. 1914—28. 2. 1915
„ 1. 4.—31. 3.	„ „ „ „ „ „	1. 4. 1914—31. 3. 1915
„ 1. 5.—30. 4.	„ „ „ „ „ „	1. 5. 1914—30. 4. 1915
„ 1. 6.—31. 5.	„ „ „ „ „ „	1. 6. 1914—31. 5. 1915
„ 1. 7.—30. 6.	„ „ „ „ „ „	1. 7. 1914—30. 6. 1915
„ 1. 8.—31. 7.	„ „ „ „ „ „	1. 8. 1914—31. 7. 1915
„ 1. 9.—31. 8.	„ „ „ „ „ „	1. 9. 1913—31. 8. 1914
„ 1. 10.—30. 9.	„ „ „ „ „ „	1. 10. 1913—30. 9. 1914
„ 1. 11.—31. 10.	„ „ „ „ „ „	1. 11. 1913—31. 10. 1914
„ 1. 12.—30. 11.	„ „ „ „ „ „	1. 12. 1913—30. 11. 1914

Als viertes Geschäftsjahr gilt mithin, wenn das Geschäftsjahr mit dem 31. August schließt, die Zeit vom 1. September 1916 bis 31. August 1917. Endet das Geschäftsjahr mit dem 31. Juli, so läuft das vierte Geschäftsjahr vom 1. August 1917 bis 31. Juli 1918. Das vierte Kriegsgeschäftsjahr war bei Inkrafttreten des Kriegsabgabegesetzes für alle steuerpflichtigen Gesellschaften schon abgelaufen. Die Ermittlung des steuerpflichtigen Mehrgewinnes erfolgt nach § 21 durch Gegenüberstellung des Friedensgewinnes (§ 22) und des im vierten Kriegsgeschäftsjahre erzielten Geschäftsgewinnes (s. § 24 und Erläuterungen dazu).

Das vierte Kriegsgeschäftsjahr muß sich **unmittelbar an das dritte anschließen;** es muß mindestens zwölf Monate umfassen, kann also länger, darf aber nicht kürzer sein als ein Kalenderjahr. Bei einer Änderung des Geschäftsjahres im Laufe der auf das dritte Kriegsgeschäftsjahr folgenden zwölf Monate kann sich zwischen das neue volle Geschäftsjahr ein Übergangs- oder Rumpfgeschäftsjahr von kürzerer Dauer einschieben. Ändert z. B. eine Gesellschaft, deren Geschäftsjahr vom 1. Juli bis 30. Juni läuft, nach Ablauf ihres dritten Kriegsgeschäftsjahres ihr Geschäftsjahr dahin, daß es künftig vom 1. Januar bis zum 31. Dezember laufen soll, so entsteht eine sechsmonatige Übergangszeit oder ein Zwischengeschäftsjahr von sechs Monaten. Für diesen Fall gilt die Vorschrift des zweiten Satzes im Abs. 2 des vorliegenden § 23, wonach das nach Ablauf der zwölf Monate (seit dem Ende des dritten Kriegsgeschäftsjahres) noch laufende Geschäftsjahr **voll gerechnet** werden soll. Das bedeutet: Es findet eine Zusammenrechnung des Zwischengeschäftsjahres und des neuen vollen Geschäftsjahres statt. Diese Zusammenrechnung erfolgte nicht in dem Falle, daß „für den Zeitpunkt des Ablaufs der zwölf Monate ein Geschäftsabschluß gemacht wird", d. h. für die Steuer eine besondere Bilanz aufgestellt wird. Dieser Unbequemlichkeit werden sich die Gesellschaften wohl in allen den Fällen unterziehen, wo der zusammengerechnete Gewinn des Übergangs- und des vollen Geschäftsjahres höher zu werden verspricht, als der Gewinn nach zwölf Monaten seit Ablauf des dritten Kriegsgeschäftsjahres.

Wird eine Gesellschaft innerhalb des vierten Geschäftsjahres **aufgelöst**[1]) oder wird sie innerhalb eines Zeitraumes, der für sie

[1]) Der bloße Eintritt der Liquidation genügt nicht; es muß sich um eine Auflösung unter Einstellung des Geschäftsbetriebes handeln.

das vierte Kriegsgeschäftsjahr wäre, **gegründet,** so wird für die Berechnung des Mehrgewinnes der hinter dem vollen Jahre zurückbleibende kürzere Zeitraum berücksichtigt. Wird also eine Gesellschaft mit einem Geschäftsjahr vom 1. Oktober bis 30. September am 1. Februar 1917 gegründet, so gilt für sie als viertes Kriegsgeschäftsjahr die Zeit vom 1. Februar bis 30. September (falls nicht in den Satzungen für das erste Geschäftsjahr nach der Gründung ein anderer, längerer Zeitraum vorgesehen ist). Der Friedensgewinn wird in diesen Fällen nach § 17 Abs. 4 des alten Kriegssteuergesetzes (s. Erläut. S. 109) mit mindestens 6 v. H. zuzüglich des Mehrbetrages für etwaige höher dividendenberechtigte Vorzugsaktien berechnet.

Geschäftsjahre, die **länger als zwölf Monate** laufen, sind bei Vollkaufleuten nach § 23 Abs. 2 unzulässig. Bei Aktiengesellschaften, Aktienkommanditgesellschaften und Gesellschaften m. b. H. kommt mithin ein Geschäftsjahr, dessen Dauer zwölf Monate übersteigt, nicht in Frage. Wenn sonst einmal ein solches längeres Geschäftsjahr bei steuerpflichtigen Gesellschaften eingeführt sein sollte, so ist, mangels einer abweichenden Gesetzesbestimmung, das ganze Geschäftsjahr als viertes Geschäftsjahr anzusehen. Es ist aber, ebenso wie im Falle eines kürzeren Geschäftsjahres (s. oben) zugelassen, eine Zwischenbilanz zu Steuerzwecken für den Zeitraum von zwölf Monaten zu errichten. Dagegen findet keine entsprechende Erhöhung des zum Vergleich heranzuziehenden Friedensgewinnes statt, wenn das volle längere Geschäftsjahr zum Vergleich gestellt wird. Andererseits erfolgt eine Ermäßigung des Friedensgewinnes, wenn das vierte Kriegsgeschäftsjahr nach der Bestimmung im Abs. 2 des vorliegenden Paragraphen nicht volle zwölf Monate umlaßt. Für diesen Fall gilt nämlich die Vorschrift des § 26 Abs. 2, wonach bei kürzeren Geschäftsjahren im Falle der Auflösung oder Neugründung einer Gesellschaft für die Berechnung des Mehrgewinns der Gewinn dieses Geschäftsjahres mit einem verhältnismäßigen Teilbetrage des Friedensgewinns verglichen wird (s. Erläut. zu § 26).

§ 24

Der Geschäftsgewinn des vierten Kriegsgeschäftsjahres ist nach den Vorschriften der §§ 16, 18 des Kriegssteuergesetzes vom 21. Juni 1916 und des § 22 Abs. 2 und 3 dieses Gesetzes zu berechnen.

Die Sonderrücklage und die Kriegssteuer dürfen von dem

Geschäftsgewinn eines Kriegsgeschäftsjahres nicht abgesetzt werden. Beträge einer frei gewordenen Sonderrücklage aus einem früheren Kriegsgeschäftsjahre, die den Bilanzgewinn erhöht haben, sind vom Geschäftsgewinne für die Zwecke der Kriegssteuerberechnung abzuziehen.

Ist eine Gesellschaft mit einer Unterbilanz in das vierte Kriegsgeschäftsjahr eingetreten, so können die zur Beseitigung der Unterbilanz erforderlichen Beträge von dem Geschäftsgewinne dieses Geschäftsjahrs abgesetzt werden.

Erläuterungen:

Der Kriegsgeschäftsgewinn wird grundsätzlich ebenso **berechnet** wie der Friedensgeschäftsgewinn. Der § 16 des (alten) Kriegssteuergesetzes, der in den Erläuterungen zu § 22 eingehend behandelt ist, bildet auch hier die Grundlage. Der Gewinn ist der „nach den gesetzlichen Vorschriften und den Grundsätzen ordnungsmäßiger kaufmännischer Buchführung berechnete Bilanzgewinn. Nach der ausdrücklichen Bestimmung des § 24 Abs. 2 der Ausführungsbestimmungen zum Kriegsabgabegesetz (vgl. auch § 23 Abs. 2 der Ausführungsbestimmungen zum alten Kriegssteuergesetz, s. oben S. 119) dürfen für die Berechnung des im vierten Kriegsgeschäftsjahre erzielten Geschäftsgewinnes Vermögensgegenstände, die in diesem Jahre veräußert worden sind, anstatt mit dem Buchwert der letzten Friedensbilanz mit dem wirklichen Wert angesetzt werden, den sie zur Zeit der Aufstellung der letzten Friedensbilanz, jedoch zu keinem späteren Zeitpunkt als am 30. Juni 1914 gehabt haben. Es darf somit der Unterschied zwischen dem Buchwert und dem wirklichen Werte mit dem die Gegenstände in die Bilanz **hätten eingesetzt werden können**, von dem Geschäftsgewinne des vierten Kriegsgeschäftsjahres abgesetzt werden. Als Veräußerung im Sinne dieser Vorschrift gilt jedoch nicht die Veräußerung durch Tausch, Fusion oder einen ähnlichen Rechtsvorgang.

Zweifelhaft kann sein, ob der für einen im vierten Geschäftsjahre **untergegangenen Vermögenswert** von einem Versicherungsunternehmen geleistete Ersatz, falls dieser den Buchwert übersteigt, als Geschäftsgewinn zu gelten hat oder nicht. Eine Berücksichtigung des wirklichen Wertes des untergegangenen Gegenstandes in Gemäßheit der im vorigen Absatz erörterten Ausführungsvorschrift dürfte nicht angängig sein. Bleibt danach ein Buchgewinn, so beruht dieser auf einer zu starken Abschreibung des in Betracht kommenden Wertes. Es fragt sich daher im Einzelfalle, ob eine Berichtigung der betreffenden früheren Bilanzen durch Zurückführung des Gegenstandes auf seinen wirklichen Wert zulässig sein wird; solche Berichtigungen können, wie auf S. 116 dargelegt, unter Umständen stattfinden, so daß alsdann der Buchgewinn verschwindet. Bleibt er aber mangels einer Berichtigung bestehen, so muß er als Teil des steuerpflichtigen Geschäftsgewinnes gelten.

Der neben dem § 16 des (alten) Kriegssteuergesetzes für anwendbar erklärte § 18 dieses Gesetzes enthält eine **Steuervergünstigung** für den Fall des Vorliegens sog. **Schachtelgesellschaften.** Der § 18 besagt: Gesellschaften, die mehr als ein Fünftel aller Aktien oder Anteile einer anderen Gesellschaft der im § 13 bezeichneten Art (d. h. der subjektiv steuerpflichtigen Gesellschaften) besitzen, dürfen von dem Geschäftsgewinn eines Kriegsgeschäftsjahres die Mehreinnahme aus diesen Aktien oder Anteilen absetzen. Als Mehreinnahme gilt der anteilige Betrag, der von der andern Gesellschaft (Tochtergesellschaft) über den Durchschnitt der nach § 17 Abs. 1 in Betracht kommenden Jahre hinaus, oder, wenn die Gesellschaft noch kein volles Jahr vor den Kriegsgeschäftsjahren bestanden hat, über eine fünfprozentige Dividende oder Ausbeute hinaus in einem Kriegsgeschäftsjahr als Dividende oder Ausbeute verteilt hat.

Die Vorschrift bezweckt die **Vermeidung der Doppelbesteuerung,** die in einer vollen Heranziehung von Mutter- und Tochtergesellschaften zur Kriegssteuer liegen würde. Voraussetzung der Steuermilderung ist, daß beide Gesellschaften (oder alle, bei mehrfachen Schachtelungen) zu den in § 13 des (alten) Kriegssteuergesetzes aufgeführten gehören, also subjektiv steuerpflichtig sind (s. § 20 des Abgabegesetzes), sowie, daß die eine Gesellschaft von den Aktien oder Anteilen der andern mehr als den fünften Teil besitzt. Ist das der Fall, so darf die Muttergesellschaft von dem Gewinn eines Kriegsgeschäftsjahres (des vierten wie jedes vorangegangenen) die Mehreinnahmen aus ihrem Besitz an Aktien oder Anteilen der Tochtergesellschaft absetzen. Als Mehreinnahme gilt der *anteilige* Betrag, der von der Tochtergesellschaft über den Durchschnitt der nach § 17 Abs. 1 des Gesetzes in Betracht kommenden Jahre hinaus oder, wenn die Gesellschaft noch kein volles Jahr vor den Kriegsgeschäftsjahren bestanden hat, über eine fünfprozentige Dividende oder Ausbeute hinaus in einem Kriegsgeschäftsjahr als Dividende oder Ausbeute verteilt worden ist. Beispiel: Die Gesellschaft Müller in Hamburg hat in den fünf letzten Friedensgeschäftsjahren folgende Gewinne ausgeschüttet: 1909: 220000 *M*, 1910: 180000 *M*, 1911: 200000 *M*, 1912: 200000 *M*, 1913: 200000 *M*. Nach § 17 Abs. 1 des (alten) Kriegssteuergesetzes scheiden die beiden Geschäftsjahre mit dem günstigsten und dem ungünstigsten Ergebnis für die Durchschnittsberechnung aus. Das sind im vorliegenden Falle die Jahre 1909 und 1910. Die Gesellschaft Müller hat also im Durchschnitt der Friedensjahre 200000 *M* ausgeschüttet. Beläuft sich ihre Ausschüttung im vierten Kriegsgeschäftsjahr auf 365000 *M*, so würde die Muttergesellschaft Schultz & Co. in Berlin, in deren Besitz sich sämtliche Anteile der Gesellschaft Müller befinden, von dem Ergebnis des vierten Kriegsgeschäftsjahrs 165000 *M* zur Berechnung des eigenen steuerpflichtigen Mehrgewinns absetzen dürfen. Würde die Aktiengesellschaft Schultz & Co. nur die Hälfte der Anteile der Gesellschaft Müller besitzen, so würde sie nur 82500 *M* für jedes Kriegsgeschäftsjahr absetzen dürfen.

Aus welchem Geschäftsjahr der der Muttergesellschaft in deren viertem Kriegsgeschäftsjahr zugeflossene Gewinn der Tochtergesellschaft stammt, kommt für die Anwendung der Vorschrift nicht in Betracht. **Jeder** während des vierten Kriegsgeschäftsjahres der Muttergesellschaft dieser aus den Erträgen (als Dividende, Gewinnanteil od. dgl.) **zugeflossene Betrag** gibt das Minderungsrecht für die Steuer. Die effektive Auszahlung braucht noch nicht erfolgt zu sein, es genügt, wenn der Anspruch der Muttergesellschaft während des vierten Kriegsgeschäftsjahres entstanden ist (z. B. die Generalversammlung der Tochtergesellschaft die Dividende festgesetzt hat).

Für die Feststellung des steuerpflichtigen Mehrgewinns ist die Vorschrift im Abs. 2 des vorliegenden § 24 von besonderer Bedeutung; danach ist **verboten**, die **Sonderrücklage** (Kriegssteuerreserve) und die gezahlte oder geschuldete Kriegssteuer selber von dem Geschäftsgewinn eines Kriegsgeschäftsjahres **abzusetzen**. Die Vorschrift setzt also die Kriegssteuerpflicht der Sonderrücklage und der Kriegssteuer selber fest. Die Sonderrücklage ist sowohl die auf dem Gesetz über vorbereitende Maßnahmen zur Besteuerung der Kriegsgewinne (vom 24. Dezember 1915) beruhende, als auch die durch das Gesetz über die Sicherung der Kriegssteuer angeordnete Reserve. Schon vorher wurden beide Arten der (innerlich gleichartigen)

Kriegssteuerreserven in der Wissenschaft überwiegend und in der Praxis, soweit bekannt geworden, durchweg als nicht abzugsfähig erachtet; sie bilden einen Teil des steuerbaren Mehrgewinns. Anders verhielt es sich mit der Kriegssteuer selber, die von namhafter Seite, wenigstens was die Kriegssteuer der Gesellschaften angeht, als abzugsfähig in Anspruch genommen worden ist[1]). Das Abgabegesetz bestimmt ausdrücklich und ohne Beschränkung das Gegenteil.

Die Kriegssteuer darf ebensowenig wie die Sonderrücklage vom Geschäftsgewinn des Kriegsgeschäftsjahres abgesetzt werden. In der Begründung zum Entwurf führte die Regierung hierzu aus, daß das **Reich** in der Form der Kriegsabgabe gewissermaßen an dem **Mehrgewinn** eines Kriegsgeschäftsjahres **beteiligt** sei. Die Abgabe könne daher in keinem Falle zu den Geschäftsunkosten gerechnet und vom Jahresgewinn abgesetzt werden. Gegen diese „Beteiligungstheorie" und die Folgerungen daraus haben sich in der Öffentlichkeit zwar Bedenken erhoben; gegenüber der positiven Bestimmung in § 24 Abs. 2 Satz 1 müssen diese indes zurückgestellt und muß in der Praxis mit der Unabziehbarkeit der Kriegssteuer gerechnet werden[2]).

Der Reichstagsausschuß hat durch die im Entwurf nicht vorgesehene Einschaltung der Worte „eines Kriegsgeschäftsjahres" hinter „Geschäftsgewinn" zum Ausdruck bringen wollen, daß die Vorschrift über das Nichtabzugsrecht der Sonderrücklage und der Kriegssteuer nicht bloß für das vierte Kriegsgeschäftsjahr gilt, sondern sich auch auf die Feststellung des Geschäftsgewinnes **jedes vorangegangenen Kriegsgeschäftsjahres** bezieht, namentlich also auch des Dritten, in dem in vielen Fällen die vorläufig festgesetzte Abgabe (nach § 28 des [alten] Kriegssteuergesetzes) bezahlt worden sein dürfte. Ist von den Steuerbehörden vorher bei der Veranlagung nicht danach verfahren worden, so kommt unter Um-

[1]) So von Strutz mit der Begründung, daß die Kriegssteuern der Gesellschaften Betriebskosten (Werbungskosten) seien, die nach allgemeinen steuerlichen Grundsätzen den Geschäftsgewinn mindern. — Nimmt man die Steuerschuld schon zur Zeit der Vornahme der Rücklage als entstanden an, so käme dieser Zeitpunkt für das eventuelle Recht zum Abzug der Kriegssteuer in Frage. Vorherrschend wird jedoch der „konstitutive" Charakter der Steuerveranlagung anerkannt, so daß erst mit dieser die Schuld als entstanden gilt.

[2]) Über die Rückwirkung der Gesetzesvorschrift auf die Tantiemeberechnung s. S. 122. — Die Abzugsfähigkeit der Kriegssteuer der Gesellschaften bei der Einkommen- und Gewerbesteuer ist zu bejahen, wenn man sie (wie Strutz) als Realsteuer ansieht.

ständen eine Berichtigung des früheren Steuerbescheids in Betracht. — Die **Sonderrücklage** (Kriegssteuerreserve) **wird** ganz oder zum Teil **„frei“**, wenn die Kriegssteuerzahlung, deren Sicherung die Rücklage dienen soll, erfolgt ist (s. § 37 Abs. 2 und Erläuterungen dazu). Gleichgültig ist dabei, ob die Steuerzahlung aus der Reserve oder aus dem Geschäftsertrage entnommen ist. Ist nach erfolgter Zahlung der Steuer die Rücklage noch völlig oder teilweise vorhanden, so kann sie vom Geschäftsgewinne des Jahres, in dem die Steuerzahlung erfolgt ist und von dem die freigewordene Reserve einen Teil bildet, abgezogen werden. Würde man dieses Abzugsrecht nicht zulassen, so würde eine nochmalige Versteuerung der schon einmal versteuerten Rücklagebeträge erfolgen müssen, was der Billigkeit widerspräche.

Für das vierte Kriegsgeschäftsjahr findet **keine „gesonderte“ Gewinnberechnung** statt; vielmehr ist der Grundsatz des § 23 Abs. 1 Satz 2 der Ausführungsbestimmungen des (alten) Kriegssteuergesetzes in das Abgabengesetz übernommen worden, so daß auch nach diesem neuen Gesetz, bevor ein Gewinn (für das vierte Kriegsgeschäftsjahr) ausgewiesen wird, eine etwaige aus dem Vorjahr übernommene **Unterbilanz getilgt** werden darf. Damit gelangt auch steuerrechtlich die handelsgesetzliche Vorschrift zur Anerkennung, wonach ein Verlustvortrag zunächst aus dem Rohgewinn eines folgenden Jahres abgedeckt werden muß, ehe bilanzmäßig ein Reingewinn ausgewiesen werden kann. Von der Unterbilanz zu unterscheiden ist der „Mindergewinn“ (s. § 25 und Erläuterungen dazu). Die Unterbilanz bedeutet den Vortrag eines Verlustsaldos auf das nächste Geschäftsjahr. Mindergewinn heißt ein gegen frühere Gewinne (§§ 16, 17 altes Kriegssteuergesetz) zurückbleibender Jahresertrag.

§ 25

Sind die Geschäftsgewinne der früheren Kriegsgeschäftsjahre im Gesamtergebnisse hinter dem entsprechenden Betrage des Friedensgewinns zurückgeblieben, so darf der Mindergewinn von dem Mehrgewinne des vierten Kriegsgeschäftsjahrs abgezogen werden.

Erläuterungen:

Der Paragraph läßt in gewissen Fällen den **Ausgleich** eines im vierten Kriegsgeschäftsjahre erzielten **Mehrgewinnes mit** etwaigen **Mindergewinnen** der früheren Kriegsgeschäftsjahre (s. § 15 des alten Kriegssteuergesetzes) zu. Ein solcher Ausgleich soll dann zulässig sein, wenn die Summe der in den drei ersten Kriegsgeschäftsjahren erzielten Geschäftsgewinne hinter dem Dreifachen des Friedensgewinnes (§§ 16, 17 des alten Kriegssteuergesetzes) zurückgeblieben sind. Es genügt also nicht, daß die Gesellschaft in einem der drei dem vierten Kriegsgeschäftsjahr vorangegangenen Geschäftsjahre einen Mindergewinn gegen den Friedensgewinn ausweisen mußte. Folgendes Beispiel mag die Tragweite der Bestimmung des vorliegenden Paragraphen klarstellen: Eine Gesellschaft, deren Friedensgewinn 1200000 *M* beträgt, weist in den Kriegsgeschäftsjahren aus:

	Geschäftsgewinn	Mindergewinn
1. Kriegsgeschäftsjahr .	200000 *M*	1000000 *M*
2. „	800000 „	400000 „
3. „ . .	1200000 „	—
	Gesamtmindergewinn:	1400000 *M*

Wenn nun der Geschäftsgewinn des vierten Kriegsgeschäftsjahres 2500000 *M* beträgt, so ergibt sich folgende Rechnung:

Friedensgewinn	1000000 *M*
Geschäftsgewinn im 4. Kriegsgeschäftsjahr	2500000 „
Mehrgewinn im 4. Kriegsgeschäftsjahr:	1500000 *M*
Abzüglich des Mindergewinns der drei ersten Kriegsgeschäftsjahre	1400000 „
Abgabepflichtiger Mehrgewinn	100000 *M*

Dem Geschäftsgewinn der dem vierten Kriegsgeschäftsjahr vorangegangenen Kriegsgeschäftsjahre muß stets dem für eine „entsprechende Zeit“ zu berechnenden Friedensgewinn gegenübergestellt werden. Hat also eine steuerpflichtige Gesellschaft vor dem vierten Kriegsgeschäftsjahre nur zwei Geschäftsjahre lang bestanden, so ist nur das Zweifache des (nach § 17 Abs. 4 des [alten] Kriegssteuergesetzes zu ermittelnden) Friedensgewinnes dem Gesamtgewinn der Kriegsgeschäftsjahre gegenüberzustellen.

Die Ausgleichung eines im vierten Kriegsgeschäftsjahre eingetretenen **Mindergewinnes** mit einem früheren **Mehrgewinn** (vgl. § 14 Abs. 3 des alten Kriegssteuergesetzes) ist **nicht** zugelassen. Ein dahingehender Antrag wurde im Reichstagsausschuß abgelehnt, nachdem seitens der Regierung ausgeführt worden war, daß bei

Annahme des Antrags das Reich in den Fällen, in denen in den ersten drei Kriegsgeschäftsjahren ein Mehrgewinn, im vierten aber ein Mindergewinn vorhanden sei, die bezahlte Kriegssteuer wieder herauszahlen müsse. Das wäre ein Novum in der Finanzgesetzgebung und mit einem geordneten Staatshaushalt kaum verträglich. „Mit der Rückzahlung einer zu Recht bezahlten Steuer wird", so führte der Regierungsvertreter im Ausschuß aus, „auch kaum ein Steuerpflichtiger je gerechnet haben, wenigstens glaube er nicht, daß der Fiskus im Rufe einer derartigen Freigebigkeit stehe."[1])

Durch die Vorschrift des vorliegenden § 25 werden alle vier Kriegsgeschäftsjahre für den Sonderfall dieses Paragraphen zu einem einheitlichen Veranlagungszeitraum zusammengefaßt, wobei innerhalb dieses Zeitraums wiederum die drei ersten Jahre insgesamt dem vierten Jahr gegenübergestellt und abweichend behandelt sind. Namentlich weichen auch die Steuersätze für die drei ersten Kriegsgeschäftsjahre von denen für das vierte Jahr (§ 29) ab.

§ 26

Wird eine Gesellschaft vor Ablauf ihres vierten Kriegsgeschäftsjahrs aufgelöst, so bleibt die Abgabepflicht für die Zeit bis zur Auflösung der Gesellschaft bestehen.

Umfaßt im Falle der Neugründung oder der Auflösung einer Gesellschaft das vierte Kriegsgeschäftsjahr einen kürzeren Zeitraum als zwölf Monate, so wird für die Berechnung des Mehrgewinns der Gewinn dieses Geschäftsjahrs mit einem verhältnismäßigen Teilbetrage des Friedensgewinns verglichen.

Erläuterungen:

Als viertes Kriegsgeschäftsjahr gilt nach § 23 das Geschäftsjahr, das auf den Zeitraum, der die drei ersten Kriegsgeschäftsjahre nach altem Kriegssteuerrecht umfaßt, unmittelbar folgende. Der Mehrgewinn dieses vierten Kriegsgeschäftsjahres ist für steuerpflichtig erklärt (§ 20). Schon im § 23 ist gesagt, daß in den Fällen der Auflösung einer Gesellschaft das vierte Kriegsgeschäftsjahr **nicht volle zwölf Monate** zu umfassen braucht. Diese Vorschrift erhält durch den vorliegenden § 26 eine Ergänzung. Nach Abs. 1 soll nämlich,

---

[1]) Ausschußbericht S. 41 ff.

die Steuerpflicht einer Gesellschaft **nicht** deswegen **aufhören,** weil die Gesellschaft vor Ablauf des vierten Kriegsgeschäftsjahres aufgelöst wird; in diesem Falle soll vielmehr die Abgabepflicht „bis zur Auflösung der Gesellschaft" bestehen, d. h. die Gesellschaft muß ihren Geschäftsbeginn bis zum Tage der **Auflösung** berechnen, ihn dem verhältnismäßigen Teilbetrage des Friedensgewinnes gegenüberstellen und einen etwaigen Mehrgewinn nach dem Abgabegesetz versteuern.

Der § 26 versperrt also einer Form der **„Steuerflucht"** den Weg. Aber nur einer Form: Die Umwandlung einer steuerpflichtigen Gesellschaft in eine nichtsteuerpflichtige Gesellschaft wird nicht in allen Fällen getroffen, nämlich dann nicht, wenn der formelle Fortbestand der alten (steuerpflichtigen) Gesellschaft vorgesehen ist, der eigentliche Geschäftsbetrieb aber auf die neue, nicht steuerpflichtige (z. B. offene Handels-) Gesellschaft übergeführt wird. Beim völligen Aufgehen der steuerpflichtigen Gesellschaft in eine andere (steuerpflichtige oder nichtsteuerpflichtige) würde allerdings die aufnehmende Gesellschaft (nach §§ 304 Abs. 5, 306 HGB. und § 81 GmbHG.) als Rechtsnachfolgerin der aufgenommenen die von dieser zu entrichtende Steuer schulden.

Die Auflösung einer steuerpflichtigen Gesellschaft im Sinne des Abgabegesetzes tritt nicht schon mit dem bloßen Auflösungsbeschluß, seiner Eintragung im Handelsregister oder dem Beginn der Liquidation ein, sondern erst mit der tatsächlichen Einstellung des gesamten Geschäftsbetriebes. Auch ohne förmlichen Auflösungsbeschluß und ohne Liquidation kann die tatsächliche Auflösung im steuerlichen Sinne erfolgen. Keine Auflösung liegt vor, wenn alle Aktien einer Aktiengesellschaft oder sämtliche Anteile einer Gesellschaft m. b. H. in einer Hand vereinigt werden (sog. **Einmanngesellschaft**). Findet nach Abschluß einer Liquidation die Ausschüttung des Vermögens statt, so müssen für die Steuerschuld, falls diese noch nicht bezahlt ist, entsprechende Beträge zurückbehalten werden.

Der zweite Absatz des vorliegenden § 26 enthält eine Berechnungsvorschrift. Umfaßt nämlich im Falle der Auflösung oder Neugründung während des vierten Kriegsgeschäftsjahres dieses einen **kürzeren Zeitraum als zwölf Monate,** so soll für die Berechnung des steuerpflichtigen Mehrgewinnes der Gewinn des vierten Kriegsgeschäftsjahres nur mit einem **verhältnismäßigen Teilbetrage** des Friedensgewinnes verglichen werden. Der volle Friedensgewinn kann unter Umständen den Geschäftsgewinn des „abgekürzten" vierten Geschäftsjahres übertreffen oder ihm gleichkommen, so daß kein steuerpflichtiger Mehrgewinn in Erscheinung tritt; während bei verhältnismäßiger Minderung des Friedensgewinnes dann ein Mehrgewinn bleibt. Beispiel: Der Friedensgewinn beträgt 2 Mill. *M*, der Geschäftsgewinn einer nach Ablauf von neun Monaten des vierten Kriegsgeschäftsjahres aufgelösten Gesellschaft innerhalb dieser Zeit 1,8 Mill. *M*. Würde man beide Zahlen ohne Änderung gegenüberstellen, so ergäbe sich für das vierte Kriegsgeschäftsjahr ein Mindergewinn von 200000 *M*. Nach Abs. 2 des § 27 muß aber der Friedensgewinn um ein Viertel (entsprechend dem Kriegsgeschäftsgewinn von nur neun Monaten) gekürzt werden, so daß 1,8 Mill. *M* Kriegsgeschäftsgewinn einem Friedensgewinn von 1,5 Mill. *M* gegenüberzustellen sind; es ergibt sich dann ein steuerpflichtiger Mehrgewinn von 300000 *M*.

§ 27

§ 24 des Kriegssteuergesetzes vom 21. Juni 1916 oder Anordnungen auf Grund dieser Vorschrift finden für die Feststellung des abgabepflichtigen Mehrgewinns des vierten Kriegsgeschäftsjahrs Anwendung.

Hat der Bundesrat gemäß § 36 des Kriegssteuergesetzes vom 21. Juni 1916 eine anderweite Berechnung des Friedensgewinns genehmigt, so ist diese Berechnung auch der Feststellung des Mehrgewinns des vierten Kriegsgeschäftsjahrs zugrunde zu legen.

Erläuterungen:

Nach dem auf die Kriegsabgabe hier für anwendbar erklärten § 24 des (alten) Kriegssteuergesetzes kann der Reichskanzler zum Zwecke der **Vermeidung einer Doppelbesteuerung** durch das Reich und durch außerdeutsche Staaten mit Zustimmung des Bundesrats Anordnungen treffen, die von den gesetzlichen Vorschriften über die Feststellung des abgabepflichtigen Mehrgewinns abweichen. Diese Bestimmung sowie die auf Grund der Vorschrift getroffenen Anordnungen des Reichskanzlers finden für die Feststellung des abgabepflichtigen Mehrgewinns des vierten Kriegsgeschäftsjahres

Anwendung. Anordnungen der in Betracht kommenden Art können für den Einzelfall oder allgemein ergehen. Bisher sind allgemeine Anordnungen aber noch nicht getroffen worden[1]). In besonderen Fällen bleibt die Inanspruchnahme des „Härteparagraphen" (§ 40) offen.

Eine Doppelbesteuerung kann dadurch eintreten, daß im **Auslande befindliche Betriebe** deutscher Gesellschaften, deren Erträge der Kriegsabgabe mit unterliegen, auch nach dem Rechte der ausländischen Staaten zu einer besonderen Kriegssteuer herangezogen werden (außer Österreich und Ungarn haben u. a. auch Holland, Dänemark, Norwegen, Schweden besondere Kriegssteuern eingeführt). Dieselbe Gefahr der Doppelbesteuerung bestände für ausländische Gesellschaften, die im Inlande steuerpflichtig sind, wenn nach dem Kriegssteuerrecht ihrer Staaten auch der im deutschen Inlande befindliche Teil ihrer Betriebe — der nach deutschem Recht steuerpflichtig ist — mit der ausländischen Abgabepflicht belegt würde. Die für solche Fälle zu treffenden Anordnungen des Reichskanzlers können ohne Rücksicht auf die Vorschriften des Abgabegesetzes die Steuerpflicht regeln.

Nach § 36 des (alten) Kriegssteuergesetzes war es zulässig, daß der Bundesrat zur Vermeidung besonderer Härten auf Antrag eines Steuerpflichtigen **einzelne außerordentliche Vermögensanfälle** von der Abgabe **befreite** oder eine anderweite Berechnung des Vermögenszuwachses oder Mehrgewinnes bewilligte. War eine solche anderweite, dem Steuerpflichtigen günstigere (also höhere) Berechnung des Friedensgewinnes zugelassen, so soll dies für die neue Kriegsabgabe Gültigkeit behalten. Es handelte sich beim § 36 des (alten) Kriegssteuergesetzes um eine Milderungsbestimmung, die der Vorschrift im § 40 des Abgabegesetzes (Härteparagraph) an die Seite zu stellen ist. Die Milderung des § 36 trat nur auf Antrag des Steuerpflichtigen und ferner nur dann ein, wenn der Bundesrat sie zuließ. Das Besitzsteueramt konnte beim Vorliegen eines Milderungsantrages die Erhebung des entsprechenden Abgabebetrages vorläufig aussetzen. Dasselbe Recht hat das Besitzsteueramt nach § 31 der Ausführungsbestimmungen zum Abgabegesetz, wenn nach Ansicht des Amtes die Anwendung des § 40 gerechtfertigt ist. Danach muß eine entsprechende Befugnis

[1]) Bezüglich der Kriegsbesteuerungsgesetze Österreich-Ungarns ist eine solche Anordnung „in Aussicht genommen".

dem Besitzsteueramt auch in den Fällen des vorliegenden § 27 Abs. 2 zuerkannt werden.

Die Anwendung des § 36 des (alten) Kriegssteuergesetzes war namentlich dann gerechtfertigt, wenn sich herausstellte, daß im Ausland befindliche Wertpapiere oder Forderungen gegen ausländische Schuldner einen geringeren als den bei der Veranlagung angenommenen Wert gehabt haben.

§ 28

Von der Abgabe befreit sind inländische Gesellschaften, die auf Grund des § 7 des Gesetzes über vorbereitende Maßnahmen zur Besteuerung der Kriegsgewinne vom 24. Dezember 1915 (Reichs-Gesetzbl. S. 837) vom Bundesrat als ausschließlich gemeinnützige Gesellschaften anerkannt worden sind oder als solche anerkannt werden.

Erläuterungen:

Nach § 7 des Gesetzes über vorbereitende Maßnahmen zur Besteuerung der Kriegsgewinne (dem sog. Sperrgesetz) waren von der Verpflichtung zur Stellung einer Sonderrücklage befreit inländische Gesellschaften, die nach der Entscheidung des Bundesrats **ausschließlich gemeinnützigen Zwecken** dienen. Bei dieser Entscheidung, die von Fall zu Fall getroffen wurde, ist der Bundesrat bisher davon ausgegangen, daß als Voraussetzung für die Gemeinnützigkeit die Verteilung einer Dividende von höchstens 4 oder 5 v. H. des eingezahlten Kapitals satzungsgemäß vorgesehen sein müsse, und daß die Verteilung des Vermögens (bei Auflösung) den Nennwert der Einzahlung nicht übersteigen dürfe. Des weiteren wurde für den Begriff der ausschließlichen Gemeinnützigkeit verlangt, daß die Gesellschaft den Vorteil der Allgemeinheit erstreben müsse. Inwieweit das für **kriegswirtschaftliche Organisationen** (Kriegsgesellschaften) gilt, war von Fall zu Fall zu prüfen. Manche von diesen sind nicht als ausschließlich gemeinnützig in dem dargelegten Sinne anzuerkennen. Die Anerkennung des Bundesrats haben erlangt eine Anzahl **gemischt-wirtschaftlicher** Unternehmungen (Gesellschaften m. b. H. oder Aktiengesellschaften, an denen der Staat oder öffentliche Verbände beteiligt sind), ferner Konsumvereine, Kreditgenossenschaften, Baugenossenschaften, Siedlungsvereinigungen u. dgl.

Nicht nur solche Organisationen, denen die Anerkennung als ausschließlich gemeinnützige schon erteilt ist, sondern auch solche, denen sie noch erteilt wird, sollen von der Abgabe befreit sein. Die Befreiung für die alte Kriegssteuer, die im Gesetz nicht ausdrücklich ausgesprochen war, ergab sich aus der Vorschrift des § 22 Abs. 2 des Kriegssteuergesetzes, wonach die Abgabe insoweit nicht erhoben wurde, als sie den Betrag der nach dem Sperrgesetz zu bildenden Rücklage überschritt. Für das (neue) Abgabegesetz gilt die Vergünstigung auf Grund der ausdrücklichen Bestimmung des vorliegenden § 28. Der **Antrag auf Freilassung** kann zusammen mit der Steuererklärung gestellt werden. Ausländische Gesellschaften sind von der Vergünstigung ausgeschlossen.

§ 29

Die Abgabe beträgt für inländische Gesellschaften 60 vom Hundert des Mehrgewinns. Der Abgabesatz ermäßigt sich jedoch

um 10 vom Hundert seines Betrags, wenn der Mehrgewinn 300000 Mark, aber nicht 500000 Mark übersteigt, oder wenn bei einem Mehrgewinne von nicht mehr als 1000000 Mark der Geschäftsgewinn des vierten Kriegsgeschäftsjahrs 25 vom Hundert des eingezahlten Grund- oder Stammkapitals zuzüglich der bei Beginn des ersten Kriegsgeschäftsjahrs ausgewiesenen wirklichen Reservekontenbeträge nicht übersteigt,

um 20 vom Hundert seines Betrags, wenn der Mehrgewinn 200000 Mark, aber nicht 300000 Mark übersteigt, oder wenn bei einem Mehrgewinne von nicht mehr als 1000000 Mark der Geschäftsgewinn 20 vom Hundert dieses Kapitals nicht übersteigt,

um 30 vom Hundert seines Betrags, wenn der Mehrgewinn 100000 Mark, aber nicht 200000 Mark übersteigt, oder wenn bei einem Mehrgewinne, von nicht

mehr als 1000000 Mark der Geschäftsgewinn 15 vom Hundert dieses Kapitals nicht übersteigt,

um 40 vom Hundert seines Betrages, wenn der Mehrgewinn 50000 Mark, aber nicht 100000 Mark übersteigt, oder wenn bei einem Mehrgewinne von nicht mehr als 1000000 Mark der Geschäftsgewinn 10 vom Hundert dieses Kapitals nicht übersteigt,

um 50 vom Hundert seines Betrags, wenn der Mehrgewinn 50000 Mark nicht übersteigt, oder wenn bei einem Mehrgewinne von nicht mehr als 1000000 Mark der Geschäftsgewinn 8 vom Hundert dieses Kapitals nicht übersteigt.

Hat sich das eingezahlte Grund- oder Stammkapital einer Gesellschaft im Laufe des Geschäftsjahrs vermehrt, so ist bei der Berechnung der Abgabe ein den Zeitraum, innerhalb dessen die Gesellschaft mit dem veränderten Grund- oder Stammkapitale bestanden hat, berücksichtigender Durchschnittsbetrag des Grund- oder Stammkapitals zugrunde zu legen.

Die zu zahlende Abgabe soll den Betrag, der sich bei Anwendung der nächstniedrigen Steuerstufe ergeben würde, nur um den Betrag des Mehrgewinns übersteigen, durch den sich die Anwendung des gesetzlichen Satzes ergeben hat. Die Abgabe soll auch nicht höher sein als der Betrag, um den der abgabepflichtige Mehrgewinn die Freigrenze (§ 21 Abs. 2) übersteigt.

Erläuterungen:

Der Paragraph enthält den **Steuertarif für inländische Gesellschaften.** Nach bisherigem Kriegssteuerrecht (§ 19) war die Abgabe nach aufwärts (progressiv) gestaffelt, und war abgestuft einmal nach dem Verhältnis des Mehrgewinns zum eingezahlten Grund- oder Stammkapital, zuzüglich der bei Beginn des ersten Kriegsgeschäftsjahres vorhandenen offenen (echten) Reserven und weiter nach dem Verhältnis des ganzen Gewinnes zum Kapital. Das erste Verhältnis kommt nach dem neuen Gesetz ganz in Fortfall, und das letzte Verhältnis wird für die Berechnung der neuen Kriegsabgabe nur noch herangezogen, wenn der Mehrgewinn unter 1 Mill. ℳ bleibt. (Bei 1 Mill. ℳ Mehrgewinn und darüber ist stets der höchste Steuersatz von 60 v. H. zu entrichten.) Beträgt der Mehrgewinn 1 Mill. ℳ oder weniger, so finden Abschläge von dem höchsten Steuersatz von 60 v. H. statt, so daß die Steuer sich in diesem Falle nach unten (degressiv) staffelt. Die Sonderrücklage hat nach dem Gesetz über Sicherung der Kriegssteuer vom 9. April 1917 für alle Gesellschaften 60 v. H. betragen[1]).

Für jeden **Mehrgewinn über eine Million Mark** hat das Gesetz also von der Rentabilität des Unternehmens und ihrer Berücksichtigung abgesehen. Hierin bereits liegt eine gewollte Verschärfung der neuen Kriegsabgabe der Gesellschaften gegenüber der alten Steuer. Des weiteren liegt auch eine **Verschärfung der Steuersätze** vor. Nach dem neuen Gesetz bewegen sich diese Sätze zwischen 60 und 30 v. H. des Mehrgewinns, während nach dem alten Gesetz, unter Berücksichtigung der durch das Gesetz vom 9. April 1917 eingeführten Zuschläge, die Steuersätze zwischen 12 und 54 v. H. liegen. Nach dem neuen Gesetz hat die steuerpflichtige inländische Gesellschaft auch nicht mehr die Wahl, ob sie die Steuer nach dem Tarif für inländische oder nach dem für ausländische Gesellschaften entrichten will (vgl. altes Kriegssteuergesetz § 19 Abs. 4).

Die nach unten gestaffelten **Ermäßigungen** betragen, je nach dem Vorliegen der Voraussetzungen in Abs. 1 des § 29, 10, 20, 30, 40 und 50 v. H. des Mehrgewinns, so daß die Steuersätze sich auf 60, 54, 48, 42, 36 und 30 v. H. des Mehrgewinns belaufen. **Die Ermäßigung** um 10 v. H. **tritt ein,** wenn der Mehrgewinn über 300000 ℳ bis 500000 ℳ beträgt, die Ermäßigung um 20 v. H. tritt ein, wenn der Mehrgewinn über 200000 ℳ bis 300000 ℳ beträgt, die Ermäßigung um 30 v. H. tritt bei über 100000 bis 200000 ℳ Mehrgewinn ein, die um 40 v. H. bei über 50000 bis 100000 ℳ, die um 50 v. H. bei einem Mehrgewinn von nicht über 50000 ℳ. **Ferner treten die gleichen Ermäßigungen ein** (jedoch nur bei inländischen Gesellschaften, wenn ihr Mehrgewinn nicht 1 Mill. ℳ übersteigt): um 10 v. H., wenn der Gesamtgewinn des vierten Kriegsgeschäftsjahres (unabhängig von der Höhe des Mehrgewinns) 25 v. H., um 20 v. H. wenn er 20 v. H., um 30 v. H. wenn er 15 v. H., um 40 v. H. wenn er von 10 v. H. und um 50 v. H. wenn

[1]) S. Norden-Friedlaender, Kriegssteuergesetz, 2. Aufl., S. 267 ff.

er 8 v. H. des eingezahlten Grund- oder Stammkapitals zuzüglich der bei Beginn des ersten Kriegsgeschäftsjahres ausgewiesenen wirklichen Reservekontenbeträge nicht übersteigt. Wenn also eine Gesellschaft mit 4 Mill. *M* Kapital und 2 Mill. *M* wirklichen Reserven bei Beginn des ersten Kriegsgeschäftsjahres im vierten Kriegsgeschäftsjahre bei einem Gesamtgewinn von 1,5 Mill. *M* einen Mehrgewinn von 800000 *M* ausweist, so kann sie eine Ermäßigung des höchsten Steuersatzes von 60 v. H. um 10 v. H., also auf 50 v. H. verlangen, weil ihr Gesamtgewinn nicht höher als 25 v. H. des Kapitals zuzüglich der wirklichen Reserven ist. Hätte dieselbe Gesellschaft nur einen Mehrgewinn von 300000 *M* erzielt, so hätte sie (auf Grund der ersten oben mitgeteilten Staffel) eine weitergehende Ermäßigung um 20 v. H. beanspruchen können. In solchen Ermäßigungsfällen ist immer nur der niedrigere Steuersatz anzuwenden. Eine gleichzeitige Berücksichtigung von **zwei Steuerminderungsgründen** (also eine Zusammenzählung der Prozentsätze) findet nicht statt.

Zu den wirklichen **Reservekontenbeträgen** gehören nur solche Bilanzposten, die ausweislich der Bilanz eine Kapitalsansammlung über den Betrag des Grundkapitals hinaus darzustellen bestimmt sind (z. B. der gesetzliche Reservefonds, freiwillige Reservefonds, Rückstellungen für künftige möglicherweise eintretende Verluste oder Ausgaben), dagegen u. a. nicht Posten, die einen Ausgleich für die Wertminderung von Vermögensgegenständen der Gesellschaft darstellen sollen (z. B. Erneuerungsfonds) oder die zur Deckung bereits begründeter Verpflichtungen eingestellt sind, bei Versicherungsgesellschaften die Rücklagen für Versicherungssummen und für die den Versicherten selbst als sog. Dividende zurückzugewährenden Prämienüberschüsse. Hierbei ist **nicht die Benennung** des Postens in der Bilanz, sondern seine aus dem Gesetze, der Satzung, den Geschäftsberichten, Generalversammlungsbeschlüssen und anderen Anhaltspunkten zu entnehmende Bestimmung maßgebend (§ 22 der AusfBest.). Auch die Talonsteuerreserve ist als wirkliches Reservekonto anzusehen. Maßgebend für die ausgewiesenen Reserven ist der Gewinnverteilungsbeschluß, der sich auf den Gewinn des letzten Friedensgeschäftsjahres bezieht. Mehrgewinne unter 5000 *M* sind nicht steuerpflichtig.

Eine Übersicht über die Abgabepflicht **inländischer** Gesellschaften gewährt nachstehende Zusammenstellung:

bei einem Mehrgewinn von M	Die Kriegsabgabe beträgt wenn der Geschäftsgewinn im vierten Kriegsgeschäftsjahr im Verhältnis zum eingezahlten Grund- oder Stammkapital usw. beträgt					
	bis 8 vom Hundert M	über 8 bis 10 vom Hundert M	über 10 bis 15 vom Hundert M	über 15 bis 20 vom Hundert M	über 20 bis 25 vom Hundert M	über 25 vom Hundert M
1	2	3	4	5	6	7
6000	1000*	1000*	1000*	1000*	1000*	1000*
7000	2000*	2000*	2000*	2000*	2000*	2000*
8000	2400	2400	2400	2400	2400	2400
9000	2700	2700	2700	2700	2700	2700
10000	3000	3000	3000	3000	3000	3000
11000	3300	3300	3300	3300	3300	3300
12000	3600	3600	3600	3600	3600	3600
13000	3900	3900	3900	3900	3900	3900
14000	4200	4200	4200	4200	4200	4200
15000	4500	4500	5400	5400	4500	4500
16000	4800	4800	4800	4800	4800	4800
17000	5100	5100	5100	5100	5100	5100
18000	5400	5400	5400	5400	5400	5400
19000	5700	5700	5700	5700	5700	5700
20000	6000	6000	6000	6000	6000	6000
21000	6300	6300	6300	6300	6300	6300
22000	6600	6600	6600	6600	6600	6600
23000	6900	6900	6900	6900	6900	6900
24000	7200	7200	7200	7200	7200	7200
25000	7500	7500	7500	7500	7500	7500
26000	7800	7800	7800	7800	7800	7800
27000	8100	8100	8100	8100	8100	8100
28000	8400	8400	8400	8400	8400	8400
29000	8700	8700	8700	8700	8700	8700
30000	9000	9000	9000	9000	9000	9000
31000	9300	9300	9300	9300	9300	9300
32000	9600	9600	9600	9600	9600	9600
33000	9900	9900	9900	9900	9900	9900
34000	10200	10200	10200	10200	10200	10200
35000	10500	10500	10500	10500	10500	10500
36000	10800	10800	10800	10800	10800	10800
37000	11100	11100	11100	11100	11100	11100
38000	11400	11400	11400	11400	11400	11400
39000	11700	11700	11700	11700	11700	11700
40000	12000	12000	12000	12000	12000	12000
41000	12300	12300	12300	12300	12300	12300
42000	12600	12600	12600	12600	12600	12600

* § 29 Abs. 3 des Gesetzes.

bei einem Mehrgewinn von	Die Kriegsabgabe beträgt wenn der Geschäftsgewinn im vierten Kriegsgeschäftsjahr im Verhältnis zum eingezahlten Grund- oder Stammkapital usw. beträgt					
	bis 8 vom Hundert	über 8 bis 10 vom Hundert	über 10 bis 15 vom Hundert	über 15 bis 20 vom Hundert	über 20 bis 25 vom Hundert	über 25 vom Hundert
M	M	M	M	M	M	M
1	2	3	4	5	6	7
43000	12900	12900	12900	12900	12900	12900
44000	13200	13200	13200	13200	13200	13200
45000	13500	13500	13500	13500	13500	13500
46000	13800	13800	13800	13800	13800	13800
47000	14100	14100	14100	14100	14100	14100
48000	14400	14400	14400	14400	14400	14400
49000	14700	14700	14700	14700	14700	14700
50000	15000	15000	15000	15000	15000	15000
51000	15300	16000*	16000*	16000*	16000*	16000*
52000	15600	17000*	17000*	17000*	17000*	17000*
53000	15900	18000*	18000*	18000*	18000*	18000*
54000	16200	19000*	19000*	19000*	19000*	19000*
55000	16500	19800	19800	19800	19800	19800
56000	16800	20160	20160	20160	20160	20160
57000	17100	20520	20520	20520	20520	20520
58000	17400	20880	20880	20880	20880	20880
59000	17700	21240	21240	21240	21240	21240
60000	18000	21600	21600	21600	21600	21600
usw. für je 1000 M mehr	usw. je 300 M mehr	usw. je 360 M mehr	usw. je 360 M mehr	usw. je 360 M mehr	usw. je 360 M mehr	usw. je 360 M mehr
z. B.	z. B.	z. B.	z. B.	z. B.	z. B.	z. B.
100000	30000	36000	36000	36000	36000	36000
101000	30300	36360	37000*	37000*	37000*	37000*
102000	30600	36720	38000*	38000*	38000*	38000*
103000	30900	37080	39000*	39000*	39000*	39000*
104000	31200	37440	40000*	40000*	40000*	40000*
105000	31500	37800	41000*	41000*	41000*	41000*
106000	31800	38160	42000*	42000*	42000*	42000*
107000	32100	38520	43000*	43000*	43000*	43000*
108000	32400	38880	44000*	44000*	44000*	44000*
109000	32700	39240	45000*	45000*	45000*	45000*
110000	33000	39600	46000*	46000*	46000*	46000*
111000	33300	39960	46620	46200	46620	46620
usw. für je 1000 M mehr	usw. je 300 M mehr	usw. je 360 M mehr	usw. je 420 M mehr	usw. je 420 M mehr	usw je 420 M mehr	usw. je 420 M mehr

* § 29 Abs. 3 des Gesetzes.

	Die Kriegsabgabe beträgt					
bei einem Mehrgewinn von	wenn der Geschäftsgewinn im vierten Kriegsgeschäftsjahr im Verhältnis zum eingezahlten Grund- oder Stammkapital usw. beträgt					
	bis 8 vom Hundert	über 8 bis 10 vom Hundert	über 10 bis 15 vom Hundert	über 15 bis 20 vom Hundert	über 20 bis 25 vom Hundert	über 25 vom Hundert
ℳ	ℳ	ℳ	ℳ	ℳ	ℳ	ℳ
1	2	3	4	5	6	7
z. B.	z. B.	z. B.	z. B.	z. B.	z. B.	z. B.
200000	60000	72000	84000	84000	84000	84000
201000	60300	72360	84420	85000*	85000*	85000*
202000	60600	72720	84840	86000*	86000*	86000*
203000	60900	73080	85260	87000*	87000*	87000*
204000	61200	73440	85680	88000*	88000*	88000*
205000	61500	73800	86100	89000*	89000*	89000*
206000	61800	74160	86520	90000*	90000*	90000*
207000	62100	74520	86940	91000*	91000*	91000*
208000	62400	74880	87360	92000*	92000*	92000*
209000	62700	75240	87780	93000*	93000*	93000*
210000	63000	75600	88200	94000*	94000*	94000*
211000	63300	75960	88620	95000*	95000*	95000*
212000	63600	76320	89040	96000*	96000*	96000*
213000	63900	76680	89460	97000*	97000*	97000*
214000	64200	77040	89880	98000*	98000	98000*
215000	64500	77400	90300	99000*	99000*	99000*
216000	64800	77760	90720	100000*	100000*	100000*
217000	65100	78120	91140	101000*	101000*	101000*
218000	65400	78480	91560	102000*	102000*	102000*
219000	65700	78840	91980	103000*	103000*	103000*
220000	66000	79200	92400	104000*	104000*	104000*
221000	66300	79560	92820	105000*	105000*	105000*
222000	66600	79920	93240	106000*	106000*	106000*
223000	66900	80280	93660	107000*	107000*	107000*
224000	67200	80640	94080	107520	107520	107520
225000	67500	81000	94500	108000	108000	108000
usw. für je 1000 ℳ mehr	usw. je 300 ℳ mehr	usw. je 360 ℳ mehr	usw. je 420 ℳ mehr	usw. je 480 ℳ mehr	usw. je 480 ℳ mehr	usw. je 480 ℳ mehr
z. B.	z. B.	z. B.	z. B.	z. B.	z. B.	z. B.
300000	90000	108000	126000	144000	144000	144000
301000	90300	108360	126420	144480	145000*	145000*
302000	90600	108720	126840	144960	146000*	146000*
303000	90900	109080	127260	145440	147000*	147000*
304000	91200	109440	127680	145920	148000*	148000*
305000	91500	109800	128100	146400	149000*	149000*

* § 29 Abs. 3 des Gesetzes.

bei einem Mehrgewinn von	Die Kriegsabgabe beträgt wenn der Geschäftsgewinn im vierten Kriegsgeschäftsjahr im Verhältnis zum eingezahlten Grund- oder Stammkapital usw. beträgt					
	bis 8 vom Hundert	über 8 bis 10 vom Hundert	über 10 bis 15 vom Hundert	über 15 bis 20 vom Hundert	über 20 bis 25 vom Hundert	über 25 vom Hundert
ℳ	ℳ	ℳ	ℳ	ℳ	ℳ	ℳ
1	2	3	4	5	6	7
306000	91800	110160	128520	146880	150000*	150000*
307000	92100	110520	128940	147360	151000*	151000*
308000	92400	110880	129360	147840	152000*	152000*
309000	92700	111240	129780	148320	153000*	153000*
310000	93000	111600	130200	148800	154000*	154000*
311000	93300	111960	130620	149280	155000*	155000*
312000	93600	112320	131040	149760	156000*	156000*
313000	93900	112680	131460	150240	157000*	157000*
314000	94200	113040	131880	150720	158000*	158000*
315000	94500	113400	132300	151200	159000*	159000*
316000	94800	113760	132720	151680	160000*	160000*
317000	95100	114120	133140	152160	161000*	161000*
318000	95400	114480	133560	152640	162000*	162000*
319000	95700	114840	133980	153120	163000*	163000*
320000	96000	115200	134400	153000	164000*	164000*
321000	96300	115560	134820	154080	165000*	165000*
322000	96600	115920	135240	154560	166000*	166000*
323000	96900	116280	135660	155040	167000*	167000*
324000	97200	116640	136080	155520	168000*	168000*
325000	97500	117000	136500	156000	169000*	169000*
326000	97800	117360	136920	156480	170000*	170000*
327000	98100	117720	137340	156960	171000*	171000*
328000	98400	118080	137760	157440	172000*	172000*
329000	98700	118440	138180	157920	173000*	173000*
330000	99000	118800	138600	158400	174000*	174000*
331000	99300	119160	139020	158880	175000*	175000*
332000	99600	119520	139440	159360	176000*	176000*
333000	99900	119880	139860	159840	177000*	177000*
334000	100200	120240	140280	160320	178000*	178000*
335000	100500	120600	140700	160800	179000*	179000*
336000	100800	120960	141120	161280	180000*	180000*
337000	101100	121320	141540	161760	181000*	181000*
338000	101400	121680	141960	162240	182000*	182000*
339000	101700	122040	142380	162720	183000*	183000*
340000	102000	122400	142800	163200	183600*	183600*
usw. für je 1000 ℳ mehr	usw. je 300 ℳ mehr	usw. je 360 ℳ mehr	usw. je 420 ℳ mehr	usw. je 480 ℳ mehr	usw. je 540 ℳ mehr	usw. je 540 ℳ mehr

* § 29 Abs. 3 des Gesetzes.

bei einem Mehrgewinn von M	Die Kriegsabgabe beträgt wenn der Geschäftsgewinn im vierten Kriegsgeschäftsjahr im Verhältnis zum eingezahlten Grund- oder Stammkapital usw. beträgt					
	bis 8 vom Hundert M	über 8 bis 10 vom Hundert M	über 10 bis 15 vom Hundert M	über 15 bis 20 vom Hundert M	über 20 bis 25 vom Hundert M	über 25 vom Hundert M
1	2	3	4	5	6	7
z. B.	z. B.	z. B.	z. B.	z. B.	z. B.	z. B.
500000	150000	180000	210000	240000	270000	270000*
501000	150300	180360	210420	240480	270540	271000*
502000	150600	180720	210840	240960	271080	272000*
503000	150900	181080	211260	241440	271620	273000*
504000	151200	181440	211680	241920	272160	274000*
505000	151500	181800	212100	242400	272700	275000*
506000	151800	182160	212520	242880	273240	276000*
507000	152100	182520	212940	243360	273780	277000*
508000	152400	182880	213360	243840	274320	278000*
509000	152700	183240	213780	244320	274860	279000*
510000	153000	183600	214200	244800	275400	280000*
511000	153300	183960	214620	245280	275940	281000*
512000	153600	184320	215040	245760	276480	282000*
513000	153900	184680	215460	246240	277020	283000*
514000	154200	185040	215880	246720	277560	284000*
515000	154500	185400	216300	247200	278100	285000*
516000	154800	185760	216720	247680	278640	286000*
517000	155100	186120	217140	248160	279180	287000*
518000	155400	186480	217560	248640	279720	288000*
519000	155700	186840	217980	249120	280260	289000*
520000	156000	187200	218400	249600	280800	290000*
521000	156300	187560	218820	250080	281340	291000*
522000	156600	187920	219240	250560	281880	292000*
523000	156900	188280	219660	251040	282420	293000*
524000	157200	188640	220080	251520	282960	294000*
525000	157500	189000	220500	252000	283500	295000*
526000	157800	189360	220920	252480	284040	296000*
527000	158100	189720	221340	252960	284580	297000*
528000	158400	190080	221760	253440	285120	298000*
529000	158700	190440	222180	253920	285660	299000*
530000	159000	190800	222600	254400	286200	300000*
531000	159300	191160	223020	254880	286740	301000*
532000	159600	191520	223440	255360	287280	302000*
533000	159900	191880	223860	255840	287820	303000*
534000	160200	192240	224280	256320	288360	304000*
535000	160500	192600	224700	256800	288900	305000*

* § 29 Abs. 3 des Gesetzes.

bei einem Mehrgewinn von M	Die Kriegsabgabe beträgt wenn der Geschäftsgewinn im vierten Kriegsgeschäftsjahr im Verhältnis zum eingezahlten Grund- oder Stammkapital usw. beträgt: bis 8 vom Hundert M	über 8 bis 10 vom Hundert M	über 10 bis 15 vom Hundert M	über 15 bis 20 vom Hundert M	über 20 bis 25 vom Hundert M	über 25 vom Hundert M
1	2	3	4	5	6	7
536000	160800	192960	225120	257280	289440	306000*
537000	161100	193320	225540	257760	289980	307000*
538000	161400	193680	225960	258240	290520	308000*
539000	161700	194040	226380	258720	291060	309000*
540000	162000	194400	226800	259200	291600	310000*
541000	162300	194760	227220	259680	292140	311000*
542000	162600	195120	227640	260160	292680	312000*
543000	162900	195480	228060	260640	293220	313000*
544000	163200	195840	228480	261120	293760	314000*
545000	163500	196200	228900	261600	294300	315000*
546000	163800	196560	229320	262080	294840	316000*
547000	164100	196920	229740	262560	295380	317000*
548000	164400	197280	230160	263040	295920	318000*
549000	164700	197640	230580	263520	296460	319000*
550000	165000	198000	231000	264000	297000	320000*
551000	165300	198360	231420	264480	297540	321000*
552000	165600	198720	231840	264960	298080	322000*
553000	165900	199080	232260	265440	298620	323000*
554000	166200	199440	232680	265920	299160	324000*
555000	166500	199800	233100	266400	299700	325000*
556000	166800	200160	233520	266880	300240	326000*
557000	167100	200520	233940	267360	300780	327000*
558000	167400	200880	234360	267840	301320	328000*
559000	167700	201240	234780	268320	301860	329000*
560000	168000	201600	235200	268800	302400	330000*
561000	168300	201960	235620	269280	302940	331000*
562000	168600	202320	236040	269760	303480	332000*
563000	168900	202680	236460	270240	304020	333000*
564000	169200	203040	236880	270720	304560	334000*
565000	169500	203400	237300	271200	305100	335000*
566000	169800	203760	237720	271680	305640	336000*
567000	170100	204120	238140	272160	306180	337000*
568000	170400	204480	238560	272640	306720	338000*
569000	170700	204840	238980	273120	307260	339000*
570000	171000	205200	239400	273600	307800	340000*
571000	171300	205560	239820	274080	308340	341000*
572000	171600	205920	240240	274560	308880	342000*

* § 29 Abs. 3 des Gesetzes.

Die Kriegsabgabe beträgt						
bei einem Mehrgewinn von ℳ	wenn der Geschäftsgewinn im vierten Kriegsgeschäftsjahr im Verhältnis zum eingezahlten Grund- oder Stammkapital usw. beträgt					
	bis 8 vom Hundert ℳ	über 8 bis 10 vom Hundert ℳ	über 10 bis 15 vom Hundert ℳ	über 15 bis 20 vom Hundert ℳ	über 20 bis 25 vom Hundert ℳ	über 25 vom Hundert ℳ
1	2	3	4	5	6	7
573000	171900	206280	240660	275040	309420	343000*
574000	172200	206640	241080	275520	309960	344000*
575000	172500	207000	241500	276000	310500	345000
usw. für	usw.	usw.	usw.	usw.	usw.	usw.
je 1000 ℳ	je 300 ℳ	je 360 ℳ	je 420 ℳ	je 480 ℳ	je 540 ℳ	je 600 ℳ
mehr	mehr	mehr	mehr	mehr	mehr	mehr
z. B.	z. B.	z. B.	z. B.	z. B.	z. B.	z. B.
1000000	300000	360000	420000	480000	540000	600000
1001000	301000*	361000*	421000*	481000*	541000*	601000*
1100000	400000*	460000*	520000*	580000*	640000*	660000
1150000	450000*	510000*	570000*	630000*	690000	690000
usw. für	usw.	usw.	usw.	usw.	usw.	usw.
je 1000 ℳ	je 1000 ℳ	je 1000 ℳ	je 1000 ℳ	je 1000 ℳ	je 600 ℳ	je 600 ℳ
mehr	mehr	mehr	mehr	mehr	mehr	mehr
z. B.	z. B.	z. B.	z. B.	z. B.	z. B.	z. B.
1300000	600000*	660000*	720000*	780000	780000	780000
usw. für	usw.	usw.	usw.	usw.	usw.	usw.
je 1000 ℳ	je 1000 ℳ	je 1000 ℳ	je 1000 ℳ	je 600 ℳ	je 600 ℳ	je 600 ℳ
mehr	mehr	mehr	mehr	mehr	mehr	mehr
z. B.	z. B.	z. B.	z. B.	z. B.	z. B.	z. B.
1450000	750000*	810000*	870000	870000	870000	870000
usw. für	usw.	usw.	usw.	usw.	usw.	usw.
je 1000 ℳ	je 1000 ℳ	je 1000 ℳ	je 600 ℳ	je 600 ℳ	je 600 ℳ	je 600 ℳ
mehr	mehr	mehr	mehr	mehr	mehr	mehr
z. B.	z. B.	z. B.	z. B.	z. B.	z. B.	z. B.
1600000	900000*	960000	960000	960000	960000	960000
usw. für	usw.	usw.	usw.	usw.	usw.	usw.
je 1000 ℳ	je 1000 ℳ	je 600 ℳ	je 600 ℳ	je 600 ℳ	je 600 ℳ	je 600 ℳ
mehr	mehr	mehr	mehr	mehr	mehr	mehr
z. B.	z. B.	z. B.	z. B.	z. B.	z. B.	z. B.
1750000	1050000	1050000	1050000	1050000	1050000	1050000
usw. für	usw.	usw.	usw.	usw.	usw.	usw.
je 1000 ℳ	je 600 ℳ	je 600 ℳ	je 600 ℳ	je 600 ℳ	je 600 ℳ	je 600 ℳ
mehr	mehr	mehr	mehr	mehr	mehr	mehr
z. B.	z. B.	z. B.	z. B.	z. B.	z. B.	z. B.
2000000	1200000	1200000	1200000	1200000	1200000	1200000
3000000	1800000	1800000	1800000	1800000	1800000	1800000

* § 29 Abs. 3 des Gesetzes.

Die Kriegsabgabe beträgt						
bei einem Mehrgewinn von	wenn der Geschäftsgewinn im vierten Kriegsgeschäftsjahr im Verhältnis zum eingezahlten Grund- oder Stammkapital usw. beträgt					
	bis 8 vom Hundert	über 8 bis 10 vom Hundert	über 10 bis 15 vom Hundert	über 15 bis 20 vom Hundert	über 20 bis 25 vom Hundert	über 25 vom Hundert
ℳ	ℳ	ℳ	ℳ	ℳ	ℳ	ℳ
1	2	3	4	5	6	7
4000000	2400000	2400000	2400000	2400000	2400000	2400000
5000000	3000000	3000000	3000000	3000000	3000000	3000000
6000000	3600000	3600000	3600000	3600000	3600000	3600000
7000000	4200000	4200000	4200000	4200000	4200000	4200000
8000000	4800000	4800000	4800000	4800000	4800000	4800000
9000000	5400000	5400000	5400000	5400000	5400000	5400000
10000000	6000000	6000000	6000000	6000000	6000000	6000000

Nach den Vorschriften des § 29 sind Gesellschaften mit großem eigenen Kapital steuerlich günstiger gestellt als Gesellschaften mit geringerem Grundkapital und Reserven. **Fremde Mittel** (Obligationen, Darlehen) zählen nicht. Darin liegt eine Benachteiligung solcher Unternehmungen (in Betracht kommen namentlich Gesellschaften m. b. H.), die mit geringem eigenen Kapital (vielleicht aus Stempelersparnis) errichtet sind und arbeiten, während sie sich die eigentlichen Betriebsmittel durch Kredite verschaffen.

Als das **Grundkapital bei Gewerkschaften** gilt das **Anlagekapital** (§ 17 Abs. 3 Satz 2 des alten Kriegssteuergesetzes), das aus dem Erwerbspreis und den Einrichtungs- und Erweiterungs- (Anlage-)Kosten sich zusammensetzt. Als Kapitalsvermehrung (s. unten) kommen die Zubußen in Betracht. Als Grundkapital der **Genossenschaften** gilt Summe der eingezahlten Geschäftsanteile. Durch Einzahlungen auf die Geschäftsanteile (d. h. Kapitalvermehrungen im Sinne des Abs. 2, s. unten) können die Geschäftsguthaben der Genossen sich vermehren. Die infolgedessen eintretenden Schwankungen bringen Schwierigkeiten für die Durchführung der gesetzlichen Bestimmungen mit sich, und die Besitzsteuerämter sind deshalb ermächtigt worden,[1]) erforderlichenfalls im Einvernehmen mit dem Genossenschaftsvorstand, **Durchschnittsberechnungen** aufzustellen, also die

[1]) Durch Rundschreiben des Reichsschatzamtes vom 2. Mai 1917, zunächst für das alte Kriegssteuergesetz. Die Grundsätze sind aber entsprechend auf das neue Gesetz anwendbar.

Guthabenvermehrung eines Jahres für das betreffende Jahr mit einem Durchschnittsbetrag anzusetzen.

Veränderungen der wirklichen Reserven während der Kriegsgeschäftsjahre bleiben außer Betracht (**stille Reserven** scheiden für die Berechnung der Kriegssteuer der Gesellschaften überhaupt aus). Wohl aber werden **Vermehrungen des Grund- oder Stammkapitals** während der Kriegsgeschäftsjahre (§ 19 Abs. 2 des alten Kriegssteuergesetzes) und namentlich auch während des vierten Kriegsgeschäftsjahres (Abs. 2 des vorliegenden § 29) berücksichtigt. Hat sich das **eingezahlte** Grund- oder Stammkapital während dieses Geschäftsjahres vermehrt, so ist bei der Berechnung der Abgabe ein den Zeitraum, innerhalb dessen die Gesellschaft mit dem veränderten Grund- oder Stammkapital bestanden hat, berücksichtigender Durchschnittsbetrag des Grund- oder Stammkapitals zugrunde zu legen (Nachschußleistungen sind keine Einzahlungen auf das Grund- oder Stammkapital). Beispiel: Eine Gesellschaft hat zu Beginn des vierten Kriegsgeschäftsjahres 1 Mill. *M* Kapital gehabt, das sie nach neun Monaten auf 1,6 Mill. *M* erhöhte; dann sind zu rechnen 3 Monate zu je 1 Mill. *M* = 3 Mill. *M*, und 9 Monate zu je 1,6 Mill. *M* = 14,4 Mill. *M* = 17,4 Mill. *M*. Um das Durchschnittskapital zu erhalten, muß diese Zahl durch zwölf geteilt, wobei sich der Betrag von 1,45 Mill. *M* ergibt. Dieser ist der Berechnung der Abgabe, d. h. des Mehrgewinns, zugrunde zu legen.

Der Abs. 3 des § 29 legt die Grenze fest, über die hinaus die zu zahlende Abgabe im Einzelfalle nicht gehen soll. Die Abgabe soll „den Betrag, der sich bei Anwendung der **nächstniedrigen** Steuerstufe ergeben würde, nur um den Betrag des Mehrgewinns übersteigen, durch den sich die Anwendung des gesetzlichen Satzes ergeben hat". Diese nicht gerade musterhaft klare Ausdrucksweise des Gesetzes will besagen, daß dem Steuerpflichtigen aus der Staffelung der Abgabe kein Nachteil erwachsen soll, falls der **Mehrgewinn** die Untergrenze für die Anwendung eines höheren Steuersatzes **nur wenig überschreitet**. Beträgt z. B. die Steuer bei einem Mehrgewinn von 300000 *M* 126000 *M*, bei einem Mehrgewinn von 301000 *M* aber (weil der Geschäftsgewinn dann in einem höheren prozentualen Verhältnis zum Grund- oder Stammkapital steht) 144480 *M*, so ermäßigt sich die Steuer auf 127000 *M*. Diese Ermäßigung ist in allen Fällen so lange zu gewähren, als bei der nach den Vorschriften in Abs. 1 des § 29 nicht die nächsthöhere Steuerstaffel erreicht wird. Als nächstniedrige Steuerstufe im Sinne des

§ 29 Abs. 3 gilt bei Überschreitung der Grenze von 1 Mill. ℳ, von der ab eine Berücksichtigung des Verhältnisses des Geschäftsgewinns zum Grund- oder Stammkapital nicht mehr stattfinden soll, die Steuerstufe, die sich bei einem Mehrgewinn von 1 Mill. ℳ ergeben würde (s. im einzelnen die oben abgedruckte Tabelle).

Im übrigen muß der **freie Betrag von 5000 ℳ** stets von der Steuer unberührt bleiben (Abs. 3 Satz 2). Ist also ein Mehrgewinn von 6000 ℳ erzielt, so wird als Steuer nicht der Betrag von 1800 ℳ erhoben, sondern nur 1000 ℳ; bei 7000 ℳ Mehrgewinn werden nicht 2100 ℳ erhoben, sondern nur 2000 ℳ (s. Tabelle).

§ 30

Der Abgabe unterliegen auch Gesellschaften der im § 20 bezeichneten Art, die ihren Sitz im Ausland haben, aber im Inland einen Geschäftsbetrieb unterhalten. Für die Berechnung des abgabepflichtigen Mehrgewinns der ausländischen Gesellschaften findet die Vorschrift im § 20 des Kriegssteuergesetzes vom 21. Juni 1916 Anwendung.

Erläuterungen:

Außer den in § 20 aufgeführten inländischen Gesellschaften (Aktiengesellschaften, Kommanditgesellschaften auf Aktien, Gesellschaften m. b. H., Berggewerkschaften und sonstige Bergbau treibende Vereinigungen mit juristischer Persönlichkeit) sind auch Gesellschaften dieser Art,[1]) die ihren **Sitz** (Hauptniederlassungsort, Sitz der Verwaltung) **im Auslande** haben, aber im Inlande einen Geschäftsbetrieb (Zweigniederlassung, Fabrikationsstätte u. dgl.) unterhalten, abgabepflichtig. Der steuerbare Mehrgewinn ist nach § 20 des (alten) Kriegssteuergesetzes zu berechnen. Dort war bestimmt, daß die Abgabe der ausländischen Gesellschaften von dem **auf den inländischen Geschäftsbetrieb** entfallenden **Mehrgewinne** zu entrichten ist. Die Grundsätze, die bei einer bundesstaatlichen Einkommensteuerveranlagung für die Ausscheidung des auf den inländischen Geschäftsbetrieb entfallenden Teiles des steuerbaren Gesamteinkommens maßgebend waren, sollen auch bei der Berechnung des

[1]) Unerheblich ist, ob eine hierher gehörende Gesellschaft nach ausländischem Rechte Rechtspersönlichkeit besitzt oder nicht.

auf den inländischen Betrieb entfallenden Teiles des Mehrgewinns angewendet werden. Wo eine Einkommensteuer nicht eingeführt ist, hat die Landesregierung entsprechende Vorschriften zu erlassen.

Es handelt sich also für die ausländischen Gesellschaften darum, den Teil des Mehrgewinns, der auf den inländischen Geschäftsbetrieb entfällt, rechnerisch zu ermitteln. Das Abgabegesetz schreibt in dieser Hinsicht vor, daß die Grundsätze, die bei einer bundesstaatlichen Einkommensteuerveranlagung für die Ausscheidung des auf den inländischen Geschäftsbetrieb entfallenden Teiles des steuerbaren Gesamteinkommens maßgebend waren, auch bei der Berechnung des auf den inländischen Betrieb entfallenden Teiles des Mehrgewinns anzuwenden sind.

Wie der steuerbare Mehrgewinn im allgemeinen ermittelt wird, ist in den vorangehenden Erläuterungen näher dargelegt. Als Mehrgewinn gilt der Unterschied zwischen dem durchschnittlichen früheren Geschäftsgewinn und dem im vierten Kriegsgeschäfsjahre erzielten Geschäftsgewinn. Für die Berechnung des auf den inländischen Geschäftsbetrieb einer ausländischen Gesellschaft entfallenden steuerpflichtigen Mehrgewinns ist es erforderlich, den Teil des Gesamtgewinns, der auf dem ausländischen Betrieb beruht, vom Jahresertrage abzusetzen. Das Abgabegesetz schreibt vor, daß für diese rechnerische Ausscheidung die Grundsätze, die **bei einer bundesstaatlichen Einkommensteuerveranlagung** in einem solchen Falle maßgebend waren, entsprechend anzuwenden sind. Wo also in den einzelnen Bundesstaaten nach den in Betracht kommenden Einkommensteuergesetzen eine Besteuerung des aus inländischem Besitz oder gewerblichen Betrieben fließenden Einkommens eines nicht im Inland (sondern in einem andern Bundesstaat oder im nichtdeutschen Ausland) wohnhaften oder ansässigen Steuerpflichtigen erfolgt (vgl. z. B. preuß. Einkommensteuergesetz § 2), findet nach den bei dieser Besteuerung angewandten Grundsätzen für die Ausscheidung des inländischen Einkommens auch die Ermittlung des auf den inländischen Geschäftsbetrieb entfallenden Teiles des Geschäftsgewinns statt. Falls das Steuergesetz selber diese Grundsätze nicht im einzelnen aufzählt, müssen sie aus den Ausführungsverordnungen oder der Steuerpraxis der in Betracht kommenden Staaten entnommen werden.

Für **Preußen** kommen die Grundsätze zur Anwendung, die im Anschluß an die Bestimmungen der §§ 15 und 16 des Einkommensteuergesetzes in der Rechtsprechung des Oberverwaltungsgerichts,

u. a. auf der Grundlage der Ausführungsanweisung des Finanzministers (vom 25. Juli 1906, in der vom 1. April 1909 ab gültigen Fassung) entwickelt worden sind. Danach gilt im wesentlichen folgendes: Soweit der aus dem inländischen Teil des Gewerbebetriebes erzielte besondere Gewinn sich nicht **unmittelbar aus den geführten Handlungsbüchern**, aus den getrennten Aufzeichnungen oder auf ähnliche Weise aus dem Rechnungswerk, der Statistik usw. des Unternehmens ergibt, erfolgt die Feststellung des (einkommensteuer)pflichtigen Teils der Überschüsse nach den aus den tatsächlichen Betriebsverhältnissen eines jeden Unternehmens sich ergebenden Merkmalen, die für die Gewinnerzielung vornehmlich bestimmend sind, z. B. bei Versicherungsgesellschaften nach dem Verhältnis der im Inland aufkommenden Prämien zur Gesamtprämieneinnahme (dabei ist aber die Gesamtgeschäftsleitung als vornehmlich für die Gewinnerzielung bestimmendes Merkmal zu berücksichtigen, s. unten). Ist eine gesonderte Gewinnberechnung in dieser Weise nicht ausführbar, so muß der Gewinn für den ganzen Betrieb berechnet und auf die einzelnen Betriebsstellen nach dem Verhältnis des Betriebsumfangs unter Berücksichtigung der besonderen Betriebskosten verteilt werden. Kann auch auf diesem Wege ein zutreffendes Maßstab für die Gewinnverteilung nicht gefunden werden, so ist der Gesamtgewinn nach **verständigem Ermessen** auf die verschiedenen Gebiete zu verteilen. Als Merkmale, die für die Gewinnerzielung besonders bestimmend sind, kommen in Betracht die Leitung, die Fabrikation und der Verkauf. Für die allgemeine **Geschäftsleitung** ist im voraus eine angemessene Quote der Gesamtüberschüsse in Anrechnung zu bringen. Fabrikation und Verkauf sind in der Regel, falls nicht besondere Umstände das Vorwiegen der einen oder der andern Tätigkeit dartun, als gleichwertig zu behandeln. In dem auf die Fabrikation entfallenden Rechnungsanteil ist gleichzeitig die Bewertung der technischen Leitung enthalten.

Die vorstehend dargelegten Gesichtspunkte liegen der preußischen Steuerpraxis bei Ausscheidung des inländischen Betriebseinkommens vom Gesamtergebnis eines Unternehmens zugrunde. In den **anderen Bundesstaaten** sollen nach dem Kriegssteuergesetz die dort geltenden Bestimmungen Anwendung finden, und es kann bei dieser Rechtslage nicht ausbleiben, daß eine Ungleichmäßigkeit in der Berechnung des kriegsabgabepflichtigen Mehrgewinns ausländischer Gesellschaften entsteht, je nachdem in welchem deutschen Bundesstaat der inländische Geschäftsbetrieb der ausländischen Gesellschaft sich befindet, und je nach den Berechnungsgrundsätzen, die danach für die Ermittlung des auf den inländischen Geschäftsbetrieb entfallenden Teiles des steuerbaren Gesamteinkommens als „Verteilungsschlüssel“ in Anwendung kommen. In Bundesstaaten, wo eine Einkommensteuer noch nicht eingeführt ist (in Frage kommt nur **Elsaß-Lothringen**) hat nach dem Abgabegesetz die Landesregierung Vorschriften über die Ermittlung des kriegsabgabepflichtigen Teiles des Gewinns ausländischer Gesellschaften, die in dem in Betracht kommenden Bundesstaat eine Zweigniederlassung haben, zu erlassen.

Zu bemerken ist, daß nur **wirkliche Zweigniederlassungen**, also Betriebsstellen, von denen aus selbständig Geschäfte abgeschlossen werden, kriegssteuerpflichtig sind; nicht also werden zur Abgabe herangezogen ausländische Gesellschaften, die im Inlande nur Zahlstellen (Kassen), Vertreter, Kommissionäre, Agenten oder Agenturen (wie z. B. häufig ausländische Versicherungsgesellschaften und Hypothekenbanken) unterhalten.

Berechnet sich der Friedensgewinn nach den Vorschriften des § 17 Abs. 2—5 des (alten) Kriegssteuergesetzes (fingierte Berechnungsart) ganz oder teilweise vom Grund- oder Stammkapital, so wird nur ein verhältnismäßiger **Teil des Grund- oder Stammkapitals** in Betracht zu ziehen sein. Auch hier werden für die Verteilung die Grundsätze der einzelstaatlichen Einkommensteuerveranlagung maßgebend sein müssen.

Die **Berechnung der Abgabe** selber ist nach § 31 des Abgabegesetzes vorzunehmen.

§ 31

Die Abgabe beträgt für ausländische Gesellschaften 60 vom Hundert des Mehrgewinns. Der Abgabesatz ermäßigt sich jedoch

um 10 vom Hundert seines Betrags bei einem Mehrgewinne von mehr als 300000 Mark und nicht mehr als 500000 Mark,

um 20 vom Hundert seines Betrags bei einem Mehrgewinne von mehr als 200000 Mark und nicht mehr als 300000 Mark,

um 30 vom Hundert seines Betrags bei einem Mehr-

gewinne von mehr als 100000 Mark und nicht mehr als 200000 Mark,

um 40 vom Hundert seines Betrags bei einem Mehrgewinne von mehr als 50000 Mark und nicht mehr als 100000 Mark,

um 50 vom Hundert seines Betrags bei einem Mehrgewinne von nicht mehr als 50000 Mark.

§ 29 Abs. 3 findet Anwendung.

Erläuterungen:

Für **ausländische Gesellschaften**, deren Steuerpflicht in § 30 geregelt ist (s. Erläut. dort), stellt das Abgabegesetz einen besonderen **Tarif** auf.[1]) Ausländische Gesellschaften (der im § 20 bezeichneten Art) sind solche, die ihren Sitz im Auslande haben, aber im Inland einen Geschäftsbetrieb unterhalten. Die Abgabepflicht beschränkt sich auf den Mehrgewinn, der auf den inländischen Geschäftsbetrieb entfällt (§ 30; Inländische Gesellschaften müssen grundsätzlich den gesamten Mehrgewinn, auch den aus ausländischen Betrieben, versteuern). Die Grundsätze, die bei einer bundesstaatlichen Einkommensteuerveranlagung für die Ausscheidung des auf den inländischen Betrieb entfallenden Teiles des steuerbaren Gesamteinkommens maßgebend waren, sind auch bei der Berechnung des auf den inländischen Betrieb entfallenden Teiles des Mehrgewinns anzuwenden. Für eine ausländische Gesellschaft, die zwar **formell im Auslande ihren Sitz** hat (z. B. dort nur registriert ist), aber im Auslande keinen Geschäftsbetrieb unterhält, sondern deren ganzes Geschäft einschließlich der Geschäftsleitung sich im Inlande befindet, kommt eine Verteilung des steuerbaren Gesamteinkommens nicht in Betracht; vielmehr ist der gesamte Mehrgewinn solcher Gesellschaften zu versteuern. Ob der § 29 (Staffelung für inländische Gesellschaften) oder der vorliegende § 31 (Staffelung für ausländische Gesellschaften) anzuwenden ist, wird von der Feststellung abhängen, ob als Sitz der Gesellschaft im materiellrechtlichen Sinne das Ausland zu gelten hat, oder ob die Registrierung im Auslande etwa nur als bloße **Form**, z. B. für die Erlangung der Rechtsfähigkeit oder aus ähnlichen Gründen

[1]) Auch das (alte) Kriegssteuergesetz hatte für ausländische Gesellschaften (in § 21) eine besondere Staffelung der Abgabe vorgesehen.

gewählt worden ist, ohne daß ernsthaft die Absicht vorlag, im Auslande einen Geschäftsbetrieb zu unterhalten.

Die **Staffelung** der Steuer bei ausländischen Gesellschaften ist gegenüber der für inländische gültigen (§ 29) **vereinfacht**; entscheidend ist nur der (auf den Betrieb im Inland entfallende) Mehrgewinn. Die eigentliche „Rentabilität" bleibt also ganz außer Betracht. Der Höchstsatz der Steuer beträgt, ebenso wie bei inländischen, 60 v. H. Die Staffelung ist auch hier „degressiv", d. h. es finden Abschläge um 10, 20, 30, 40 und 50 v. H. des Höchstbetrages statt, je nachdem dieser über 300000 ℳ bis 500000 ℳ, über 200000 bis 300000 ℳ, über 100000 ℳ bis 200000 ℳ, über 50000 bis 100000 ℳ oder nicht mehr als 50000 ℳ beträgt. Ein steuerpflichtiger Mehrgewinn von 40000 ℳ wäre also von einer ausländischen Gesellschaft mit 12000 ℳ (60 v. H. = 24000 ℳ, davon ab 50 v. H. = 12000 ℳ) zu versteuern. Im übrigen gilt auch für ausländische Gesellschaften die Bestimmung des § 29 Abs. 3, wonach bei **geringer Überschreitung** einer Steuerstufe **die nächstniedrige** zur Anwendung kommen soll (§ 31 Abs. 2). Beträgt also der steuerpflichtige Mehrgewinn einer ausländischen Gesellschaft im vierten Kriegsgeschäftsjahre 301000 ℳ, so beliefe sich die Abgabe nach dem Tarif in § 31 auf 60 v. H. dieses Betrages gekürzt um 40 v. H., also auf 172000 ℳ; statt dieses Satzes ist der der nächstniedrigen Steuerstufe erhöht um 1000 ℳ zu zahlen, also im ganzen eine Steuer von 145000 ℳ. Mehrgewinnbeträge **bis zu 5000 ℳ** bleiben auch bei ausländischen Gesellschaften von der Steuer gänzlich **frei**. Ein steuerpflichtiger Mehrgewinn von 7200, d. h. abgerundet 7000 ℳ, zieht also unter Anwendung des § 29 Abs. 3 nicht eine Steuer von 60 v. H. (d. h. 4200 ℳ — 50 v. H. = 2200 ℳ), sondern nur eine solche von 2000 ℳ nach sich. Im einzelnen berechnen sich die Steuersätze bei ausländischen Gesellschaften nach folgender Übersicht:

Es beträgt		Es beträgt		Es beträgt	
bei einem Mehrgewinn im 4. Kriegsgeschäf.sjahr von ℳ	die Kriegsabgabe ℳ	bei einem Mehrgewinn im 4. Kriegsgeschäftsjahr von ℳ	die Kriegsabgabe ℳ	bei einem Mehrgewinn im 4. Kriegsgeschäftsjahr von ℳ	die Kriegsabgabe ℳ
6000	1000*	8000	2400	10000	3000
7000	2000*	9000	2700	11000	3300

* § 31 Abs. 2 des Gesetzes.

Es beträgt		Es beträgt		Es beträgt	
bei einem Mehrgewinn im 4. Kriegsgeschäftsjahr von	die Kriegsabgabe	bei einem Mehrgewinn im 4. Kriegsgeschäftsjahr von	die Kriegsabgabe	bei einem Mehrgewinn im 4. Kriegsgeschäftsjahr von	die Kriegsabgabe
ℳ	ℳ	ℳ	ℳ	ℳ	ℳ
12000	3600	50000	15000	87000	31320
13000	3900			88000	31680
14000	4200	51000	16000*	89000	32040
15000	4500	52000	17000*	90000	32400
16000	4800	53000	18000*	91000	32760
17000	5100	54000	19000*	92000	33120
18000	5400	55000	19800	93000	33480
19000	5700	56000	20160	94000	33840
20000	6000	57000	20520	95000	34200
21000	6300	58000	20880	96000	34560
22000	6600	59000	21240	97000	34920
23000	6900	60000	21600	98000	35280
24000	7200	61000	21960	99000	35640
25000	7500	62000	22320	100000	36000
26000	7800	63000	22680		
27000	8100	64000	23040	101000	37000*
28000	8400	65000	23400	102000	38000*
29000	8700	66000	23760	103000	39000*
30000	9000	67000	24120	104000	40000*
31000	9300	68000	24480	105000	41000*
32000	9600	69000	24840	106000	42000*
33000	9900	70000	25200	107000	43000*
34000	10200	71000	25560	108000	44000*
35000	10500	72000	25920	109000	45000*
36000	10800	73000	26280	110000	46000*
37000	11100	74000	26640	111000	46620
38000	11400	75000	27000	112000	47040
39000	11700	76000	27360	113000	47460
40000	12000	77000	27720	114000	47880
41000	12300	78000	28080	115000	48300
42000	12600	79000	28440	116000	48720
43000	12900	80000	28800	117000	49140
44000	13200	81000	29160	118000	49560
45000	13500	82000	29520	119000	49980
46000	13800	83000	29880	120000	50400
47000	14100	84000	30240	121000	50820
48000	14400	85000	30600	122000	51240
49000	14700	86000	30960	123000	51660

* § 31 Abs. 2 des Gesetzes.

Es beträgt		Es beträgt		Es beträgt	
bei einem Mehrgewinn im 4. Kriegsgeschäftsjahr von ℳ	die Kriegsabgabe ℳ	bei einem Mehrgewinn im 4. Kriegsgeschäftsjahr von ℳ	die Kriegsabgabe ℳ	bei einem Mehrgewinn im 4. Kriegsgeschäftsjahr von ℳ	die Kriegsabgabe ℳ
124000	52080	162000	68040	200000	84000
125000	52500	163000	68460		
126000	52920	164000	68880	201000	85000*
127000	53340	165000	69300	202000	86000*
128000	53760	166000	69720	203000	87000*
129000	54180	167000	70140	204000	88000*
130000	54600	168000	70560	205000	89000*
131000	55020	169000	70980	206000	90000*
132000	55440	170000	71400	207000	91000*
133000	55860	171000	71820	208000	92000*
134000	56280	172000	72240	209000	93000*
135000	56700	173000	72660	210000	94000*
136000	57120	174000	73080	211000	95000*
137000	57540	175000	73500	212000	96000*
138000	57960	176000	73920	213000	97000*
139000	58380	177000	74340	214000	98000*
140000	58800	178000	74760	215000	99000*
141000	59220	179000	75180	216000	100000*
142000	59640	180000	75600	217000	101000*
143000	60060	181000	76020	218000	102000*
144000	60480	182000	76440	219000	103000*
145000	60900	183000	76860	220000	104000*
146000	61320	184000	77280	221000	105000*
147000	61740	185000	77700	222000	106000*
148000	62160	186000	78120	223000	107000*
149000	62580	187000	78540	224000	107520
150000	63000	188000	78960	225000	108000
151000	63420	189000	79380	226000	108480
152000	63840	190000	79800	227000	108960
153000	64260	191000	80220	228000	109440
154000	64680	192000	80640	229000	109920
155000	65100	193000	81060	230000	110400
156000	65520	194000	81480	231000	110880
157000	65940	195000	81900	232000	111360
158000	66360	196000	82320	233000	111840
159000	66780	197000	82740	234000	112320
160000	67200	198000	83160	235000	112800
161000	67620	199000	83580	236000	113280

* § 31 Abs. 2 des Gesetzes.

Es beträgt		Es beträgt		Es beträgt	
bei einem Mehrgewinn im 4. Kriegsgeschäftsjahr von ℳ	die Kriegsabgabe ℳ	bei einem Mehrgewinn im 4. Kriegsgeschäftsjahr von ℳ	die Kriegsabgabe ℳ	bei einem Mehrgewinn im 4. Kriegsgeschäftsjahr von ℳ	die Kriegsabgabe ℳ
237000	113760	275000	132000	312000	156000*
238000	114240	276000	132480	313000	157000*
239000	114720	277000	132960	314000	158000*
240000	115200	278000	133440	315000	159000*
241000	115680	279000	133920	316000	160000*
242000	116160	280000	134400	317000	161000*
243000	116640	281000	134880	318000	162000*
244000	117120	282000	135360	319000	163000*
245000	117600	283000	135840	320000	164000*
246000	118080	284000	136320	321000	165000*
247000	118560	285000	136800	322000	166000*
248000	119040	286000	137280	323000	167000*
249000	119520	287000	137760	324000	168000*
250000	120000	288000	138240	325000	169000*
251000	120480	289000	138720	326000	170000*
252000	120960	290000	139200	327000	171000*
253000	121440	291000	139680	328000	172000*
254000	121920	292000	140160	329000	173000*
255000	122400	293000	140640	330000	174000*
256000	122880	294000	141120	331000	175000*
257000	123360	295000	141600	332000	176000*
258000	123840	296000	142080	333000	177000*
259000	124320	297000	142560	334000	178000*
260000	124800	298000	143040	335000	179000*
261000	125280	299000	143520	336000	180000*
262000	125760	300000	144000	337000	181000*
263000	126240			338000	182000*
264000	126720	301000	145000*	339000	183000*
265000	127200	302000	146000*	340000	183600
266000	127680	303000	147000*	341000	184140
267000	128160	304000	148000*	342000	184680
268000	128640	305000	149000*	343000	185220
269000	129120	306000	150000*	344000	185760
270000	129600	307000	151000*	345000	186300
271000	130080	308000	152000*	346000	186840
272000	130560	309000	153000*	347000	187380
273000	131040	310000	154000*	348000	187920
274000	131520	311000	155000*	349000	188460

* § 31 Abs. 2 des Gesetzes.

Es beträgt		Es beträgt		Es beträgt	
bei einem Mehrgewinn im 4. Kriegsgeschäftsjahr von M	die Kriegsabgabe M	bei einem Mehrgewinn im 4. Kriegsgeschäftsjahr von M	die Kriegsabgabe M	bei einem Mehrgewinn im 4. Kriegsgeschäftsjahr von M	die Kriegsabgabe M
350000	189000	504000	274000*	542000	312000*
351000	189540	505000	275000*	543000	313000*
352000	190080	506000	276000*	544000	314000*
353000	190620	507000	277000*	545000	315000*
354000	191160	508000	278000*	546000	316000*
355000	191700	509000	279000*	547000	317000*
356000	192240	510000	280000*	548000	318000*
357000	192780	511000	281000*	549000	319000*
358000	193320	512000	282000*	550000	320000*
359000	193860	513000	283000*	551000	321000*
360000	194400	514000	284000*	552000	322000*
361000	194940	515000	285000*	553000	323000*
362000	195480	516000	286000*	554000	324000*
363000	196020	517000	287000*	555000	325000*
364000	196560	518000	288000*	556000	326000*
365000	197100	519000	289000*	557000	327000*
366000	197640	520000	290000*	558000	328000*
367000	198180	521000	291000*	559000	329000*
368000	198720	522000	292000*	560000	330000*
369000	199260	523000	293000*	561000	331000*
370000	199800	524000	294000*	562000	332000*
usw. für	usw.	525000	295000*	563000	333000*
je 1000 M	je 540 M	526000	296000*	564000	334000*
mehr	mehr	527000	297000*	565000	335000*
z. B.	z. B.	528000	298000*	566000	336000*
375000	202500	529000	299000*	567000	337000*
380000	205200	530000	300000*	568000	338000*
400000	216000	531000	301000*	569000	339000*
420000	226800	532000	302000*	570000	340000*
430000	232200	533000	303000*	571000	341000*
440000	237600	534000	304000*	572000	342000*
480000	259200	535000	305000*	573000	343000*
490000	264600	536000	306000*	574000	344000*
500000	270000	537000	307000*	575000	345000
		538000	308000*	576000	345600
501000	271000*	539000	309000*	577000	346200
502000	272000*	540000	310000*	578000	346800
503000	273000*	541000	311000*	579000	347400

* § 31 Abs. 2 des Gesetzes.

Es beträgt		Es beträgt		Es beträgt	
bei einem Mehrgewinn im 4. Kriegsgeschäftsjahr von ℳ	der Kriegsabgabe ℳ	bei einem Mehrgewinn im 4. Kriegsgeschäftsjahr von ℳ	die Kriegsabgabe ℳ	bei einem Mehrgewinn im 4. Kriegsgeschäftsjahr von ℳ	die Kriegsabgabe ℳ
580000	348000	660000	396000	3000000	1800000
usw. für	usw.	700000	420000	4000000	2400000
je 1000 ℳ	je 600 ℳ	720000	432000	5000000	3000000
mehr	mehr	750000	450000	6000000	3600000
z. B.	z. B.	800000	480000	7000000	4200000
600000	360000	900000	540000	8000000	4800000
610000	366000	1000000	600000	9000000	5400000
620000	372000	2000000	1200000	10000000	6000000
650000	390000				

Die Bestimmung des (alten) Kriegssteuergesetzes (§ 19 Abs. 4), wonach der Tarif der ausländischen Gesellschaften zugleich als **Höchsttarif** für die inländischen Gesellschaften galt, ist in das Abgabegesetz **nicht** übernommen worden. Die inländischen Gesellschaften haben also für die Kriegsabgabe des vierten Kriegsgeschäftsjahres nicht mehr das Recht, die Versteuerung nach dem Tarif für ausländische Gesellschaften zu verlangen, wenn dieser ihnen günstiger sein würde.

§ 32

Der Bundesrat bestimmt, ob und inwieweit Gewinnanteile, die zu ausschließlich gemeinnützigen Zwecken allgemeiner Art auf dem Gebiete der Kriegswohlfahrt verwendet worden sind, von der Abgabe befreit sind.

Erläuterungen:

In § 22 Abs. 1 des (alten) Kriegssteuergesetzes war gesagt, daß die Abgabe insoweit nicht erhoben werden sollte, als sie verhältnismäßig auf Gewinnbeträge entfällt, die zu **ausschließlich gemeinnützigen Zwecken** bestimmt worden sind und deren dauernde Verwendung zu solchen Zwecken gesichert ist. Die Freistellung war nach dem alten Gesetz im Verwaltungswege zu verfügen, und zwar bei Beträgen, die aus dem Vermögen der steuerpflichtigen Gesellschaft ausschieden, von der „Oberbehörde" (Besitzsteueramt), wenn die Beträge aber im Eigentum der Gesellschaft verblieben, von der obersten Landesfinanzbehörde im Einverständnisse mit dem Reichskanzler (Reichsschatzamt), und im Falle einer Meinungsverschiedenheit zwischen diesen beiden Behörden der Bundesrat (§ 30 der AusfBest. zum alten Kriegssteuergesetz). Bei der Auslegung der Bestimmung des § 22 Abs. 1 des (alten) Kriegssteuergesetzes war u. a. namentlich die **Streitfrage** aufgeworfen und viel erörtert worden, welche Verwendungszwecke als „ausschließlich gemeinnützige" anzusehen seien. Der engeren Auffassung (u. a. von Strutz), daß nur die Verwendung zum „gemeinen Besten", nicht also die bloß zum Vorteil eines begrenzten Personenkreises das Steuervorrecht genieße, standen andere (Mrozek, Zimmermann, Norden-Friedlaender) gegenüber, die unter Umständen auch die Verwendung für enger abgegrenzte Wohlfahrtszwecke als der Begünstigung teilhaftig gelten lassen wollten. Für das Kriegsabgabegesetz wird diese Streitfrage nicht mehr als dringlich zu gelten haben. Denn nach § 32 sind für das vierte Kriegsgeschäftsjahr steuerlich begünstigt nur noch solche Gewinnanteile, „die zu ausschließlich gemeinnützigen Zwecken **auf dem Gebiet der Kriegswohlfahrt**" verwendet worden sind. Damit ist der frühere, in jedem Falle weitergehende Standpunkt verlassen, und die steuerliche Begünstigung stark eingeschränkt.

Der Bundesrat soll bestimmen, ob und wieweit **Gewinnanteile**, die in der angegebenen Weise verwendet worden sind, von der Abgabe frei sein sollen. Es muß sich um Gewinnanteile, also um Zuwendungen **aus dem Geschäftsgewinn** des vierten Kriegsgeschäftsjahres handeln. Ausgaben, die während des Geschäftsjahres für die in Betracht kommenden Zwecke gemacht worden sind, können nachträglich als dem Reingewinn entnommen festgestellt werden. Andererseits steht einer Verbuchung dieser Beträge über Unkosten regelmäßig nichts im Wege.

Die **Zwecke**, denen die freizustellenden Beträge zugeführt worden sind, müssen gemeinnützige allgemeiner Art sein und auf dem Gebiet der Kriegswohlfahrtspflege liegen. Sind Gewinnanteile so verwendet, so bestimmt der (darum zu ersuchende) Bundesrat, ob und inwieweit diese so verwendeten Gewinnanteile von der Abgabe frei bleiben sollen. Davon, daß der Bundesrat **auch den Kreis der Zwecke**, die der Vergünstigung teilhaftig sind, festzulegen berechtigt sein soll, steht im Gesetz nichts; er soll nach dem Gesetz nur bestimmen, ob bei einer Verwendung in dem vorgesehenen

Sinne die Steuervergünstigung eintreten soll und wie weit sie zu gehen hat. Jede andere Auffassung des § 32 hieße dem Wortlaut und auch dem Sinne Gewalt antun. Denn der Paragraph will offenbar die Pflege und die Förderung der allgemeinen Zwecke der Kriegswohlfahrt keinesfalls irgendwie beschränken. Dennoch hat der Bundesrat in den Ausführungsbestimmungen (§ 30) zu dieser Vorschrift eine **beträchtliche Einengung** des Inhalts der Gesetzesvorschrift vorgenommen. Nach der Verordnung des Bundesrats wird die Abgabe von den Gesellschaften insoweit nicht erhoben, als sie verhältnismäßig auf Gewinnbeträge entfällt, die dem Roten Kreuz, der Nationalstiftung für die Hinterbliebenen der im Kriege Gefallenen, der Marinestiftung und der Ludendorff-Spende zugewendet worden sind. Der unerhoben bleibende Betrag darf jedoch den zehnten Teil der nach dem Gesetze geschuldeten Abgabe nicht übersteigen. Der Bundesrat bringt hier also zum Ausdruck, daß er von den sehr zahlreichen, der Kriegswohlfahrt dienenden, ausschließlich gemeinnützigen Einrichtungen, Organisationen u. dgl. allgemeiner Art **nur die vier** von ihm ausdrücklich Genannten als unter den § 32 fallend anerkennen will, worin eine starke Beschränkung des im § 32 zum Ausdruck gekommenen Gedankens liegt. Im Bericht des Reichstagsausschusses waren die vier vom Bundesrat für allein begünstigt erklärten Organisationen nur als **Beispiele** für die nach § 32 zu berücksichtigenden Zuwendungen erwähnt worden; schon hieraus geht hervor, daß bei der Fassung des § 32 nicht daran gedacht worden ist, den Kreis der Zwecke zahlenmäßig festzulegen oder durch den Bundesrat festlegen zu lassen. Da dies aber nun einmal geschehen ist, werden die steuerpflichtigen Gesellschaften sich damit abzufinden haben; eine Nachprüfung der vom Bundesrat für jeden Einzelfall zu treffenden Entscheidung durch die Verwaltungsgerichte findet nicht statt.

Die **Berechnung** des freizubleibenden Betrages schließt sich an die oben angeführte Bestimmung des bisherigen Kriegssteuergesetzes an. Die Abgabe wird insofern nicht erhoben, als sie verhältnismäßig auf entsprechend verwendete Gewinnbeträge entfällt. Das heißt also, ist von dem Mehrgewinn des vierten Kriegsgeschäftsjahres der zwanzigste Teil für die Ludendorff-Spende, das Rote Kreuz usw. verwendet, so bleibt der zwanzigste Teil der Abgabe unerhoben. Es muß also stets **zunächst** die Abgabe **für den vollen Mehrgewinn** festgestellt werden, von diesem vollen Betrage ist dann der verhältnismäßige Teil zu kürzen. **Eine weitere Be-**

schränkung liegt dabei in der Bestimmung, daß der unerhoben bleibende Betrag den zehnten Teil der Abgabe nicht übersteigen darf, also höchstens bis zu einem Zehntel der Abgabe gehen kann. Hat mithin eine Gesellschaft ein Viertel ihres Geschäftsgewinnes den im § 32 genannten Zwecken zugeführt, so bleibt dennoch nur ein Zehntel der zunächst auf den vollen Mehrgewinn festzustellenden Abgabe unerhoben.

Der Antrag auf Freilassung von Gewinnbeträgen gemäß § 32 ist von den pflichtigen Gesellschaften — **Einzelpersonen genießen die Vergünstigung nicht** — binnen einem Monat nach Zustellung des Bescheides (§ 35) bei dem Besitzsteueramte zu stellen. Wird der Antrag rechtzeitig gestellt, so kann das Besitzsteueramt die Erhebung des entsprechenden Abgabebetrages vorläufig aussetzen. Über den Antrag entscheidet endgültig der Bundesrat, in dessen freies Ermessen die Bewilligung der Befreiung gestellt ist.

In dem Gesetz über Sicherung der Kriegssteuer vom 9. April 1917 waren Gewinnbeträge, die zu ausschließlich gemeinnützigen Zwecken bestimmt waren, nicht besonders erwähnt gewesen, so daß sie als Teile des Geschäftsgewinnes anzusehen und in vollem Umfange rücklagepflichtig waren (vgl. im einzelnen Norden-Friedlaender, Kriegssteuergesetz, 2. Aufl., S. 267 ff.).

Gemeinsame Vorschriften.

§ 33

Die Veranlagung und Erhebung der Kriegsabgabe erfolgt durch die für die Veranlagung und Erhebung der Besitzsteuer zuständigen Behörden.

Soweit dieses Gesetz nichts anderes vorschreibt, gelten die Vorschriften des Besitzsteuergesetzes über die Veranlagung und Erhebung der Besitzsteuer entsprechend für die Veranlagung und Erhebung der Kriegsabgabe.

Die Veranlagung und Erhebung der Kriegsabgabe der Bundesfürsten erfolgt durch die vom Bundesrat auf Grund des § 25 Abs. 3 des Kriegssteuergesetzes vom 21. Juni 1916 bestimmten Behörden.

Erläuterungen:

Die **Veranlagung und Erhebung** der neuen Kriegsabgabe ist den mit diesen Geschäften schon von der ersten Kriegssteuer her vertrauten Stellen überlassen. Demgemäß ist der vorliegende § 33 Abs. 1 und 2 ebenso gefaßt wie der entsprechende § 25 des (alten) Kriegssteuergesetzes. Es werden danach die für die Veranlagung und Erhebung der Besitzsteuer nach dem Besitzsteuergesetz berufenen Behörden als in gleicher Weise für beide Arten der Kriegsabgabe (nämlich der Einzelpersonen und der Gesellschaften) für zuständig erklärt. Auch über die Formen, in denen die Behörden vorzugehen haben, sollen die Vorschriften des Besitzsteuergesetzes entsprechend für die Veranlagung und Erhebung der Kriegsabgabe gelten; nur wo im Kriegsabgabegesetz oder in den Ausführungsbestimmungen ausdrücklich Ausnahmen vorgesehen sind, wird von den Vorschriften des Besitzsteuergesetzes abgewichen.

Für die Veranlagung und Erhebung kommen nach dem Besitzsteuergesetz zunächst die Bestimmungen der §§ 48—51 und des § 73 in Betracht. Sie regeln das **Veranlagungsverfahren.** Zuständig sind die Behörden des Bundesstaats (Landessteuerbehörden), in dem der Steuerpflichtige zur Zeit der Veranlagung seinen Wohnsitz oder in Ermangelung eines Wohnsitzes seinen gewöhnlichen Aufenthalt hat. Bei mehrfachem inländischen Wohnsitz ist der dienstliche Wohnsitz (bei Beamten) vor einem andern, der Wohnsitz in dem Heimatstaat (entscheidend nicht Geburt, sondern Staatsangehörigkeit) vor dem Wohnsitz in einem anderen Bundesstaat maßgebend. Liegt keiner dieser Fälle vor, so gilt der Wohnsitz an dem Orte, an dem der Steuerpflichtige sich **vorwiegend aufhält.** Diese Bestimmung kommt u. a. für Kaufleute in Betracht, die an zwei Niederlassungsorten ihres Unternehmens abwechselnd anwesend sind und sich aufhalten. Auch auf Landwirte, die einen Teil des Jahres in der Stadt wohnen, ist die Vorschrift anwendbar. Entscheidend ist der Ort, wo der größere Teil des Jahres üblicherweise zugebracht wird.

Steuerpflichtige, die zur Zeit der Veranlagung im Inland weder Wohnsitz noch gewöhnlichen Aufenthalt haben, sind in dem Bundesstaat zu veranlagen, in dem sie ihren letzten inländischen Wohnsitz oder Aufenthalt gehabt haben. Diese Bestimmung gilt namentlich auch für **Abgewanderte,** die steuerpflichtig bleiben, auch wenn sie ihren Wohnsitz oder ständigen Aufenthalt ins Ausland verlegt haben. Meinungsverschiedenheiten zwischen Bundesstaaten über ihre Zuständigkeit für die Steuerveranlagung werden vom Bundesrat entschieden; dieser kann auch generelle Verordnungen über die Zuständigkeitsfrage erlassen.

Die von den Landesregierungen nach § 49 des Besitzsteuergesetzes bestellten „Besitzsteuerämter" sind auch zuständig für die Verwaltung der Kriegssteuer. Nach Landesrecht richtet sich auch, inwiefern die Gemeinden bei der Veranlagung der Kriegssteuer mit heranzuziehen sind, und welche Oberbehörden den für die Veranlagung der Kriegssteuer zuständigen Besitzsteuerämtern übergeordnet sind.

In Preußen ist die Veranlagung der Besitzsteuer den Veranlagungskommissionen (§ 35 Preuß. EinkStG.) übertragen. Diese sind durch die Veranlagung der Einkommens- und der Ergänzungssteuer über die Verhältnisse des Steuerpflichtigen unterrichtet; sie waren auch bereits zu der Veranlagung des Wehrbeitrags berufen. Die Vorsitzenden der Veranlagungskommissionen werden hinsichtlich ihrer Geschäftsführung durch die Vorsitzenden der Berufungskommissionen überwacht. Diese Überwachung hat aber nichts mit den dem Steuerpflichtigen zustehenden Rechtsmitteln gegen die Veranlagung (s. Erläut. zu § 36) und mit den Rechtsmittelbehörden (Berufungskommission, Oberverwaltungsgericht) zu tun.

Neben den Überwachungsbehörden übt noch der „Reichsbevollmächtigte für Zölle und Steuern" bezüglich der Veranlagung eine Kontrolltätigkeit aus (§ 50 Besitzsteuergesetz), der Reichskanzler regelt dessen Zuständigkeit und kann seine Befugnisse für die Besitzsteuer (also auch für die Kriegssteuer) mit Genehmigung des Bundesrats anderen Beamten übertragen. Der Reichstag erhält über die Überwachungstätigkeit alljährlich Bericht.

Zur **Sicherung der Veranlagung** ist jeder Besitzer eines bewohnten Grundstücks (also der Vermieter) verpflichtet, der Veranlagungsbehörde (§ 51 Besitzsteuergesetz) auf Verlangen sämtliche Bewohner mit Namen, Beruf, Geburtsort, Geburtstag, anzugeben. Die Haushaltungsvorstände haben dem Grundstücksbesitzer die erforderlichen Aufschlüsse (auch über Untermieter) zu erteilen.

Ist die Veranlagung eines Steuerpflichtigen zu Unrecht **unterblieben,** so wird dadurch (§ 73 Besitzsteuergesetz) die Pflicht zur Zahlung der Steuer nicht berührt. Es findet eine nachträgliche Veranlagung statt. Eine Neu- oder Nachveranlagung ist auch dann vorzunehmen, wenn eine zu niedrige Veranlagung des Steuerpflichtigen erfolgt ist, sei es, daß der Steuerpflichtige fahrlässig oder wissentlich falsche Angaben bei der Steuererklärung gemacht hat, sei es, daß die zu niedrige Veranlagung ohne Verschulden des Steuerpflichtigen zustande gekommen ist. In diesem Falle ist aber eine Nachveranlagung nach dem Besitzsteuergesetz[1]) nur zulässig, wenn **neue Tatsachen und Beweismittel** nachträglich bekannt werden, die eine höhere Veranlagung rechtfertigen. Als neue Tatsache kann z. B. auch gelten, wenn sich herausstellt, daß der gemeine Wert von Gegenständen unter Annahme falscher Voraussetzungen (Verkauf gleichartiger Gegenstände zu einem bestimmten niedrigen Preise) angenommen worden ist. Dabei ist indes zu bemerken, daß das Preußische Oberverwaltungsgericht einen anderen Standpunkt einnimmt. Die Rechtsmittel gegen die Nachveranlagungen sind die gleichen wie gegen die ordentlichen Veranlagungen.

Gibt ein Steuerpflichtiger die **Steuererklärung nicht rechtzeitig** ab, so kann ihm ein **Zuschlag** von 5—10 v. H. der rechtskräftig festgestellten Steuer auferlegt werden (§ 54 Besitzsteuergesetz; vgl. § 29 der AusfBest. zum alten Kriegssteuergesetz).

Eine **besondere Steuererklärung** kommt aber für die Mehreinkommensteuer und die Vermögenssteuer **regelmäßig nicht** in Betracht, da die Veranlagung auf Grund der einzelstaatlichen steuerlichen Feststellungen (§§ 4, 15) erfolgt. Wohl aber müssen die Gesellschaften, und zwar alle ohne Rücksicht darauf, ob eine objektive Steuerpflicht vorliegt oder nicht, d. h. also ohne Rücksicht auf die Höhe ihres Geschäftsgewinns und Mehrgewinns, eine Steuererklärung abzugeben (§ 34 Abs. 2 u. Erläut. dazu).

Für die **Zuständigkeit der Bundesstaaten** zur Veranlagung und Erhebung der Kriegsabgabe der **Einzelpersonen** maßgebend sind die Wohnsitz- und Aufenthaltsverhältnisse des Abgabepflichtigen am 31. Dezember 1917. Hat ein Abgabepflichtiger nach dem 31. Dezember 1917 in einem Bundesstaat seinen Wohnsitz begründet oder seinen gewöhnlichen Aufenthalt genommen, und ist er oder wird er hier bei der nach § 8 des Gesetzes (s. oben) maßgebenden Jahresveranlagung (in Preußen die Veranlagung für das Steuerjahr 1918) zur Einkommensteuer veranlagt, so ist dieser Bundesstaat zuständig, es sei denn, daß der Abgabepflichtige in dem Bundesstaate des früheren Wohnsitzes oder Aufenthaltes ebenfalls bei der nach § 8

[1]) Für das Kriegsabgabegesetz s. noch § 42 und Erläuterungen dazu.

maßgebenden Jahresveranlagung veranlagt worden ist oder veranlagt wird.

Zur Veranlagung und Erhebung der Kriegsabgabe **inländischer Gesellschaften** ist der Bundesstaat zuständig, in dem sie ihren Sitz haben. Zur Veranlagung und Erhebung der Abgabe **ausländischer Gesellschaften** ist der Bundesstaat zuständig, in dessen Gebiete sich der inländische Geschäftsbetrieb der Gesellschaft befindet, und wenn sich der inländische Geschäftsbetrieb auf mehrere Bundesstaaten erstreckt, der Bundesstaat, auf den der größte Teil des inländischen Geschäftsbetriebes entfällt.

In **Zweifelsfällen** entscheidet der **Bundesrat** über die Zuständigkeit (§ 3 Abs. 2—4 AusfBest.).

Die **Steuerpflicht der Bundesfürsten** ist durch den Abs. 3 gesetzlich festgelegt.[1]) Die Fürsten werden durch die Behörden veranlagt, die vom Bundesrat auf Grund des (alten) Kriegssteuergesetzes für die (damals nur auf Grund freiwilligen Anerbietens der Fürsten vorgenommene) Veranlagung zur ersten Kriegssteuer bestimmt worden sind.

§ 34

Wer ein Vermögen von mehr als hunderttausend Mark besitzt, ist zur Abgabe einer Vermögenserklärung verpflichtet, sofern die Kriegsabgabe nicht nach dem auf den 31. Dezember 1916 festgestellten Vermögen zu bemessen ist.

Die Vorstände, persönlich haftenden Gesellschafter, Repräsentanten, Geschäftsführer oder Liquidatoren der pflichtigen Gesellschaften (§ 20), bei ausländischen Gesellschaften (§ 30) die Vorsteher der inländischen Niederlassungen sind verpflichtet, dem Besitzsteueramt eine Steuererklärung einzureichen, welche nach näherer Bestimmung des Bundesrats die für die Feststellung des abgabepflichtigen Mehrgewinns erforderlichen Angaben zu enthalten hat.

Erläuterungen:

Eine **Vermögenserklärung** für die Zwecke der Kriegsabgabe ist **nur von den Personen** abzugeben, die **mehr als hunderttausend Mark Vermögen** besitzen **und entweder** auf den 31. Dezember 1916

---

[1]) Nach (altem) Kriegssteuergesetz war das nicht in gleicher Weise der Fall.

nicht zur Besitzsteuer veranlagt worden sind, **oder** nach dem 31. Dezember 1916, durch Schenkung, Erbfall, Vermächtnis u. dgl. mehr als 5000 ℳ erworben haben (§ 16) **oder** seit dem 31. Dezember 1916 nachweislich mehr als den fünften Teil ihres damaligen Vermögens verloren haben. Steuerpflichtige, die keiner dieser drei Personengruppen angehören, werden auf der Grundlage des bei den staatlichen Einkommensteuerveranlagungsbehörden (Besitzsteuerämtern) vorhandenen Materials über ihre Einkommens- und Vermögensverhältnisse veranlagt.[1]) Eine besondere **Mehreinkommenserklärung** für die Zwecke der Kriegsabgabe ist nicht vorgesehen. Nach § 39 (s. Erläut. dazu) sind die Steuerpflichtigen aber gehalten, eine früher abgegebene unrichtige oder unvollständige Steuererklärung, auf Grund deren die Veranlagung der Kriegsabgabe vom Mehreinkommen und Vermögen zu erfolgen hat, der Behörde gegenüber zu berichtigen oder zu vervollständigen. Früher wissentlich falsch abgegebene Erklärungen können in Gemäßheit der landesrechtlichen Bestimmungen ein Strafverfahren zur Folge haben.

Nach § 54 des Besitzsteuergesetzes, der auf die Kriegsabgabe Anwendung findet, kann der Steuerpflichtige zur Abgabe der Steuererklärung durch Geldstrafen bis zu 500 ℳ angehalten werden. Bei nicht rechtzeitiger Abgabe kann ein Zuschlag von 5 bis 10 v. H. auf die veranlagte Steuer festgesetzt werden.

Die **Frist** für die Abgabe der Vermögenserklärung der Einzelpersonen nach § 34 Abs. 1 wird durch die obersten Landesfinanzbehörden in den einzelnen Bundesstaaten bestimmt.

Über **Kontrollrechte der Veranlagungsbehörden** hinsichtlich der Steuererklärung des Pflichtigen enthalten die §§ 55 bis 64 des Besitzsteuergesetzes eingehende Vorschriften. Danach kann die Veranlagungsbehörde Zeugen und Sachverständige (diese z. B. über die Bewertung von Vermögensgegenständen) über die Angaben in der Steuererklärung uneidlich vernehmen. Jeder, der nach Ansicht der Steuerkommission über die streitige Frage unterrichtet ist, oder sonst Auskunft geben kann, ist verpflichtet, der Veranlagungsbehörde Aufklärung zu geben. Ein **Zeugnis- (oder Gutachtens-) verweigerungsrecht** hat der von der Steuerbehörde geladene oder angefragte Zeuge oder Gutachter nur insofern, als die Zivilprozeß-

---

[1]) Für Preußen gilt die Ministerialverordnung vom 31. Aug. 1918 (vgl. die hierher gehörigen Nr. 4—8, s. Anhang).

ordnung (§§ 383, 385, 407, 408) solche Weigerung zuläßt. Das ist der Fall für Verlobte einer Partei, für Ehegatten, auch wenn die Ehe nicht mehr besteht, für Verwandte und Verschwägerte einer Partei, und zwar für die in gerader Linie Verwandten und Verschwägerten (Kinder, Enkel, Eltern, Großeltern, Schwiegereltern, Schwiegersöhne und -töchter usw.) unbeschränkt, für die in der Seitenlinie Verwandten bis zum dritten Grade (Geschwister, Onkel, Neffe usw.) und Verschwägerte bis zum zweiten Grade (Stiefkinder und Stiefeltern, Schwager, Schwägerin). Ferner durch Adoption Verbundene in gerader Linie. Das Zeugnis können weiter verweigern: Geistliche (aller staatlich anerkannten Konfessionen) für das ihnen bei Ausübung der Seelsorge Anvertraute, sowie Personen, die kraft ihres Amtes, Standes, Berufes Tatsachen erfahren, deren Geheimhaltung geboten ist, in betreff dieser Tatsachen. Die beiden letztgenannten Personengruppen können durch die Partei von der Verpflichtung zur Verschwiegenheit entbunden werden. Das Zeugnis kann ferner von jedem verweigert werden über Fragen, deren Beantwortung ihm oder einem nahen Verwandten oder Verschwägerten (s. die vorhin genannten Personengruppen) einen unmittelbaren **Vermögensnachteil** bringen würde (z. B. Preisgabe von Geschäftsverbindungen), ferner über Fragen, deren Beantwortung ihm oder den erwähnten Personen zur Unehre gereichen würde, und schließlich über solche Fragen, durch deren Beantwortung der Befragte ein Kunst- oder Gewerbegeheimnis verletzen würde. Wegen der Befürchtung eines vermögensrechtlichen Schadens darf jedoch das Zeugnis nicht verweigert werden, falls es sich um die Aussage über Rechtsgeschäfte handelt, zu denen der Befragte selber als Urkundszeuge hinzugezogen war; ferner darf das Zeugnis nicht über rechtlich erhebliche Vorgänge und vermögensrechtliche Verhältnisse (Geburten, Verehelichungen, Sterbefälle, ehelichen Güterstand) innerhalb der Familie des Zeugen verweigert werden, sowie schließlich nicht über solche Handlungen, die von dem Zeugen selbst als Rechtsvorgänger (z. B. Vorerbe) oder Vertreter (gesetzlicher Vertreter oder Bevollmächtigter) einer Partei vorgenommen worden sind. In allen diesen Fällen dürfen auch nahe Angehörige das Zeugnis nicht verweigern. — Der Sachverständige, der öffentlich zur Erstattung von Gutachten bestellt ist, sowie jemand, der die betreffende Beschäftigung öffentlich zum Erwerbe ausübt, kann die Erstattung des von ihm verlangten Gutachtens nicht ablehnen. Im übrigen gelten für den **Sachverständigen** dieselben Weigerungsgründe wie für die Zeugen. Wegen ungerechtfertigter Ablehnung des Zeugnisses oder Gutachtens kann eine — nicht in Freiheitsstrafe umwandelbare — Geldstrafe bis zu 150 ℳ im Einzelfalle verhängt werden.

Außer zur Abgabe der Steuererklärung ist der Steuerpflichtige auf Erfordern der Behörde auch zur Beibringung von Nachweisen als Belege für seine Angaben verpflichtet (Besitzsteuergesetz § 57). So muß er namentlich alle Bücher, Wirtschafts- und Geschäftsaufzeichnungen, Verträge, Urkunden, Briefwechsel, Bankabrechnungen und sämtliche sonstigen etwa in Betracht kommenden Schriftstücke der Steuerbehörde „zur Einsicht und Prüfung" auf Erfordern vorlegen. Tunlichst soll die Vorlegung in den Räumen (Wohnung oder Geschäft) des Steuerpflichtigen geschehen. Die Behörde kann aber auch unter Umständen eine Übersendung der Belege an sie verlangen. Eine Strafe für Nichterfüllung der Vorlegungspflicht ist nicht vorgesehen. Die Weigerung, die Bücher usw. offen zu legen, wird aber die Veranlagungsbehörde zu gewissen Schlüssen hinsichtlich der Zuverlässigkeit der Steuererklärung des Pflichtigen veranlassen. Wegen der Bestrafung für unrichtige Steuererklärungen s. unten zu § 39.

Für Minderjährige, Geisteskranke und sonstige unter elterlicher Gewalt oder Vormundschaft stehende Personen — die an sich selbständig steuerpflichtig sind — müssen die gesetzlichen Vertreter die Steuererklärung abgeben.

Besondere Verpflichtungen liegen **Erben und Testamentsvollstreckern** ob (§ 62 Besitzsteuergesetz). Die Steuerbehörde erhält durch die Standesämter Nachricht von jedem Todesfall. Sie kann daraufhin bei Zwangsstrafen bis zu 150 ℳ von den verantwortlichen Nachlaßverwaltern (Erben, Pfleger, Testamentsvollstrecker) ein Verzeichnis des hinterlassenen Vermögens verlangen. Die Pflicht zur Einreichung eines solchen Verzeichnisses besteht indes nicht, falls schon eine den gesamten Nachlaß umfassende Erbschaftssteuererklärung dem Erbschaftssteueramt gegenüber abgegeben ist.

Alle Reichs-, Staats- und Gemeindebehörden haben die Kriegssteuerbehörde bei ihren Ermittlungen zu unterstützen und ihr Akteneinsicht u. dgl. zu gewähren, Auskünfte und Abschriften zu erteilen (§ 63 Besitzsteuergesetz). Die Notare haben diese Pflicht in Hinsicht von Nachlaßverhandlungen, im übrigen trifft sie die allgemeine Auskunftspflicht (s. oben), wobei ihnen indes das oben besprochene Zeugnisverweigerungsrecht zuzubilligen ist. Keine Auskunftspflicht besteht für die Postbehörden, für die Verwaltung der **öffentlichen Schuldbücher** (Reichs-, Staats-, Gemeindeschuldbuch), für die öffentlichen Sparkassen und andere öffentlichen Anstalten, die fremdes Vermögen verwahren oder verwalten.

Die **Steuererklärung der Gesellschaften** ist in der Zeit vom 1. bis zum 31. Oktober 1918 abzugeben. Für Gesellschaften, deren viertes Kriegsgeschäftsjahr (§ 23) erst nach dem 31. März 1918 endigt, erstreckt sich die Frist auf sechs Monate nach Ablauf dieses Geschäftsjahres (§ 24 Abs. 2 AusfBest.). Zur Abgabe der Erklärung sind bei inländischen Gesellschaften sämtliche vertretungsberechtigten Gesellschaftsorgane, wie sie auch benannt sein mögen, solidarisch verpflichtet; bei ausländischen Unternehmungen sind es die Vorsteher der inländischen Niederlassung. Die Verpflichteten unterliegen auch der Strafbestimmung des § 39 (§§ 33 und 34 des alten Kriegssteuergesetzes). Bei Kommanditgesellschaften auf Aktien üben das Vertretungsrecht die persönlich haftenden Gesellschafter aus. Die Kriegssteuererklärung muß von den Verpflichteten auch ohne allgemeine oder besondere Aufforderung (Zusendung des Vordrucks für die Erklärung od. dgl.) abgegeben werden.

§ 35

Der Betrag der geschuldeten Abgabe wird dem Abgabepflichtigen von dem Besitzsteueramte durch einen Bescheid mitgeteilt. Der Bescheid enthält eine Belehrung über die zulässigen Rechtsmittel und eine Anweisung zur Entrichtung der Abgabe innerhalb der gesetzlichen Zahlungsfrist.

Soweit dem Abgabepflichtigen die Berechnungsgrundlagen der angeforderten Abgabe nicht anderweit bereits mitgeteilt sind oder mitgeteilt werden, sind sie ihm durch den Steuerbescheid bekanntzugeben. Dabei sind die Punkte zu bezeichnen, in welchen von den Angaben des Abgabepflichtigen abgewichen worden ist.

Erläuterungen:

Die Vorschrift entspricht der des § 29 Abs. 1 und 2 des (alten) Kriegssteuergesetzes. Eine vorläufige Festsetzung der Kriegsabgabe der Gesellschaften (wie nach § 28 Abs. 1 des alten Kriegssteuergesetzes) kommt für die neue Abgabe nicht in Betracht. Der vom Besitzsteueramt dem Abgabepflichtigen (Einzelperson oder Gesellschaft) zugestellte **Bescheid** ist die Mitteilung über die für den Pflichtigen festgesetzte Höhe der Abgabe. Mit dem Bescheid werden dem Steuerpflichtigen auch die **Berechnungsgrundlagen** mitgeteilt, die zu der Festsetzung der Abgabe geführt; diese Mitteilung erübrigt sich, soweit die Grundlagen dem Pflichtigen schon früher zugängig gemacht oder ihm anderweitig eröffnet worden sind. In dem Bescheid sind die Punkte besonders zu bezeichnen, in denen die Veranlagungsbehörde von der Steuererklärung abgewichen ist. Eine Begründung für die etwaigen Abweichungen braucht die Behörde aber nicht zu geben. Immerhin wird der Steuerpflichtige durch die ihm zugehende Mitteilung in den Stand gesetzt, genau zu prüfen, ob er mit den Schätzungen der Steuerbehörde einverstanden sein kann oder nicht; er kann sich letzterenfalls entscheiden, ob er zu einer **Anfechtung** des Steuerbescheides schreiten will. Der Bescheid muß eine Belehrung des Steuerpflichtigen über die zulässigen **Rechtsmittel** (s. § 36 und Erläut. dazu) enthalten; ferner ist ihm eine Anweisung zur Entrichtung der Abgabe innerhalb der gesetzlichen Zahlungsfristen (§ 37) beigefügt.

Der Bescheid enthält außer dem Gesamtbetrag der zu zahlenden Abgabe und den Berechnungsgrundlagen, soweit sie dem Pflichtigen nicht schon anderweit mitgeteilt sind, im einzelnen folgende Punkte:

Die Anweisung zur Entrichtung der Kriegsabgabe innerhalb der vorgeschriebenen Zahlungsfrist (ein Monat, § 37);

eine Belehrung über die zulässigen Rechtsmittel unter Angabe der Rechtsmittelfristen und Bezeichnung der Behörden, bei denen die Rechtsmittel einzulegen sind;

die Bezeichnung der zur Empfangnahme der Zahlung zuständigen Kassenstelle;

eine Belehrung über die Annahme der Schuldverschreibungen, Schuldbuchforderungen und Schatzanweisungen der Kriegsanleihe des Deutschen Reiches an Zahlungs Statt (§ 38).

Zu bemerken ist noch, daß die Behörde das Ergebnis der Veranlagung nach Abschluß der Ermittlungen in dem Steuerbescheid mitzuteilen hat, daß sie aber nicht die Pflicht hat, bei ihren Ermittlungen den Steuerpflichtigen zu hören, ihm die etwaigen Beanstandungen seiner Steuererklärung zur Kenntnis zu bringen und ihm zur Aufhellung von Mißverständnissen usw. Gelegenheit zu geben. Die Behörde kann ohne Verhandlung mit dem Steuerpflichtigen von seiner Erklärung und seinen **Wertangaben** und Schätzungen **abweichen.** Eine Begründung der Abweichungen braucht dem Steuerpflichtigen nicht gegeben zu werden. Ihm bleiben dann nur die Rechtsmittel gegen den Bescheid.

§ 36

Die Landesregierung bestimmt die gegen den Steuerbescheid zunächst zulässigen Rechtsmittel einschließlich des Rechtsmittelverfahrens. Nach Erschöpfung des landesrechtlich geordneten Rechtsmittelzugs ist binnen einem Monat die Rechtsbeschwerde an den Reichsfinanzhof gegeben.

Die nach Landesrecht erfolgende Feststellung des Friedens- und Kriegseinkommens kann nur durch die gegen die landesrechtliche Einkommensteuerveranlagung zulässigen Rechtsbehelfe angefochten werden, es sei denn, daß das Einkommen gemäß § 12 für die Veranlagung der Kriegsabgabe besonders zu ermitteln ist.

Erläuterungen:

Im Gegensatz zum (alten) Kriegssteuergesetz läßt das Abgabegesetz den **Rechtsmittelzug** insofern einstweilen im ungewissen, als es den Landesregierungen die Bestimmung der zunächst zulässigen Rechtsmittel einschließlich des Rechtsmittelverfahrens überläßt. In § 30 des (alten) Kriegssteuergesetzes hieß es, daß gegen den Kriegssteuerbescheid dieselben Rechtsmittel wie gegen den Besitzsteuerbescheid maßgebend sein sollen. Das Besitzsteuergesetz (§ 66) nahm in dieser Hinsicht allerdings ebenfalls wieder auf das Landrecht Bezug; immerhin standen danach landesrechtlich Rechtsmittel und Verfahren zur Zeit des Inkrafttretens des (ersten) Kriegssteuergesetzes bereits fest. Bezüglich des Abgabegesetzes dagegen ist die Möglichkeit, daß die Landesregierungen eine von der früheren abweichende Regelung wählen, durch die Fassung des § 36 Abs. 1 Satz 1 immerhin gegeben.

Nach dem Besitzsteuer- und (ersten) Kriegssteuergesetz gelten in Preußen dieselben Rechtsmittel gegen den Besitzsteuer- und den Kriegssteuerbescheid wie gegen die Einkommensteuerveranlagung. Es ist danach gegen die Entscheidung der Veranlagungskommission die Berufung an die Berufungskommission und gegen deren Entscheidung die Beschwerde an das Oberverwaltungsgericht gegeben. Jedes Rechtsmittel muß innerhalb einer Frist von vier Wochen eingelegt werden. Das Verfahren in den ersten beiden Instanzen ist kosten- und gebührenfrei. Entscheidet das Oberverwaltungsgericht zuungunsten des Beschwerdeführers, so können diesem die Kosten dieser Entscheidung auferlegt werden.

Bei der neuen landesrechtlichen Ordnung des Rechtsmittelzuges[1]) ist darauf Bedacht zu nehmen, daß als **letzte Instanz** stets der neu errichtete **Reichsfinanzhof** (in München) zur Entscheidung berufen ist. Der Reichsfinanzhof ist auf eine Anregung des Reichstags hin durch Gesetz vom 26. Juli 1918 eingesetzt worden. Er ist die oberste Spruchbehörde (zunächst) für folgende Reichsabgaben: Wehrbeitrag, Besitzsteuer, **Kriegsabgaben**, Erbschaftssteuer, Umsatzsteuer, Reichsstempelabgaben, Wechselstempelabgabe, Abgaben von Personen- und Güterverkehr, Kohlensteuer (§ 7). Am Reichsfinanzhof werden nach Bedarf Senate gebildet (§ 6). Er entscheidet auf Rechtsbeschwerde, die nur darauf gestützt werden kann, daß erstens die angefochtene Entscheidung auf der Nichtanwendung oder auf der unrichtigen Anwendung des bestehenden Rechts oder auf einem Verstoße wider den klaren Inhalt der Akten beruht, und zweitens, daß das Verfahren an wesentlichen Mängeln leide (§ 10). Eine mündliche Verhandlung findet nur nach Ermessen des entscheidenden Senats statt (Reichsfinanzhofordnung vom 21. September 1918). Anwaltszwang ist nicht eingeführt.

Die Rechtsbeschwerde ist **binnen einem Monat** (nicht vier Wochen! Die Frist rechnet also von Datum zu Datum und beginnt zu laufen an dem Tage nach der Bekanntgabe der anzufechtenden Entscheidung an den Steuerpflichtigen) durch Einreichung einer Beschwerdeschrift bei der ersten Instanz oder dort zu Protokoll **einzulegen.** Binnen einem weiteren Monat ist die Beschwerde zu **begründen.**

Der Reichsfinanzhof ist nicht als vierte Instanz über den einzelstaatlichen Oberverwaltungsgerichten gedacht, sondern soll als **dritte Instanz** an deren Stelle treten. Sein Zweck ist Herbeiführung einer einheitlichen Rechtsprechung auf dem Gebiete der

---

[1]) Die nur für die Vermögens- und Mehrgewinnsteuer, nicht aber für die Mehreinkommensteuer gilt (s. unten).

wichtigsten Reichssteuern. Der Reichsfinanzhof soll daher auch nur Rechtsfragen entscheiden, nicht Tatsachenfragen aufklären. Seine Aufgabe auf dem Felde des Steuerrechts ist mit der des Reichsgerichts im Zivil- und Strafrecht vergleichbar.

Eine auf die Veranlagung zur Kriegsabgabe gestützte **selbständige Anfechtung** der Feststellung des Friedens- und **Kriegseinkommens** läßt das Abgabegesetz **nicht** zu. Da nämlich diese Feststellung nach Landesrecht erfolgt, so sollen grundsätzlich nur die gegen die Landeseinkommensteuerveranlagung zulässigen Rechtsbehelfe ergriffen werden dürfen. Das bedeutet: Wer gegen die für die Festsetzung des Friedens- und des Kriegseinkommens maßgebenden landesrechtlichen Veranlagungen (§§ 4, 8) das nach Landesrecht zulässige Rechtsmittel nicht eingelegt hat, kann sich gegen die auf diesen Veranlagungen beruhende Festsetzung der Mehreinkommensteuer nicht mehr wenden (Ausnahme für Elsaß-Lothringen s. unten). Das besondere, durch die Landesregierungen einzuführende Rechtsmittelverfahren für die Kriegsabgabe gilt also nicht für die Mehreinkommensteuer (sondern nur für die Vermögenssteuer der Einzelpersonen und die Mehrgewinnsteuer der Gesellschaften, s. unten). Soweit die Feststellung des Friedens- und des Kriegseinkommens in Betracht kommt, ist daher auch nicht der Reichsfinanzhof, sondern das oberste l a n d e s r e c h t l i c h bestellte Verwaltungsgericht zur Entscheidung berufen.

In Elsaß-Lothringen, wo eine Einkommensteuer noch nicht eingeführt ist, und wo daher nach § 12 Abs. 1 die Landesregierung Bestimmungen über die Ermittlung des Kriegseinkommens trifft, wogegen als Friedenseinkommen das Wehrbeitragseinkommen gilt (s. Erläut. zu § 12), können die bei Veranlagung zur Kriegsabgabe getroffenen Einkommensfeststellungen durch die Rechtsmittel gegen die Kriegsabgabe angefochten werden.

In § 14 Abs. 2 der AusfBest. werden die Fälle **zusammengefaßt,** in denen die Anfechtung des Kriegssteuerbescheides nach dem vorliegenden § 36 erfolgen kann. Es heißt dort: In den Fällen des § 12 des Gesetzes (Elsaß-Lothringen, s. oben), in den Fällen des § 5 des Gesetzes (Eintritt der persönlichen Steuerpflicht nach dem Stichtag) und des § 12 Abs. 2 der AusfBest. (Fortfall der Zusammenrechnungsvoraussetzung bei Ehegatten zur Zeit der Feststellung des Kriegseinkommens), dann die Feststellung des Friedenseinkommens, und in den Fällen des § 11 der AusfBest. (Eintritt unbeschränkter Einkommensteuerpflicht bei einem bisher beschränkt Einkommensteuerpflichtigen) kann die nach § 5 des Gesetzes erfolgte Feststellung des Friedenseinkommens durch die im § 36 des Abgabegesetzes vorgesehenen Rechtsmittel gegen den Steuerbescheid angefochten werden. In allen übrigen Fällen kann die Feststellung des Friedens- und des Kriegseinkommens durch die laut § 36 gegebenen Rechtsmittel nur angefochten werden, sofern und soweit die Verletzung von Vorschriften des Kriegsabgabegesetzes selbst (z. B. des § 6 und § 9) behauptet wird, nicht dagegen, soweit die Verletzung von Vorschriften der Landeseinkommensteuergesetze behauptet wird.

§ 37

Die Abgabe ist binnen einem Monat nach Zustellung des Kriegssteuerbescheids zu entrichten.

Nach Entrichtung der Abgabe steht dem Pflichtigen über den zur Zahlung nicht verwendeten Teil der nach den Vorschriften des Gesetzes über Sicherung der Kriegssteuer vom 9. April 1917 (Reichs-Gesetzbl. S. 351) gebildeten Kriegssteuerrücklage die freie Verfügung zu.

Die auf Grund rechtskräftiger Entscheidung zu erstattenden Beträge sind mit 5 vom Hundert für das Jahr zu verzinsen.

Erläuterungen:

Eine **Zahlung der Abgabe** in Teilen, wie nach dem (alten) Kriegssteuergesetz (§ 35), ist in dem neuen Gesetz nicht vorgesehen. § 37 Abs. 1 schreibt vor, daß die **gesamte** festgesetzte **Steuer** von den Steuerpflichtigen, seien es Einzelpersonen oder Gesellschaften, **einen Monat nach Zustellung** des Kriegssteuerbescheides (§ 35) zu entrichten ist. Nach dem alten Gesetz war die Abgabe der Einzelpersonen zu einem Drittel drei Monate nach Zustellung des Bescheides, und mit den restlichen beiden Dritteln am 1. November 1917 und 1. März 1918 zu zahlen. Die Gesellschaften hatten die vorläufig festgesetzte Kriegsabgabe binnen drei Monaten nach Zustellung des vorläufigen Bescheides, den Rest binnen drei Monaten nach Zustellung des endgültigen Bescheides zu zahlen. Das neue Gesetz sieht also eine beträchtliche Beschleunigung der Abgabezahlung gegenüber dem alten vor. Bei der Einziehung ist indes die Vorschrift des § 71 des Besitzsteuergesetzes zu beachten; wenn die Einziehung der Steuer zu den gesetzlichen Zahlungsfristen (oder, wie für die Kriegsabgabe hinzuzufügen ist, Terminen) mit einer erheblichen Härte für den Steuerpflichtigen verbunden sein würde, so kann nach diesem Paragraphen die Steuer bis zum Ablauf von drei Jahren **gestundet**, auch die Entrichtung in Teilbeträgen . . . gestattet werden. Die Stundung kann von einer angemessenen Sicherheitsleistung abhängig gemacht werden. Die Stundungsbewilligung wird zurückgenommen, wenn die Voraussetzungen hierfür weggefallen sind oder wenn eine nachträglich verlangte Sicherheit nicht geleistet wird. Unter Umständen kann auch eine **Niederschlagung** der Kriegssteuer erfolgen. In den AusfBest. zum Besitzsteuergesetz § 68 heißt es hierüber: Zur Niederschlagung von Besitzsteuerbeträgen wegen Uneinbringlichkeit sind nur die Oberbehörden zuständig. Die Niederschlagung darf nur dann erfolgen, wenn keine Aussicht zur Einziehung der geschuldeten Beträge mehr besteht. Die Niederschlagung ist in der Besitzsteuerliste zu vermerken und der Hebestelle mitzuteilen.

Die Frist von einem Monat für die Entrichtung der Steuer bedeutet, daß **spätestens an dem Tage**, der durch seine Zahl dem Tage nach der erfolgten Zustellung des Bescheides entspricht, die Zahlung erfolgen muß. Ist also der Kriegssteuerbescheid (mit der darin enthaltenen Zahlungsaufforderung) am 12. Dezember zugestellt, so läuft die Frist für die Zahlung der Abgabe mit dem 13. Januar ab. Durch die Einlegung eines Rechtsmittels wird die Erhebung der veranlagten Steuer nicht aufgehalten (§ 69 Besitzsteuergesetz).

Für die Entrichtung der Abgabe werden (ebenso wie bei der ersten Kriegssteuer) **Kriegsanleihestücke** in Zahlung genommen (s. § 38 und Erläut. dazu).

Im übrigen gelten für die **Einziehung der Kriegsabgabe** mangels besonderer Bestimmungen im Abgabegesetz die Vorschriften des Besitzsteuergesetzes (§§ 72 ff.) und des darin für anwendbar erklärten Landesrechts. Danach erfolgt die Einziehung der fälligen Steuer in P r e u ß e n nach dreitägiger Anmahnung im Verwaltungszwangsverfahren. Die Gemeindebehörden haben für die Beitreibung der Steuerschuld dieselbe Befugnis wie die Gerichte. Die **Zwangsversteigerung des Grundstücks** eines deutschen Steuerpflichtigen zwecks Beitreibung der Steuer ist jedoch ohne seine Zustimmung nicht zulässig. Der Einleitung der Zwangsverwaltung, Eintragung einer Sicherungshypothek, Mietpfändungen usw. steht dagegen nichts im Wege. Die Kriegssteuerforderungen gehören im Konkurse nach § 61 Nr. 2 der Konkursordnung zu den bevorrechtigten Forderungen der zweiten Klasse, soweit sie im letzten Jahre vor der Eröffnung des Verfahrens fällig geworden sind.

Stirbt ein Steuerpflichtiger nach dem 31. Dezember 1917, aber vor der Veranlagung **zur Vermögenssteuer,** so ist er **zu dieser,** wenn er abgabepflichtiges Vermögen besessen hat, dennoch zu veranlagen. Der Steuerbescheid ist den Erben zuzustellen, die Kriegsabgabe ist nach Fälligkeit **von den Erben einzuziehen** (§ 29 Abs. 1 AusfBest.).

Ist ein **Abgabepflichtiger nach der Veranlagung** (und Insollstellung) der Kriegsabgabe **gestorben,** so ist die noch nicht gezahlte Kriegsabgabe (und zwar sowohl die auf das Mehreinkommen wie die auf das Vermögen) nach Fälligkeit **von den Erben** einzuziehen. War dem Abgabepflichtigen eine Stundung der Kriegsabgabe oder deren Entrichtung in Teilbeträgen bewilligt, so erlischt die Bewilligung (§ 29 Abs. 2 AusfBest.).

Dem Steuerpflichtigen, der die Steuererklärung (in Betracht kommen nur die Fälle der §§ 5, 6, 34) nicht rechtzeitig abgibt, kann ein **Zuschlag** von 5 bis 10 v. H. der rechtskräftig festgestellten Steuer auferlegt werden (§ 54 Abs. 2 Besitzsteuergesetz). Von diesem Aufschlag werden die nach §§ 14, 29 Abs. 3 und 31 Abs. 2 des Abgabegesetzes unerhoben bleibenden Beträge nicht betroffen (§ 28 AusfBest.).

Der steuerpflichtigen Gesellschaft steht nach Abs. 2 des vorliegenden § 28 nach der Entrichtung der Abgabe die freie Verfügung über den zur Zahlung nicht verwendeten Teil der Rücklage zu,[1]) und zwar gleichgültig, ob die Zahlung der Steuer **aus der Rücklage** erfolgt ist **oder nicht.** Enthält also beispielsweise die Sonderrücklage 500000 ℳ in 5proz. Schuldverschreibungen der deutschen Kriegsanleihe, so darf die steuerpflichtige Gesellschaft, wenn die auf Grund des § 35 mitgeteilte Abgabe 400000 ℳ beträgt, und diese Summe von der Gesellschaft entrichtet ist, über 100000 ℳ Kriegsanleihe frei verfügen. Die Gesellschaft kann also diese 100000 ℳ als Gewinn vereinnahmen; der Betrag ist, soweit davon nicht schon Tantieme berechnet worden ist (was allerdings nicht zulässig wäre), tantiemepflichtig. Da die Sonderrücklage auf Grund des Sicherungsgesetzes vom 9. April 1917 60 v. H. beträgt, so müssen alle Gesellschaften, deren Mehrgewinn nach § 29 (s. Erläut. dort) den höchsten Steuersatz bedingt, die Abgabe in voller Höhe der Rücklage zahlen, so daß die Anwendung des § 37 Abs. 2 für

---

[1]) Vgl. § 28 Abs. 2 des (alten) Kriegssteuergesetzes.

sie nicht in Frage kommt. Mit der Möglichkeit, daß ein künftiges neues Kriegsabgabegesetz oder Sicherungsgesetz eine nochmalige Rücklagepflicht einführt, ist zu rechnen.

Ist eine rechtskräftige Entscheidung auf Erstattung, d. h. **Rückzahlung zu viel erhobener Steuerbeträge** ergangen, so hat der Fiskus diese Beträge zuzüglich einer auf das Jahr berechneten 5proz. **Verzinsung** zurückzuzahlen. Die Verzinsung rechnet von der Zahlung der Beträge an. Das Reichsschatzamt hat über die Zinspflicht (die auch nach altem Kriegssteuergesetz galt) u. a. folgendes[1]) ausgeführt: Aus § 31 Abs. 3 des Kriegssteuergesetzes ... ist zu folgern, daß der Anspruch auf Erstattung eines zu Unrecht bezahlten Abgabebetrages auch den Anspruch auf Erstattung der auf diesen Betrag entfallenden Zinsen in sich schließt. Aus der auch für die Kriegsabgabe geltenden Vorschrift in § 69 Besitzsteuergesetz ist ein anderer Schluß nicht zu ziehen ... Diese Zinsen sind nach allgemeinem Rechtsgrundsätzen mitzuerstatten, dagegen sind von den gezahlten und wiederzuerstattenden Zinsen nicht auch noch wieder Zinsen zu erstatten.

Die Einführung der Zinserstattungspflicht (im alten Kriegssteuergesetz) war eine steuerliche Neuerung. Bisherige Steuergesetze, namentlich die Landeseinkommen- und Gewerbesteuergesetze, kannten die Verzinsungspflicht bei Steuererstattungen nicht.

Eine allgemeine Pflicht zur Verzinsung der nicht rechtzeitig gezahlten Steuer kennt das Gesetz nicht (vgl. aber § 38 und Erläut.).

§ 38

Bei Entrichtung der Abgabe werden die fünfprozentigen Schuldverschreibungen, Schuldbuchforderungen und Schatzanweisungen der Kriegsanleihen des Deutschen Reichs mit Zinsenlauf vom 1. Oktober 1918 ab zum Nennwert und die viereinhalbprozentigen Schatzanweisungen dieser Kriegsanleihen unter Zugrundelegung des gleichen Zinsenlaufs zu einem vom Reichskanzler festzusetzenden und bekanntzumachenden Kurse an Zahlungs Statt angenommen.

Erläuterungen:

Wie schon nach altem Kriegssteuergesetz, so darf auch nach dem Abgabegesetz die **Kriegssteuer** sowohl von Einzelpersonen wie von

[1]) In einem Erlaß vom 25. Juli 1917.

Gesellschaften mit denselben Werten **gezahlt** werden, aus denen in den meisten Fällen ihre Kriegssteuerrücklage bestehen dürfte. Nach § 8 des (ersten) Rücklagengesetzes, der gemäß § 4 des späteren Sicherungsgesetzes auch auf die für das vierte Kriegsgeschäftsjahr zu bildenden Sonderrücklage Anwendung findet, muß die **Rücklage in Schuldverschreibungen des Deutschen Reiches** oder eines Bundesstaats angelegt sein.[1]) Sie braucht also nicht die 5proz. Reichskriegsanleihe, sondern sie kann auch preußische 4, $3^1/_2$ und 3proz. Konsols enthalten. Da aber die Kriegsanleihe mehr Zinsen trägt, dürften die meisten steuerpflichtigen Gesellschaften in die Rücklage Kriegsanleihe gelegt haben. Ein besonderer Anreiz hierfür liegt noch darin, daß die 5proz. Schuldverschreibungen, Buchforderungen und Schatzanweisungen, ungeachtet etwaiger Schwankungen des Kurswertes, zum **Nennwert** in Zahlung genommen werden. Für die $4^1/_2$proz. Schatzanweisungen ist der Annahmekurs vom Reichskanzler auf 96,50 *M* für je 100 *M* der vierten und fünften Kriegsanleihe festgesetzt worden.

Zugelassen sind die **Stücke sämtlicher Kriegsanleihen.** Im einzelnen besagen die Ausführungsbestimmungen (§ 35) hierüber folgendes:

„Bei Entrichtung der Kriegsabgabe 1918 sind nach § 38 des Gesetzes Schuldverschreibungen, Schuldbuchforderungen und Schatzanweisungen der Kriegsanleihen des Deutschen Reichs an Zahlungs Statt anzunehmen. Fünfprozentige Schuldverschreibungen, Schuldbuchforderungen und Schatzanweisungen sowie die auslosbaren viereinhalbprozentigen Schatzanweisungen der sechsten, siebenten und achten Kriegsanleihe mit Zinsen für die Zeit vom 1. Oktober 1918 ab werden zum Nennwert, die nicht auslosbaren viereinhalbprozentigen Schatzanweisungen der vierten und fünften Kriegsanleihe mit Zinsen vom 1. Oktober 1918 ab zum Werte von 96,50 *M* für je 100 *M* Nennwert angenommen. Sind Zinsen für einen nach dem 30. September 1918 liegenden Zeitraum bereits erhoben, so vermindert sich der Annahmewert um diesen Zinsenbetrag. Werden

[1]) Als derartige Schuldverschreibungen werden auch die Obligationen, Pfandbriefe usw. einer rein staatlichen Verwaltung mit eigener Rechtspersönlichkeit gelten dürfen. So hat die Herzogl. Sächs. Landrentenbank in Koburg unter dem 6. Mai 1916 folgendes bekanntgegeben: „Unsere 4proz. Schuldverschreibungen mit $^1/_2$jährlichen Zinsabschnitten sind im Sinne des § 8 des Gesetzes Nr. 4999 vom 24. Dezember 1915 über vorbereitende Maßnahmen zur Besteuerung der Kriegsgewinne zur Anlage von Kriegsgewinnrücklagen geeignet erklärt worden."

Wertpapiere mit Zinsen für einen vor dem 1. Oktober 1918 liegenden Zeitraum übergeben oder werden Schuldbuchforderungen mit Zinsen für einen vor dem 1. Oktober 1918 liegenden Zeitraum auf das Konto der Reichskasse übertragen, so rehöht sich der Annahmewert um diese Zinsen.

Schuldverschreibungen, **Schuldbuchforderungen** und Schatzanweisungen der Kriegsanleihen des Deutschen Reichs können nur insoweit in Zahlung gegeben werden, als der Annahmewert (Abs. 1) den Betrag der geschuldeten Kriegsabgabe nicht übersteigt. Eine bare Herauszahlung auf hingegebene Stücke oder Buchforderungen der Kriegsanleihe findet nicht statt."

Hierzu ist zu bemerken, daß der **Zinsenlauf vom 1. Oktober 1918 an** auf Grund der Vorschrift in § 38 zugunsten des Reiches geht. In dieser Bestimmung gelangt eine den Steuerpflichtigen treffende Verzinsungspflicht zum Ausdruck (vgl. § 37 und Erläut.).

Annahmestellen für diese Zahlungen sind nicht die Steuerbehörden, sondern im Reiche die Reichsbank und in Preußen außerdem die Seehandlung und die Regierungshauptkassen.

Eine besondere Vorschrift über Vorauszahlungen (s. § 31 Abs. 4 des alten Kriegssteuergesetzes) ist in dem Abgabegesetz nicht enthalten. Die Hingabe von Kriegsanleihe zur Zahlung der Kriegssteuer wird aber auch ohne eine solche Vorschrift vor Zustellung des Kriegssteuerbescheides möglich sein. Durch die Vorschrift über den Annahmewert (§ 38) wird in diesen Fällen bis zum 30. September 1918 mittelbar eine Zinsvergütung gewährt (Begründung des Entwurfs S. 7).

§ 39

Die Strafvorschriften in §§ 33 bis 35 des Kriegssteuergesetzes vom 21. Juni 1916 finden für die nach diesem Gesetze zu erhebende Kriegsabgabe mit der Maßgabe Anwendung, daß das Vergehen der Abgabegefährdung auch vollendet ist, wenn der Abgabepflichtige es bis zu einem vom Bundesrate zu bestimmenden Zeitpunkt unterläßt, eine bereits abgegebene unrichtige oder unvollständige Steuererklärung, auf Grund deren die Veranlagung der Kriegsabgabe vom Mehreinkommen und Vermögen zu erfolgen hat, der Behörde gegenüber zu berichtigen oder zu vervollständigen.

Erläuterungen:

In den §§ 33—35 des (alten) Kriegssteuergesetzes waren die **Strafvorschriften** für Verletzung der Steuererklärungspflicht enthalten. Sie sind durch die vorliegende Bestimmung im § 39 des Abgabegesetzes auch auf dieses Gesetz für anwendbar erklärt worden. Die in den §§ 33—35 des Kriegssteuergesetzes angedrohten Strafen gehen teilweise über die in früheren Steuergesetzen, auch über die im Wehrbeitragsgesetz, hinaus. Nach § 33 des Kriegssteuergesetzes wird mit einer **Geldstrafe** bis zum fünffachen Betrage der gefährdeten Abgabe bestraft, wer als Abgabepflichtiger oder als Vertreter (Vorstand einer Gesellschaft, Vater, Vormund) eines Abgabepflichtigen wissentlich der Steuerbehörde **unrichtige oder unvollständige Angaben** macht, die geeignet sind, eine Verkürzung der Abgabe herbeizuführen (s. §§ 16, 17 und §§ 14, 18, 28, 32 des Abgabegesetzes). Es handelt sich hier um das **Delikt der Steuergefährdung.** Nicht fahrlässig, sondern nur **bewußt falsche Angaben,** machen strafbar. Für die Bestrafung ist indes nicht erforderlich, daß wirklich eine Ersparnis eingetreten, d. h. daß die Steuer niedriger veranlagt worden ist. Schon die bloße Tatsache der bewußt unrichtigen Abgabe der Steuererklärung genügt für die Strafbarkeit (vgl. aber die Milderungsvorschrift des § 79 des Besitzsteuergesetzes unten S. 193). Der wissentlich falschen Erklärung wird unter Umständen gleichzustellen sein eine aufs Geratewohl und unter Außerachtlassung jeder Sorgfalt abgegebene Steuererklärung, bei der der Steuerpflichtige sich unbedingt sagen muß, daß sie leicht Unrichtigkeiten enthalten kann. Werden solche **Unrichtigkeiten** festgestellt, so darf die Strafvorschrift des vorliegenden Paragraphen als anwendbar angesehen werden.

Die wissentlich falsche Angabe, die geeignet ist, die Höhe der Steuer zu beeinträchtigen, wird nach § 33 mit einem Vielfachen der Steuer bestraft. Falsche Angaben solcher Art werden z. B. zuweilen gemacht, um Vermögensverhältnisse aus anderen Gründen als aus Steuerersparnisgründen zu verschleiern. Hierzu ist noch die Milderung der Vorschrift, die in dem ebenfalls auf die Kriegsabgabe anwendbaren § 35 vorgesehen ist, zu beachten. Die Absicht der Verschleierung aus Steuerschädigungsgründen wird in § 34 getroffen. Die Geldstrafen werden von der Steuerbehörde im Verwaltungsstrafverfahren festgesetzt und beigetrieben.

Als **„Steuerbehörde"** im Sinne der Bestimmungen der Strafvorschriften ist nicht nur die Veranlagungsbehörde, sondern **auch jede höhere Instanz** anzusehen, die sich mit der Festsetzung der Steuer zu befassen hat. Die entgegenstehende Vorschrift des § 56 des Wehrbeitragsgesetzes hat in die Kriegssteuergesetzgebung keine Aufnahme gefunden.

Das **Delikt** der **Steuerhinterziehung** wird durch den § 34 des (alten) Kriegssteuergesetzes getroffen.

In den Fällen des § 33 kann danach (Abs. 1) neben der Geldstrafe auf **Gefängnis** bis zu einem Jahre und neben der Gefängnisstrafe auch auf **Verlust der bürgerlichen Ehrenrechte** erkannt werden, wenn die unrichtigen oder unvollständigen Angaben in der **Absicht**, die Abgabe zu **hinterziehen**, gemacht worden sind, und wenn der Abgabebetrag, der durch die unrichtigen oder unvollständigen Angaben gefährdet worden ist, mindestens 500 *M* ausmacht oder wenn der Abgabepflichtige oder der Vertreter des Abgabepflichtigen Vermögen vom Inland ins Ausland verbracht hat in der Absicht, dieses Vermögen der Steuerbehörde zu verheimlichen.

Bei einer Steuergefährdung der im Abs. 1 bezeichneten Art kann im Urteil angeordnet werden, daß die Bestrafung auf Kosten des Verurteilten **öffentlich bekanntzumachen** ist.

Besteht der **Verdacht**, daß eine Steuergefährdung der im Abs. 1 bezeichneten Art vorliegt, so hat die Steuerbehörde die Sache an die zuständige Staatsanwaltschaft abzugeben. Ist der Steuerpflichtige abwesend (§ 318 der Strafprozeßordnung), so kann gegen ihn nach Maßgabe der §§ 320—326 der Strafprozeßordnung verhandelt werden. Findet die Staatsanwaltschaft in einer an sie abgegebenen Sache, daß der Verdacht nicht hinreichend begründet ist, so kann sie die Sache zur weiteren Erledigung im Verwaltungsstrafverfahren an die Verwaltungsbehörde abgeben.

Es handelt sich also um schwere **Strafverschärfungen** gegenüber dem § 33. Neben der dort angedrohten Geldstrafe kann auf Gefängnis und Ehrverlust erkannt werden, wenn die falschen oder unvollständigen Angaben in der Absicht, die Abgabe zu hinterziehen, gemacht werden, vorausgesetzt jedoch, daß der Abgabebetrag, der hinterzogen oder zu hinterziehen versucht worden ist, nicht weniger als 500 *M* ausmacht. Gibt also jemand in der Kriegssteuererklärung in Steuerhinterziehungsabsicht Tatsachen nicht an, auf Grund deren die von ihm zu entrichtende Steuer von 500 *M* auf 1000 *M* steigen würde, so wäre er nach dem vorliegenden Paragraphen strafbar.

In gleicher Weise wie die soeben erörterte Steuerhinterziehung ist es strafbar, wenn ein Abgabepflichtiger (oder der Vertreter eines Abgabepflichtigen) Vermögen **vom Inland ins Ausland** in der Absicht verbracht hat, es der Steuerbehörde zu verheimlichen. Für diesen Fall ist zu bemerken, daß die Verschärfung der Strafe nicht an ein Mindestmaß der Hinterziehung gebunden ist.)[1] Die Strafen sind auch zu zahlen bzw. zu verhängen, wenn es gar nicht zu einer niedrigeren Festsetzung der Kriegssteuer gekommen ist, sondern die Hinterziehungsabsicht schon vor der Veranlagung entdeckt wurde.

Die im § 34 angedrohten Strafen werden nicht durch die Steuerbehörde, sondern durch die ordentlichen Gerichte verhängt. Bei jedem Verdacht einer Steuergefährdung im Sinne dieses Paragraphen hat die Steuerbehörde die Angelegenheit der zuständigen **Staatsanwaltschaft** unter Übersendung des Aktenmaterials mitzuteilen. Findet die Staatsanwaltschaft, daß der Verdacht nicht hinreichend begründet ist, kann sie die Sache zur weiteren Erledigung im Verwaltungsstrafverfahren (nach § 35) an die Verwaltungsbehörde (Steuerbehörde) wieder abgeben. Ist der Steuerpflichtige „abwesend" im Sinne des § 318 Strafprozeßordnung, d. h. ist er unbekannten Aufenthalts oder hält er sich im Auslande auf und erscheint seine Gestellung vor das zuständige Gericht aus diesem Grunde nicht ausführbar (z. B. wegen mangelnder Auslieferungsverträge) oder nicht angemessen, so kann gegen ihn nach Maßgabe der §§ 320ff. Strafprozeßordnung verhandelt werden. Der „Abwesende" wird zu dieser Verhandlung durch Zustellung oder, falls diese nicht geschehen kann, öffentlich (durch Anschlag an der Gerichtstafel und Bekanntmachung im Reichsanzeiger) geladen. Die Ladung muß die dem Angeklagten zur Last gelegte strafbare Handlung sowie die Warnung enthalten, daß beim Ausbleiben des Geladenen ohne ihn zur Hauptverhandlung geschritten wird. In der Verhandlung kann für den Angeklagten ein Verteidiger (mit Vollmacht) auftreten. Angehörige sind ohne Vollmacht als Vertreter zuzulassen. Verteidiger und Angehörige können auch die zulässigen **Rechtsmittel** gegen das Urteil einlegen. Zur Deckung der den Angeschuldigten möglicherweise treffenden höchsten Geldstrafe

---

[1]) Zur Verhütung der Steuerflucht dient auch das „Gesetz gegen die Steuerflucht" vom 26. Juli 1918, wonach ein Steuerpflichtiger bei Aufgabe seines inländischen Aufenthalts Anzeige zu machen und auf Erfordern Sicherheit zu leisten hat. Als Strafen kennt das Gesetz Verlust der Reichsangehörigkeit, Reichsverweisung und Ordnungsstrafen.

und der Kosten des Verfahrens können nach dem Ermessen des Richters einzelne zum Vermögen des Angeschuldigten gehörende Gegenstände mit Beschlag belegt werden. Die Beschlagnahme ist aufzuheben, wenn der Grund dazu fortgefallen ist (z. B. der Angeschuldigte zurückkehrt und sich dem Gericht stellt). Diese **Beschlagnahme zur Sicherung der Vollstreckung** des Strafurteils ist nicht zu verwechseln mit der nach § 12 Abs. 4 des (alten) Kriegssteuergesetzes zulässigen Beschlagnahme des inländischen Vermögens eines im Ausland befindlichen Steuerpflichtigen; diese Beschlagnahme nach § 12 stellt sich als Zwangsmittel zur Ermöglichung der Steuerveranlagung dar; sie umfaßt das gesamte inländische Vermögen des Steuerpflichtigen. Zu einer das gesamte inländische Vermögen eines Steuerpflichtigen betreffenden Beschlagnahme kann es übrigens unter Umständen auch innerhalb des gegen abwesende Steuerpflichtige nach den soeben erörterten Grundsätzen durchgeführten Strafverfahrens kommen. Nach § 326 Strafprozeßordnung kann nämlich, soweit eine Deckung der künftigen Strafe und Kosten durch Beschlagnahme einzelner Vermögensstücke des Angeschuldigten nicht ausführbar erscheint (z. B. wenn die einzelnen Vermögensgegenstände dem Gericht noch nicht bekannt sind), durch Beschluß des Gerichts das gesamte im Deutschen Reich befindliche Vermögen des Angeschuldigten mit Beschlag belegt werden. Verfügungen, die der Angeschuldigte über sein mit Beschlag belegtes Vermögen nach der ersten Veröffentlichung der Beschlagnahme im Reichsanzeiger vornimmt, sind der Staatskasse gegenüber nichtig. Auch diese generelle Beschlagnahme ist nicht als Strafe oder als Zwangsmittel gedacht, sondern dient, ebenso wie die Einzelbeschlagnahme, der Sicherung künftiger Zahlung. Sie ist aufzuheben, wenn diese Zahlung erfolgt oder die Sicherung von Strafe und Kosten durch Spezialbeschlagnahme stattgefunden hat.

Die nach § 34 zulässige **öffentliche Bekanntmachung** der Verurteilung erfolgt nach Rechtskraft des Urteils. Über die Art der Bekanntmachung entscheidet das Gericht. Es kann die Veröffentlichung in Zeitungen oder Zeitschriften, aber auch eine andere öffentliche Bekanntgabe (durch Aushang an der Gerichtstafel, öffentlichen Anschlag usw.) vorschreiben. Die öffentliche Bekanntgabe ist (ebenso wie die Ehrbeschränkung) nur als Nebenstrafe anzusehen; sie muß nicht, sie kann nur angeordnet werden. Der Richter wird je nach der schwereren oder leichteren Lage des Einzelfalles darüber zu entscheiden haben.

Nach dem weiterhin auf das Kriegsabgabegesetz anwendbaren § 35 des (alten) Kriegssteuergesetzes finden die Vorschriften der §§ 78—83 des Besitzsteuergesetzes noch entsprechende Anwendung. In diesen Paragraphen sind gewisse **Ergänzungen zu den Strafvorschriften** enthalten, die sich als Milderungen dieser Vorschriften darstellen. Für den Fall, daß die Umstände klar ergeben, eine wissentlich falsche Angabe des Steuerpflichtigen, die geeignet ist, die Steuer zu verkürzen, sei nicht in der Absicht der Steuerhinterziehung gemacht, tritt an die Stelle der Bestrafung nach § 34 Kriegssteuergesetz (§ 78 Besitzsteuergesetz) eine von der Steuerbehörde zu verhängende **Ordnungsstrafe** bis zu 500 *M*. Diese Strafe hat lediglich korrektiven Charakter; sie wird in den behördlichen Strafregistern nicht vermerkt. Als wissentlich falsch, aber nicht in der Absicht der Steuerhinterziehung gemacht sind hauptsächlich solche unrichtige Angaben anzusehen, die der Steuerpflichtige infolge eines Rechtsirrtums in die Steuererklärung aufnimmt oder aufzunehmen unterläßt, z. B. wenn gewisse Vermögensteile nicht für steuerpflichtig erachtet oder gewisse Abzüge vorweg zu machen sich für berechtigt hält. Immerhin kann zunächst nicht angenommen werden, daß die Absicht des Steuerpflichtigen, der wissentlich eine unrichtige oder unvollständige Angabe macht, nicht auf eine Steuerhinterziehung gerichtet ist. Danach wird in jedem Falle der **Steuerpflichtige zu beweisen** haben, daß eine solche Absicht bei ihm nicht vorlag, sondern daß er die falschen Erklärungen rechtsirrtümlich abgegeben hat.

Von besonderer Bedeutung ist die ebenfalls auf die Kriegssteuer anwendbare Vorschrift des § 79 des Besitzsteuergesetzes. Danach **bleibt straffrei**, wer seine unrichtigen oder unvollständigen Angaben, bevor eine Anzeige erstattet oder eine Untersuchung (durch die Steuerbehörde, die Staatsanwaltschaft oder die Polizei) gegen ihn eingeleitet ist, bei der Steuerbehörde **berichtigt oder ergänzt** und die gefährdete Steuer, soweit sie bereits fällig gewesen ist, entrichtet.

Zu bemerken ist zu den Strafvorschriften, daß nach dem Besitzsteuergesetz eine Umwandlung der zu verhängenden Geldstrafen in Freiheitsstrafen wegen Nichtbeitreibbarkeit (nach §§ 28, 29 Strafgesetzbuch) in keinem Falle stattfindet (§ 84 Besitzsteuergesetz). Dieser Paragraph ist aber auf das Kriegssteuergesetz nicht für anwendbar erklärt, so daß hier eine solche Umwandlung — außer für Ordnungsstrafen — erfolgen kann.

Eine nicht beizutreibende Geldstrafe ist nach dem Strafgesetzbuch, wenn sie wegen eines „Vergehens“ erkannt ist, in Gefängnis, und wenn sie wegen einer Übertretung verhängt ist, in Haft umzuwandeln. Als Vergehen bezeichnet das Strafgesetz (§ 1 Strafgesetzbuch) eine strafbare Handlung, die mit Festungshaft bis zu fünf Jahren, mit Gefängnis oder mit Geldstrafe von mehr als 150 *M* bedroht ist. Übertretung heißt eine strafbare Handlung, die mit Haft oder mit Geldstrafe bis zu 150 *M* bedroht ist. Sämtliche im Kriegssteuergesetz bezeichneten strafbaren Handlungen (außer denen, die nur mit Ordnungsstrafen bedroht sind) **stellen sich somit als Vergehen dar**; für die Umwandlung kommt also nur die Gefängnisstrafe in Betracht. Kann die auf Grund der Bestimmungen verhängte Geldstrafe nicht im Wege der Vollstreckung beigetrieben werden, so muß die substituierte Gefängnisstrafe verbüßt werden. Bereits bei der Anordnung der Strafe, also im behördlichen Strafbescheid oder im gerichtlichen Urteil, muß die Höhe der evetnuell eintretenden Freiheitsstrafe angegeben sein; der Betrag von 3 bis 15 *M* ist bei der Umwandlung einer eintägigen Gefängnisstrafe gleichzustellen (§ 29 Strafgesetzbuch). Zu bemerken ist noch, daß **in einen Nachlaß** eine Geldstrafe nur dann vollstreckt werden kann, wenn das Urteil (oder die sonstige Strafanordnung) bei Lebzeiten des Verurteilten rechtskräftig (unanfechtbar) geworden ist. Die Beitreibung der Steuer dagegen erfolgt auch, wenn bei Lebzeiten des Abgabepflichtigen die Festsetzung noch nicht rechtskräftig erfolgt war, durch Vollstreckung in den Nachlaß.

Die Einziehung der Kriegssteuer (§§ 35ff.) erfolgt auch im übrigen unabhängig von einer etwaigen Bestrafung.

Die Pflicht zur Einreichung von **Nachweisungen über die Höhe** des Kapitals, der Gewinne und des Wertes der Gesellschaftsanteile, die nach § 58 Abs. 2 Besitzsteuergesetz für die Vorstände oder Geschäftsführer von Gesellschaften besteht, wird nach § 81 des Besitzsteuergesetzes, der auch für die Kriegssteuer gilt, dadurch noch besonders gesichert, daß wissentlich falsche, das Steueraufkommen gefährdende Angaben mit einer Geldstrafe bis zu 3000 *M* bestraft werden, es sei denn, daß sie noch rechtzeitig (s. oben) widerrufen werden. Daneben gelten die allgemeinen, vorhin erörterten Strafvorschriften der §§ 33, 34 des Kriegssteuergesetzes auch für Gesellschaftsorgane. Sie sind als Vertreter der steuerpflichtigen Gesellschaft anzusehen und unterliegen den Strafbestimmungen der genannten Paragraphen. § 81 des Besitzsteuergesetzes unterscheidet sich von den soeben erörterten Strafbestimmungen dadurch, daß er nicht falsche Angaben in oder bei der Steuererklärung betrifft, sondern solche in den der Steuerbehörde oder dem Steuerpflichtigen auf Verlangen zu gebenden Auskünften und Hilfserklärungen. Auch für Erben, Testamentsvollstrecker, Nachlaßpfleger gilt dieselbe Strafvorschrift; hier hinsichtlich der von diesen Personen der Steuerbehörde auf Verlangen einzureichenden Nachweisungen und Verzeichnisse (§ 62 Besitzsteuergesetz).

Die **Verschwiegenheitspflicht** der bei der Steuerveranlagung amtlich und ehrenamtlich tätigen behördlichen Personen (auch der Angestellten, wie Buchhalter, Bureaugehilfen) ist durch die Vorschrift gesichert, daß die Verletzung dieser Pflicht mit Geldstrafe bis zu 1500 ℳ oder mit Gefängnis bis zu drei Monaten (gerichtlich) bestraft wird. Die Strafverfolgung tritt nur auf Antrag der obersten Landesfinanzbehörde (Ministerium) oder des Steuerpflichtigen ein, dessen Interesse an der Geheimhaltung (seiner Vermögens-, Einkommens- oder Erwerbsverhältnisse) verletzt ist (§ 82 Besitzsteuergesetz).

Schließlich ist der Steuerbehörde noch ein **allgemeines Ordnungsstrafrecht** bis zu 150 ℳ verliehen für alle Zuwiderhandlungen gegen das Gesetz oder die zu seiner Ausführung erlassenen Verordnungen, die mit keiner besonderen Strafe bedroht sind.

Durch die vorstehend dargelegten Strafbestimmungen werden nur **falsche Angaben bei der Kriegssteuererklärung** getroffen. Soweit die Veranlagung der Abgabe auf die landesrechtlichen Festsetzungen des Einkommens und des Vermögens (§§ 4, 15) zurückgeht, kann eine Anwendung dieser Strafbestimmungen nicht erfolgen. Aus diesem Grunde, und um das Erträgnis der Kriegssteuer sicherzustellen, schreibt § 39 des weiteren vor, die (soeben dargelegten) Strafbestimmungen des (alten) Kriegssteuer- (und des Besitzsteuer-) Gesetzes sollen nur **mit der Maßgabe** Anwendung finden, daß das Vergehen der Abgabegefährdung (s. oben) auch als **vollendet** gilt, wenn der Abgabepflichtige es bis zu einem vom Bundesrat zu bestimmenden Zeitpunkt **unterläßt**, eine bereits abgegebene unrichtige oder unvollständige Steuererklärung, auf Grund deren die Veranlagung der Kriegsabgabe vom Mehreinkommen und Vermögen zu erfolgen hat, der Behörde gegenüber **zu berichtigen** oder zu vervollständigen. Mit dieser Vorschrift führt das Gesetz für kriegsabgabepflichtige Einzelpersonen einen Zwang zur Berichtigung früher den Landessteuerbehörden gegenüber abgegebener, für die Kriegsabgabe maßgebender (§§ 4, 15)

Steuererklärungen ein. Die Nichterfüllung dieser Pflicht ist zunächst als Abgabegefährdung nach § 33 des (alten) Kriegssteuergesetzes mit einer Geldstrafe bis zum Fünffachen der gefährdeten Abgabe zu bestrafen. Darüber hinaus kann aber darin auch das weitere **selbständige Delikt** der Steuerhinterziehung liegen (§ 34 Kriegssteuergesetz, s. oben). Der Steuerpflichtige muß prüfen, ob seine damaligen Angaben richtig und vollständig waren. Einer — wissentlich oder unwissentlich — unvollständigen Erklärung gleich erachtet werden muß auch die Nichtabgabe einer Erklärung, zu der der Steuerpflichtige verpflichtet war. Nicht die Veranlagung, sondern die Erklärung ist ausschlaggebend. War sie falsch oder unvollständig, so greift der Berichtigungszwang ein. Erfolgt die Berichtigung vor Eingang einer Strafanzeige oder vor Einleitung einer Untersuchung und erlegt der Steuerpflichtige die sich nach der Berichtigung ergebende, vorenthaltene Steuer, so tritt Straflosigkeit ein. Dem Abgabepflichtigen steht sein gesetzlicher Vertreter gleich.

Als gefährdeter Steuerbetrag gilt der Unterschied zwischen der ohne Berichtigung zur Veranlagung gelangenden Steuer und der Veranlagungssumme nach erfolgter Berichtigung.

§ 40

Der Bundesrat kann auf Antrag zur Vermeidung besonderer Härten eine von den Vorschriften dieses Gesetzes abweichende Berechnung des Mehreinkommens und Mehrgewinns unter billiger Berücksichtigung der tatsächlichen wirtschaftlichen Verhältnisse eines Abgabepflichtigen genehmigen. Er kann insbesondere zulassen, daß der Ermittlung des Friedenseinkommens oder Friedensgewinns das Ergebnis anderer Jahre zugrunde gelegt wird. Er kann das Mehreinkommen, soweit es nicht auf einer wirklichen Einkommensvermehrung, sondern lediglich auf einer veränderten Schätzung des Ertrags einzelner Einkommensquellen bei der Veranlagnug des Friedens- und Kriegseinkommens beruht, oder das Mehreinkommen, auf das der Abgabepflichtige auch seiner Höhe nach bereits vor dem Kriege einen Rechtsanspruch erworben hatte, von

der Abgabe freistellen. Er kann ferner Unbilligkeiten beseitigen, die sich aus Besonderheiten der einzelstaatlichen Einkommensteuergesetze oder daraus ergeben, daß die landesrechtliche Einkommensteuerveranlagung eine Wertminderung der Einkommensquelle nicht ausreichend berücksichtigt.

Erläuterungen:

Das Recht des Bundesrats, die Steuer in besonderen Fällen auf Antrag des Steuerpflichtigen **herabzusetzen,** muß (nicht „kann"; kein bloßes Gnadenrecht!) von dieser Behörde dann ausgeübt werden, wenn **Billigkeitsgründe** es rechtfertigen. Es muß sich um Fälle von besonderer Härte für den Steuerpflichtigen handeln; einige Beispiele zählt das Gesetz auf. Auf die Anwendung des Härteparagraphen haben sowohl steuerpflichtige Gesellschaften wie auch Einzelpersonen Anspruch, wenn die Voraussetzungen dazu vorliegen. Es bedarf aber dazu eines **Antrags,** bezüglich dessen es im § 31 der AusfBest. heißt: „Ist nach Ansicht des Besitzsteueramts die Anwendung des § 40 des Gesetzes gerechtfertigt, so kann das Besitzsteueramt die Erhebung des entsprechenden Abgabebetrags **vorläufig aussetzen** und dem Abgabepflichtigen anheimstellen, binnen einem Monat eine abweichende Berechnung des Mehreinkommens oder des Mehrgewinns beim Bundesrate zu beantragen. Derartige Anträge sind beim Besitzsteueramt anzubringen und mit einer Darstellung des Sachverhalts sowie mit einer gutachtlichen Äußerung der Oberbehörde durch Vermittlung der obersten Landesfinanzbehörde dem Bundesrate vorzulegen."

Diese Vorschrift der Ausführungsbestimmungen deckt aber noch nicht den Fall, daß das Besitzsteueramt die Anwendung des § 40 nicht für gerechtfertigt hält und deshalb den entsprechenden Abgabebetrag weder stundet, noch dem Steuerpflichtigen auferlegt, binnen einem Monat einen begründeten Antrag einzureichen. Auch in diesem Falle muß es aber dem Steuerpflichtigen freistehen, sich an den Bundesrat zu wenden, und zwar wird der Antrag entweder zugleich mit der Steuererklärung — falls eine solche erfolgt — oder einen Monat nach Zustellung des Steuerbescheides beim Besitzsteueramt (aber gerichtet an den Bundesrat) einzureichen sein.

Der **Härteparagraph** sieht die Möglichkeit der Steuermilderung für Gesellschaften und für Einzelpersonen vor. Der Bundesrat kann eine vom Abgabegesetz abweichende Berechnung des Mehreinkommens sowohl wie des Mehrgewinns genehmigen. Eine abweichende Festsetzung des steuerpflichtigen **Vermögens** durch den Bundesrat ist dagegen im § 40 **nicht** vorgesehen. Die abweichende Berechnung muß unter billiger Berücksichtigung der tatsächlichen wirtschaftlichen Verhältnisse des Abgabepflichtigen geschehen. Das bedeutet, daß die größere oder geringere steuerliche Leistungsfähigkeit des Pflichtigen mitzusprechen hat. Die Fälle, in denen der Härteparagraph Anwendung findet, können sehr verschiedener Art sein. Z. B. könnten Verluste an nicht steuerbarem ausländischen Vermögen in Betracht gezogen werden, oder frühere starke Vermögenseinbußen usw.

Das Abgabegesetz selber zählt eine Reihe von **Beispielen** auf, die „insbesondere" für die Milderungsvorschrift in Betracht kommen. Der Bundesrat kann danach zulassen, daß der **Ermittlung des Friedenseinkommens** (bei Einzelpersonen) oder Friedensgewinnes (bei Gesellschaften) das Ergebnis anderer Jahre (als in den §§ 4 ff., 15 vorgeschrieben) zugrunde gelegt wird. Das wird namentlich dann geschehen können, wenn die für das Friedenseinkommen maßgebende Veranlagung (§ 4) oder der Durchschnitt der Jahresveranlagungen nach § 4 Abs. 2 infolge ungewöhnlich hoher und außerordentlicher Ausfälle ein allzu niedriges Einkommen im Vergleich zu dem Kriegseinkommen ergibt. Entsprechendes gilt für den Friedensgewinn bei Gesellschaften.

Der Bundesrat kann ferner das steuerpflichtige **Mehreinkommen**, soweit es nicht auf einer wirklichen Einkommensvermehrung, sondern lediglich auf einer veränderten Schätzung des Ertrages beruht, oder das Mehreinkommen, auf das der Abgabepflichtige auch der Höhe nach bereits vor dem Kriege einen Rechtsanspruch erworben hatte, von der Abgabe freistellen. Es handelt sich hier also um zwei Fälle: einmal um eine bloß auf veränderter Schätzung von auf einkommensteuerpflichtigen Anfällen beruhende Einkommensmehrung, bei Gleichbleiben der Quellen selber; und ferner um den Fall eines bedingten, befristeten oder sonstwie früher erworbenen Anspruchs, der während des Jahres 1917 (der für das Mehreinkommen maßgebenden Zeit) fällig wird.

Der Bundesrat kann weiter auch Unbilligkeiten beseitigen, die sich aus Besonderheiten der **einzelstaatlichen Einkommensteuergesetze** oder daraus ergeben, daß die landesrechtliche Einkommensteuerveranlagung eine Wertminderung der Einkommensquelle nicht ausreichend berücksichtigt. Auch hier sind wieder zwei Fälle angeführt: erstens der Milderungsgrund, der sich aus der Ungleichheit der nach den §§ 4 ff. für die Feststellung des Friedenseinkommens zu berücksichtigenden einzelstaatlichen Einkommensteuergesetzen und den darauf beruhenden Veranlagungen für einen Steuerpflichtigen ergeben kann (s. oben S. 28); sowie ferner der Milderungsgrund, der darin liegt, daß in der für das Kriegs- oder das Friedenseinkommen maßgebenden landesrechtlichen Veranlagung die Wertminderung einer Einkommensquelle nicht ausreichend berücksichtigt hat.

Um besondere Härten, die sich aus der zeitlichen Festlegung der Begriffe Friedens- und Kriegseinkommen für den Steuerpflichtigen ergeben können, in **genereller Weise zu mildern**, hat der Bundesrat am 22. August 1918 beschlossen, die Landesfinanzbehörden zu ermächtigen, auf Grund des § 40 nach erfolgter Kriegsabgabeveranlagung auf Antrag des Abgabepflichtigen eine von den Vorschriften des Gesetzes abweichende Berechnung des Mehreinkommens in **drei besonders namhaft gemachten Fällen** und in dem dabei bezeichneten Umfange zu genehmigen.

Der Beschluß des Bundesrats besagt zunächst: „Ist bei der nach § 8 des Gesetzes für das Kriegseinkommen maßgebenden landesrechtlichen Einkommensteuerveranlagung nicht das Einkommen zugrunde gelegt worden, das der Abgabepflichtige im Jahre 1917 tatsächlich bezogen hat, sondern ist hierbei ganz oder zum Teil auf Geschäftsgewinne oder sonstige Einkünfte des Abgabepflichtigen in früheren Jahren zurückgegriffen worden, und weist der Abgabepflichtige nach, daß sein **tatsächliches Einkommen im Jahre 1917** um mehr als ein Fünftel hinter dem nach § 8 des Gesetzes maßgebenden Jahreseinkommen (Veranlagung für 1918) zurückgeblieben ist, so kann die Berechnung des (steuerpflichtigen) Mehreinkommens das vom Abgabepflichtigen nachgewiesene, im Jahre 1917 tatsächlich bezogene Einkommen statt des nach § 8 des Gesetzes steuerpflichtigen Einkommens zugrunde gelegt werden, jedoch nur unter der Voraussetzung, daß dem hiernach freizustellenden Teile des Mehreinkommens ein Vermögenszuwachs gegenübersteht, der bei der auf Grund des (alten) Kriegssteuergesetzes (vom 21. Juni 1916) vom Abgabepflichtigen entrichteten Kriegsabgabe bereits der Kriegssteuer unterlegen hat." — Diese nicht ohne weiteres übersichtliche Vorschrift bedeutet, daß ein Kriegsabgabepflichtiger, bei dem vor 1917 günstigere Einkommensverhältnisse vorgelegen haben, als in dem für die Berechnung des Mehreinkommens gesetzlich maßgebenden Jahre 1917, diesen Umstand unter bestimmten Voraussetzungen als Steuermilderungsgrund in Anspruch nehmen kann. Am besten wird ein Beispiel die Tragweite der Bestimmung deutlich machen: Ein Kaufmann, der im Jahre 1915 150000 ℳ, im Jahre 1916 135000 ℳ und im Jahre 1917 15000 ℳ verdient hat, wird (z. B. nach preußischem Einkommensteuergesetz) für das Jahr 1918 mit dem dreijährigen Durchschnitt von 100000 ℳ zur Einkommensteuer veranlagt. Diese 100000 ℳ gelten zugleich nach § 8 des Kriegsabgabegesetzes als das für die Berechnung des steuerpflichtigen Mehreinkommens maßgebende Kriegseinkommen. Sein wirkliches Einkommen im Jahre 1917 im Betrage von 15000 ℳ bleibt aber um mehr als ein Fünftel hinter diesem nach § 8 festgestellten Kriegseinkommen zurück. Demgemäß kann der Steuerpflichtige verlangen, daß als Kriegseinkommen nicht 100000 ℳ, sondern nur 15000 ℳ angenommen werden, vorausgesetzt, daß er „mit (mindestens) dem freizustellenden Teile", also mit 85000 ℳ, nach dem (alten) Kriegssteuergesetz zur Vermögenszuwachssteuer herangezogen worden ist. Die praktische Bedeutung einer etwaigen Freistellung ergibt sich daraus, daß in dem einen Falle 100000 ℳ, in dem anderen (nach erfolgter Freistellung) nur 15000 ℳ dem Friedenseinkommen gegenüberzustellen sind, so daß sich hier das steuerpflichtige Mehreinkommen entsprechend vermindert. Betrug also das Friedenseinkommen 18000 ℳ, so hat der Abgabepflichtige im ersten Falle 82000 ℳ — (steuerfreie) 3000 ℳ = 79000 ℳ zu versteuern, während er im zweiten Falle (das Mehreinkommen bis 3000 ℳ ist steuerfrei) gänzlich unbesteuert bleibt.

Der zweite der Fälle, in denen der Bundesrat die Milderungsvorschrift des § 40 generell angewendet wissen will, ist folgender: Ist bei der Berechnung des als Kriegseinkommen nach § 8 maßgebenden steuerpflichtigen Jahreseinkommens nach dem Landeseinkommensteuerrechte der **Verlust eines Geschäftsjahres nicht in Abzug** gebracht, sondern nur durch Einstellung mit Null berücksichtigt, so kann das Kriegseinkommen bei der Berechnung des (steuerpflichtigen) Mehreinkommens um den Betrag ermäßigt werden, um den sich das Jahreseinkommen vermindert haben würde, wenn der Verlust des betreffenden Geschäftsjahres bei der Berechnung des steuerpflichtigen Jahreseinkommens in Abzug gebracht worden wäre. — Diese Vorschrift kommt für solche Steuerpflichtigen in Betracht, bei deren Veranlagung nach dem anzuwenbenden Landeseinkommensteuerrecht zwar der dreijährige Durchschnitt zugrunde gelegt, bei der Berechnung dieses Durchschnitts aber der etwaige Verlust eines Jahres nicht von dem Gewinn der anderen Jahre in Abzug gebracht ist. (Preußen — EinkStG. § 9 Abs. 7 — billigt das Abzugsrecht zu, nicht dagegen Sachsen u. a.) In solchen Fällen würde also, wenn das Jahr 1915 mit einem Verlust von 6000 *M* abgeschlossen hatte, die Jahre 1916 und 1917 aber 10000 *M* und 20000 *M* Gewinn erbracht hatten, der Durchschnitt nach Landeseinkommensteuerrecht 10000 *M* betragen, während nach dem Kriegsabgabegesetz auf Grund der Anweisung des Bundesrats unter Berücksichtigung des Verlustjahres auf nur 8000 *M* zu berechnen ist.

Schließlich bestimmte der Bundesrat noch folgende Erleichterung: „Sind bei der nach § 8 für das Kriegseinkommen maßgebenden landesrechtlichen Einkommensteuerveranlagung von Reichs-, Staats- und Kommunal**beamten**, **Geistlichen** und **Lehrern** aus Anlaß der Kriegsteuerung bewilligte Beihilfen und Zulagen dem steuerpflichtigen Einkommen zugerechnet worden, so kann der Berechnung des steuerpflichtigen Mehreinkommens statt des nach § 8 steuerpflichtigen Jahreseinkommens das um den Betrag der zugerechneten Beihilfen und Zulagen verminderte Jahreseinkommen zugrunde gelegt werden." — Es handelt sich hier um die gesetzliche Festlegung des Abzugsrechts für die an mittelbare und unmittelbare Staats- und Reichsbeamte gewährten **Kriegsteuerungszulagen** und -beihilfen; soweit diese landesrechtlich als Einkommensteile besteuert werden, sollen sie dennoch für die Kriegsabgabe außer Ansatz bleiben.

Durch die Bundesratsanweisung erfährt der § 40 des Abgabegesetzes einen recht weitgehenden Ausbau, der im Interesse der Steuerpflichtigen liegt, und die ziemlich unbestimmte Fassung dieses Paragraphen in wichtigen Beziehungen auf feste Grundlagen stellt. Da dem Bundesrat im § 40 ein allgemeines Ausnahmebewilligungsrecht eingeräumt ist, so ist der an die Landesfinanzbehörden ergangenen Anweisung bindende Kraft zuzuerkennen, obwohl die Anweisung nicht als Bestandteil des Gesetzes anzusehen ist.

Mit diesen in dem Bundesratsbeschluß aufgeführten Fällen ist indes das Anwendungsgebiet des Härteparagraphen noch keineswegs erschöpft. In der Praxis können sich **zahlreiche andere Fälle** besonderer Härten für den Steuerpflichtigen zeigen. In welchem Umfange sie vom Bundesrat als Milderungsgründe im Sinne des § 40 anerkannt werden, läßt sich bei der verschiedenen Auslegung, den der Begriff der steuerlichen „Härte" fähig ist, nicht sagen.

Schlußvorschriften.

§ 41

Die Bundesstaaten erhalten für die Veranlagung und Erhebung der Abgabe eine Entschädigung von 1 vom Hundert ihrer Roheinnahme.

Erläuterungen:

Die **Veranlagung und Erhebung** der Kriegsabgabe findet **durch die Bundesstaaten** statt. Das Reich, dem der Ertrag der Steuer zufließt, zahlt an die Staaten 1 v. H. der in dem Gebiete der einzelnen Staaten zur Verrechnung gekommenen Roheinnahmen aus der Steuer. Das (alte) Kriegssteuergesetz hatte den Bundesstaaten (in § 37) nur $^1/_2$ v. H. des Rohertrages als Vergütung zugebilligt. Über die Verrechnung und Verbuchung der Verwaltungskostenvergütung enthält der § 46 der AusfBest. (s. Anhang) Anweisungen an die Verwaltungsbehörden.

§ 42

Im Falle einer zu niedrigen Veranlagung zur Kriegssteuer auf Grund dieses Gesetzes kann mit Genehmigung der obersten Landesfinanzbehörde innerhalb zweier Jahre eine Neuveranlagung auch dann erfolgen, wenn die Voraussetzungen im § 73 Satz 2 des Besitzsteuergesetzes vom 3. Juli 1913 nicht vorliegen. Das gleiche gilt für die nach dem Kriegssteuergesetze vom $\frac{\text{21. Juni}}{\text{17. Dezember}}$ 1916 zu veranlagende Kriegssteuer der Einzelpersonen und Gesellschaften.

Erläuterungen:

Nach § 73 Satz 2 des Besitzsteuergesetzes hat eine **Steuerveranlagung** zu erfolgen, wenn nachträglich neue Tatsachen und Beweismittel bekannt werden, die eine höhere Veranlagung des Steuerpflichtigen rechtfertigen. Diese Bestimmung bedeutet eine starke Sicherung des Steuerpflichtigen; denn nur, wenn die gleichen Voraussetzungen vorliegen, unter denen auf dem Gebiete des Strafrechts die Wiederaufnahme eines durch rechtskräftiges Urteil abgeschlossenen Verfahrens zulässig ist, soll zuungunsten des Steuerpflichtigen eine Neuveranlagung zur Besitzsteuer stattfinden können, Als „neue Tatsachen und Beweismittel" können nur solche gelten, die bei der ersten Veranlagung der Steuerbehörde noch nicht bekannt oder ihr noch nicht zugängig waren. In der Praxis dürfte es nur selten zu einer Neuveranlagung auf Grund des § 73 Satz 2 gekommen sein. Für die **Kriegsabgabe** soll nun die Neuveranlagung nach dem vorliegenden § 42 von den **einschränkenden Bedingungen befreit** werden, die das Besitzsteuergesetz (und damit das — alte — Kriegssteuergesetz) im Interesse des Steuerpflichtigen bezüglich der Neuveranlagung vorgesehen hatte. Die Rechtslage ist jetzt die, daß Neuveranlagungen zur Kriegssteuer von Personen und Gesellschaften, nach dem alten Kriegssteuer- und nach dem neuen Abgabegesetz, unbeschränkt dann stattfinden können, wenn die Veranlagungsbehörde die Grundlagen für eine von ihren früheren Feststellungen abweichende Beurteilung erhält oder zu haben glaubt, vorausgesetzt nur, daß seit der Mitteilung der Veranlagung an den Steuerpflichtigen zwei Jahre noch nicht verflossen sind, und daß die oberste Landesfinanzbehörde die Genehmigung zu der Neuveranlagung erteilt hat.

Diese neue Rechtslage schafft aber nur ein Vorrecht für die Steuer**behörde;** der Steuer**pflichtige** kann nach wie vor nur auf dem Rechtsmittelwege und nur innerhalb der für die Rechtsmittel bestimmten Fristen eine Änderung der Veranlagung zu seinen Gunsten herbeiführen.

Die Neuveranlagung ohne Vorliegen neuer Tatsachen und Beweismittel kann **nur innerhalb zweier Jahre** (nach Zustellung des Steuerbescheids) und nur **mit Genehmigung** der obersten Landesfinanzbehörde (Finanzministerium) von der Verwaltungsbehörde vorgenommen werden. Diese Einschränkung ist auf Anregung des Reichstagsausschusses, der die Bestimmung (im Entwurf § 17) zunächst lebhaft bekämpfte, eingefügt worden. Nach Eintritt der **Verjährung der Kriegsabgabe** — am Schluß des vierten auf das ursprüngliche Fälligkeitsjahr folgenden Kalenderjahres (Mrozek, Direkte Kriegssteuer S. 234) — kann eine Berichtigung durch Neuveranlagung überhaupt nicht mehr stattfinden.

Trotz der zeitlichen Begrenzung des erweiterten Neuveranlagungsrechtes und trotz der Bindung des Rechtes an die Genehmigung der obersten Landesfinanzbehörde, ist nicht zu verkennen, daß die Bestimmung für die Steuerpflichtigen die Einführung eines **Schwebezustandes** bedeutet, während dessen er nicht weiß, ob er seine — vielleicht längst rechtskräftig gewordene — Veranlagung als endgültig anzusehen hat oder nicht. Wenn auch fiskalische und allgemeine Interessen jede Maßregel zu einer möglichst restlosen Erfassung der steuerpflichtigen Einkommens-, Vermögens- und Gewinnteile rechtfertigen, darf die Einführung des weitgehenden Neuveranlagungsrechtes die Veranlagungsbehörden doch **nicht** dazu verführen, **ohne ausreichende Anhaltspunkte,** auf bloße Behauptungen oder Vermutungen hin, die Neuveranlagung herbeizuführen. Der Anspruch des Steuerpflichtigen auf eine „richtige" Veranlagung besteht von vornherein und darf nicht durch leichthin vorgenommene und das gebotene Maß überschreitende Nachveranlagungen in Frage gestellt werden.

§ 43

Die Vorschrift im § 54 Satz 2 des Wehrbeitraggesetzes und im § 73 Satz 2 des Besitzsteuergesetzes gibt dem Steuerpflichtigen keinen Rechtsanspruch auf eine Neuveranlagung des Wehrbeitrags oder der Besitzsteuer (§§ 20, 21 des Besitzsteuergesetzes). Als Entrichtung des gefährdeten Wehrbeitrags (§ 59 des Wehrbeitraggesetzes) oder der gefährdeten Besitzsteuer (§ 79 des Besitzsteuergesetzes) gilt auch die Entrichtung des gleich hohen oder höheren Betrags, der infolge der Zugrundelegung des niedrigeren Anfangsvermögens bei der späteren Besitz- oder Kriegssteuerveranlagung zu zahlen ist.

Erläuterungen:

Nach § 73 Satz 2 des Besitzsteuergesetzes, der dem § 54 Satz 2 des Wehrbeitraggesetzes entspricht, hat eine Neuveranlagung (zur Besitzsteuer ebenso wie zur Wehrsteuer) zu erfolgen, wenn nachträglich neue Tatsachen und Beweismittel bekannt werden, die eine höhere Veranlagung des Steuerpflichtigen rechtfertigen. Diese zugunsten des Fiskus gegebene Bestimmung wurde nach Erlaß des (alten) Kriegssteuergesetzes von manchen Steuerpflichtigen in Anspruch genommen, um **nachträglich eine Erhöhung** seines der Wehrbeitrags- und Besitzsteuerabgabe zugrunde gelegten **Vermögens**, und damit zugleich eine Verminderung des kriegssteuerpflichtigen Vermögenszuwachses geltend zu machen. Denn von dem bei der Wehrbeitrags- und der Besitzsteuerveranlagung festgestellten Vermögen geht die Kriegsbesteuerung aus. Es ist, so führt die Begründung des Entwurfs zum Kriegsabgabegesetz (S. 56) aus, vielfach vorgekommen, daß Steuerpflichtige aus nicht ganz gerechtfertigter Zurückhaltung, wenn nicht aus schlimmerer Steuerscheu, bei der Wehrbeitragsveranlagung ihr Vermögen zu niedrig angegeben haben. Als dann die hohe Kriegssteuer gekommen sei, hätten sie die Entdeckung gemacht, daß sie sich **verrechnet** hätten, und daß sie sich bei der Feststellung eines hohen Wehrbeitragsvermögens doch erheblich besser stellen würden. Sie hätten deshalb eine Neuveranlagung auf Grund des § 54 Abs. 2 Wehrbeitraggesetz beantragt, nicht aber weil die Benachteiligung des Fiskus sie geschmerzt hätte, sondern zum Nachteil des Fiskus, der sonst die höhere (Kriegs-)Steuer vom Zuwachs erhalten hätte. Nun sei aber die Vorschrift des § 54 ausschließlich zugunsten des Fiskus getroffen und dürfe nicht dazu mißbraucht werden, daß der Steuerpflichtige nachträglich für sich eine Rechnung aufmache, wie er sich besserstelle.

Mit dieser Begründung wurde dargelegt, daß der Steuerpflichtige weder nach Wehrbeitraggesetz noch nach Besitzsteuergesetz einen **Rechtsanspruch** auf Neuveranlagung habe. Um aber jeden Zweifel, auch für das Kriegsabgabegesetz, auszuschließen, wurde die ausdrückliche gesetzliche Feststellung in dem vorliegenden § 43 getroffen.

Nach § 73 des Besitzsteuergesetzes (§ 59 Wehrbeitragsgesetz) bleibt **straffrei**, wer unrichtige oder unvollständige Angaben, bevor eine Anzeige erstattet oder eine Untersuchung eingeleitet ist, bei der Steuerbehörde berichtigt oder ergänzt und die gefährdete Steuer, soweit sie bereits fällig gewesen ist, entrichtet (Spezialpardon, tätige Reue). Nach dem vorliegenden § 43 soll Straffreiheit auch eintreten, wenn der Steuerpflichtige seine damalige Steuererklärung berichtigt, inzwischen aber infolge der zu niedrigen Wehrbeitrags- oder Besitzsteuerveranlagung eine höhere Kriegsabgabe hat zahlen müssen; mit anderen Worten: der Steuerpflichtige soll das Recht haben, die auf Grund seiner nachträglichen Berichtigung nachzuzahlenden Beträge gegen den Betrag, den er bei der Kriegssteuer mehr zu zahlen hatte, **aufzurechnen.**

§ 44

Die Ausführungsbestimmungen zu diesem Gesetz erläßt der Bundesrat.

Erläuterungen:

Die **Ausführungsbestimmungen des Bundesrats** zum Gesetz über eine außerordentliche Kriegsabgabe für das Rechnungsjahr 1918 sind unterm 26. Juli 1918 ergangen und sind in den vorstehenden Erläuterungen zu den einzelnen Paragraphen des Gesetzes **mit berücksichtigt.** Die Ausführungsbestimmungen enthalten **Auslegungen** des Gesetzes, die selber Gesetzeskraft besitzen, soweit das Gesetz auf sie verweist oder sie sonstwie deckt; daneben finden sich in den Ausführungsbestimmungen Anweisungen an die Steuerbehörden für die Handhabung der Veranlagung und Erhebung (s. den Text im Anhang). Neben den Ausführungsbestimmungen des Bundesrats ergehen auch in den einzelnen Bundesstaaten Ausführungsvorschriften (so in Preußen vom 31. August 1918), die im wesentlichen Verwaltungsanweisungen enthalten.

Das **Kriegsabgabegesetz** ist vom 26. Juli 1918 datiert, es ist am 31. Juli 1918 in Berlin ausgegeben (Reichsgesetzblatt Nr. 101) und **am 14. August 1918 in Kraft getreten.**

Anhang: Gesetzestexte.

Gesetz über eine außerordentliche Kriegsabgabe für das Rechnungsjahr 1918.

Vom 26. Juli 1918.

(RGBl. S. 964.)

Abgabepflicht der Einzelpersonen.

§ 1. Die im § 11 des Besitzsteuergesetzes vom 3. Juli 1913 (Reichs-Gesetzbl. S. 524) bezeichneten Personen haben für das Rechnungsjahr 1918 zugunsten des Reichs eine außerordentliche Kriegsabgabe vom Mehreinkommen und vom Vermögen zu entrichten.

§ 2. Die persönliche Abgabepflicht ist nach dem Stande vom 31. Dezember 1917 zu beurteilen. Bei Inländern und bei solchen Personen, die ihre inländische Staatsangehörigkeit nach dem 1. August 1914 verloren haben, entfällt die Abgabepflicht nicht dadurch, daß sie nach dem 31. Dezember 1913 ihren inländischen Wohnsitz oder Aufenthalt aufgegeben haben.

Abgabe vom Mehreinkommen.

§ 3. Mehreinkommen (§ 1) ist der Unterschied zwischen dem Friedenseinkommen (§§ 4 bis 7, 10 bis 12) und dem Kriegseinkommen (§§ 8 bis 12).

Der Unterschiedsbetrag wird auf volle Tausende nach unten abgerundet.

Abgabepflichtig ist nur der den Betrag von dreitausend Mark übersteigende Teil des Mehreinkommens.

§ 4. Als Friedenseinkommen gilt das steuerpflichtige Jahreseinkommen, mit dem der Abgabepflichtige bei der letzten allgemeinen landesgesetzlichen Jahresveranlagung auf Grund der Einkommensverhältnisse, wie sie vor Ausbruch des Krieges bestanden, zur Einkommensteuer veranlagt worden ist.

Welche Einkommensteuerveranlagung nach Abs. 1 maßgebend ist, bestimmt die oberste Landesfinanzbehörde im Einverständnisse mit dem Reichskanzler.

Auf Antrag des Abgabepflichtigen ist das durchschnittliche Einkommen, das sich aus der nach Abs. 1 und 2 maßgebenden Jahresveranlagung und den zwei ihr vorangegangenen Jahresveranlagungen ergibt, als Friedenseinkommen festzusetzen. Der Antrag kann bis zum Ablauf der mit der Zustellung des Steuerbescheids eröffneten Rechtsmittelfrist gestellt werden.

Das Besitzsteueramt kann die Festsetzung des Friedenseinkommens nach dreijährigem Durchschnitt (Abs. 3) von sich aus vornehmen, wenn das Einkommen der nach Abs. 1 und 2 maßgebenden Jahresveranlagung ein außergewöhnlich hohes war und der Abgabepflichtige nach Lage der Verhältnisse dieses Einkommen für die Dauer nicht erwarten konnte.

§ 5. Ist die persönliche Einkommensteuerpflicht erst nach dem für die letzte Friedensveranlagung (§ 4 Abs. 1 und 2) maßgebenden Stichtag eingetreten, so gilt als veranlagtes Einkommen vor dem Kriege der für eine Verzinsung von 5 vom Hundert bemessene Jahresertrag des bei Eintritt der Steuerpflicht nachweislich vorhandenen Vermögens oder das von dem Abgabepflichtigen nachgewiesene höhere Einkommen, das er im Jahre 1913 oder im Durchschnitt der Jahre 1911, 1912, 1913 tatsächlich bezogen hat.

§ 6. Hat der Abgabepflichtige nach dem für die letzte Friedensveranlagung (§ 4 Abs. 1 und 2) maßgebenden Stichtag oder nach dem späteren Eintritt der Steuerpflicht (§ 5) Einkommen aus Vermögen erlangt, das nach diesem Zeitpunkt durch einen der im § 3 Abs. 1 Nr. 1 bis 3 des Kriegssteuergesetzes vom 21. Juni 1916 (Reichs-Gesetzbl. S. 561) bezeichneten Anfälle erworben worden ist, so kann er verlangen, daß dem veranlagten Einkommen vor dem Kriege (§§ 4, 5) ein Betrag hinzugerechnet wird, der einer jährlichen Verzinsung von 5 vom Hundert dieses Vermögens entspricht. Die Hinzurechnung findet nur statt, wenn das Einkommen aus dem angefallenen Vermögen in der nach § 8 maßgebenden Veranlagung berücksichtigt, in der Veranlagung nach § 4 aber nicht berücksichtigt ist.

§ 7. Als Friedenseinkommen wird ein Betrag von zehntausend Mark angenommen, wenn das veranlagte Einkommen vor dem Kriege (§§ 4, 5) einschließlich der Hinzurechnung (§ 6) niedriger ist.

§ 8. Als Kriegseinkommen gilt das steuerpflichtige Jahreseinkommen, mit dem der Abgabepflichtige bei der Jahresveranlagung für das Rechnungsjahr 1918 zur Landeseinkommensteuer veranlagt worden ist oder veranlagt wird. Im Einverständnisse mit dem Reichskanzler kann die oberste Landesfinanzbehörde bestimmen, daß eine andere Jahresveranlagung, die vornehmlich die im Jahre 1917 erzielten Einkommen berücksichtigt, maßgebend sein soll.

§ 9. Bei Feststellung des Kriegseinkommens der Offiziere, Sanitäts- und Veterinäroffiziere sowie der oberen Militärbeamten ist deren Diensteinkommen abzüglich des als Entschädigung für den Dienstaufwand festgesetzten Betrags zu berücksichtigen.

§ 10. Wenn eine rechtskräftige Feststellung des steuerpflichtigen Einkommens nicht stattfindet, so gilt als festgestellt das niedrigste Einkommen der Steuerstufe, in welcher der Steuerpflichtige zur Einkommensteuer endgültig veranlagt ist.

Eine im Rechtsmittelverfahren, durch Neu- oder Nachveranlagung oder im Verwaltungswege herbeigeführte Berichtigung der maßgebenden landesgesetzlichen Jahresveranlagungen ist zu berücksichtigen.

§ 11. Ist nach § 14 des Besitzsteuergesetzes das Vermögen der Ehegatten zusammenzurechnen, so ist für die Ermittlung des Mehreinkommens das Einkommen der Ehegatten auch dann zusammenzurechnen, wenn sie nach Landesrecht selbständig zur Einkommensteuer veranlagt sind.

§ 12. Wo eine Einkommensteuer noch nicht eingeführt ist, trifft die Landesregierung Bestimmungen über die Ermittlung des Kriegseinkommens.

Als veranlagtes Einkommen vor dem Kriege (§ 4) gilt im Falle des Abs. 1 das bei der Veranlagung des Wehrbeitrags festgestellte Einkommen.

§ 13. Die Abgabe vom Mehreinkommen beträgt

für die ersten 10 000 Mark des abgabepflichtigen Mehreinkommens	5	vom	Hundert
für die nächsten angefangenen oder vollen			
10 000 Mark . .	10	„	„
30 000 „	20	„	„
50 000 „	30	„	„
100 000 „ .	40	„	„
für die weiteren Beträge	50	„	„

§ 14 Bei Abgabepflichtigen, die Gesellschafter inländischer Gesellschaften mit beschränkter Haftung sind, bleiben auf Antrag die Abgabebeträge (§ 13) unerhoben, die verhältnismäßig auf die Mehreinnahmen aus Geschäftsanteilen solcher Gesellschaften entfallen. Als Mehreinnahme gilt der in dem Kriegseinkommen eines Abgabepflichtigen enthaltene anteilige Betrag, der von einer Gesellschaft über den Durchschnitt der nach § 17 Abs. 1 des Kriegssteuergesetzes vom 21. Juni 1916 in Betracht kommenden Jahre hinaus oder, falls die Gesellschaft noch kein volles Jahr vor den Kriegsgeschäftsjahren bestanden hat, über eine sechsprozentige Dividende hinaus als Gewinn verteilt worden ist.

Abs. 1 findet nur Anwendung

1. auf Gesellschafter, die Geschäftsanteile in Höhe von mindestens einem Viertel des Stammkapitals besitzen sowie auf Gesellschafter, die zueinander im Verhältnis von Ehegatten, von Verwandten in gerader Linie, von Geschwistern oder Erben von Geschwistern stehen und zusammen Geschäftsanteile von mindestens der Hälfte des Stammkapitals besitzen;
2. auf Gesellschafter, die als Geschäftsführer oder Prokuristen der Gesellschaft bestellt sind oder waren, sowie auf Gesellschafter, die Ehegatten oder Erben solcher Personen sind, wenn diese Gesellschafter in beiden Fällen allein oder zusammen Geschäftsanteile in Höhe von mindestens der Hälfte des Stammkapitals besitzen.

Abgabe vom Vermögen.

§ 15. Abgabepflichtiges Vermögen ist das nach den Vorschriften des Besitzsteuergesetzes auf den 31. Dezember 1916 festgestellte Vermögen.

§ 16. Das abgabepflichtige Vermögen ist nach den Vorschriften des Besitzsteuergesetzes auf den 31. Dezember 1917 besonders festzustellen,

1. wenn eine Vermögensfeststellung auf den 31. Dezember 1916 nicht stattgefunden hat,
2. wenn sich das Vermögen eines Abgabepflichtigen nach dem 31. Dezember 1916 durch einen im § 3 Abs. 1 Nr. 1 oder 3 des Kriegssteuergesetzes vom 21. Juni 1916 bezeichneten Vermögensanfall um mehr als fünftausend Mark vermehrt hat.

§ 17. Außer in den Fällen des § 16 ist auf Antrag des Pflichtigen die Abgabe nach dem auf den 31. Dezember 1917 neu festzustellenden Vermögen zu bemessen, wenn er nachweist, daß sich sein Vermögen gegenüber dem Stande vom 31. Dezember 1916 um mehr als den fünften Teil vermindert hat. § 4 Abs. 3 Satz 2 findet Anwendung.

§ 18. Vermögen von nicht mehr als einhunderttausend Mark sind von der Abgabe befreit.

§ 19. Die Kriegsabgabe vom Vermögen beträgt

für die ersten 200 000 Mark.		1 vom	Tausend,
für die nächsten angefangenen oder vollen			
300 000	„ . .	2 „	„
500 000	„ . .	3 „	„
1 000 000	„ . .	4 „	„
für die weiteren Beträge .	. .	5 „	„

Abgabepflicht der Gesellschaften.

§ 20. Inländische Aktiengesellschaften, Kommanditgesellschaften auf Aktien, Berggewerkschaften und andere Bergbau treibende Vereinigungen, letztere sofern sie die Rechte juristischer Personen haben, Gesellschaften mit beschränkter Haftung und eingetragene Genossenschaften haben zugunsten des Reichs von dem im vierten Kriegsgeschäftsjahr erzielten Mehrgewinn eine außerordentliche Kriegsabgabe zu entrichten.

§ 21. Als abgabepflichtiger Mehrgewinn gilt der Unterschied zwischen dem Friedensgewinne (§ 22) und dem in dem vierten Kriegsgeschäftsjahre (§ 23) erzielten Geschäftsgewinne (§ 24). Der Unterschiedsbetrag wird auf volle Tausende nach unten abgerundet. Beträge unter fünftausend Mark bleiben außer Betracht.

§ 22. Friedensgewinn ist der nach den Vorschriften in §§ 16, 17 des Kriegssteuergesetzes vom 21. Juni 1916 berechnete durchschnittliche frühere Geschäftsgewinn.

Die Anteile der Vorstandsmitglieder oder Geschäftsführer wie der sonstigen Beamten und Angestellten am Jahresgewinn, auf welche diese einen Rechtsanspruch haben, sind als abzugsfähige Betriebskosten anzusehen. Dagegen sind Vergütungen (Tantiemen) der Aufsichtsratsmitglieder, die von der Höhe des Reingewinns und von dessen Feststellung durch die Generalversammlung abhängig sind, von dem Geschäftsgewinne nicht abzusetzen.

Sind Gesellschafter zu Geschäftsführern einer Gesellschaft mit beschränkter Haftung bestellt, so sind die ihnen zukommenden Gewinnanteile nur insoweit als abzugsfähige Betriebskosten zu behandeln, als sie sich als Entgelt für die auf Grund eines mit der Gesellschaft abgeschlossenen Dienstvertrags ausgeübte Tätigkeit als Geschäftsführer darstellen. Der Umstand, daß die Bestellung als Geschäftsführer im Gesellschaftsvertrage selbst erfolgt ist, schließt die Annahme eines Dienstvertrages nicht aus.

Als viertes Kriegsgeschäftsjahr gilt das Geschäftsjahr, das auf den durch den § 15 des Kriegssteuergesetzes vom 21. Juni 1916 erfaßten Zeitraum folgt.

Abgesehen von den Fällen der Neugründung oder der Auflösung einer Gesellschaft muß das vierte Kriegsgeschäftsjahr einen Zeitraum von mindestens zwölf Monaten umfassen. Ein beim Ablauf der zwölf Monate noch laufendes Geschäftsjahr ist voll zu berücksichtigen, es sei denn, daß für den Zeitpunkt des Ablaufs der zwölf Monate ein Geschäftsabschluß gemacht wird.

§ 24. Der Geschäftsgewinn des vierten Kriegsgeschäftsjahrs ist nach den Vorschriften der §§ 16, 18 des Kriegssteuergesetzes vom 21. Juni 1916 und des § 22 Abs. 2 und 3 dieses Gesetzes zu berechnen.

Die Sonderrücklage und die Kriegssteuer dürfen von dem Geschäftsgewinn eines Kriegsgeschäftsjahrs nicht abgesetzt werden. Beträge einer freigewordenen Sonderrücklage aus einem früheren Kriegsgeschäftsjahre, die den Bilanzgewinn erhöht haben, sind vom Geschäftsgewinne für die Zwecke der Kriegssteuerberechnung abzuziehen.

Ist eine Gesellschaft mit einer Unterbilanz in das vierte Kriegsgeschäftsjahr eingetreten, so können die zur Beseitigung der Unterbilanz erforderlichen Beträge von dem Geschäftsgewinne dieses Geschäftsjahrs abgesetzt werden.

§ 25. Sind die Geschäftsgewinne der früheren Kriegsgeschäftsjahre im Gesamtergebnisse hinter dem entsprechenden Betrage des Friedensgewinns zurückgeblieben, so darf der Mindergewinn von dem Mehrgewinne des vierten Kriegsgeschäftsjahrs abgezogen werden.

§ 26. Wird eine Gesellschaft vor Ablauf ihres vierten Kriegsgeschäftsjahrs aufgelöst, so bleibt die Abgabepflicht für die Zeit bis zur Auflösung der Gesellschaft bestehen.

Umfaßt im Falle der Neugründung oder der Auflösung einer Gesellschaft das vierte Kriegsgeschäftsjahr einen kürzeren Zeitraum als zwölf Monate, so wird für die Berechnung des Mehrgewinns der Gewinn dieses Geschäftsjahrs mit einem verhältnismäßigen Teilbetrage des Friedensgewinns verglichen.

§ 27. § 24 des Kriegssteuergesetzes vom 21. Juni 1916 oder Anordnungen auf Grund dieser Vorschrift finden für die Feststellung des abgabepflichtigen Mehrgewinns des vierten Kriegsgeschäftsjahrs Anwendung.

Hat der Bundesrat gemäß § 36 des Kriegssteuergesetzes vom 21. Juni 1916 eine anderweite Berechnung des Friedensgewinns genehmigt, so ist diese Berechnung auch der Feststellung des Mehrgewinns des vierten Kriegsgeschäftsjahrs zugrunde zu legen.

§ 28. Von der Abgabe befreit sind inländische Gesellschaften, die auf Grund des § 7 des Gesetzes über vorbereitende Maßnahmen zur Besteuerung der Kriegsgewinne vom 24. Dezember 1915 (Reichs-Gesetzbl. S. 837) vom Bundesrat als ausschließlich gemeinnützige Gesellschaften anerkannt worden sind oder als solche anerkannt werden.

§ 29. Die Abgabe beträgt für inländische Gesellschaften 60 vom Hundert des Mehrgewinns. Der Abgabesatz ermäßigt sich jedoch
um 10 vom Hundert seines Betrags, wenn der Mehrgewinn 300 000 Mark, aber nicht 500 000 Mark übersteigt, oder wenn bei einem Mehrgewinne von nicht

mehr als 1 000 000 Mark der Geschäftsgewinn des vierten Kriegsgeschäftsjahrs 25 vom Hundert des eingezahlten Grund- oder Stammkapitals zuzüglich der bei Beginn des ersten Kriegsgeschäftsjahrs ausgewiesenen wirklichen Reservekontenbeträge nicht übersteigt,

um 20 vom Hundert seines Betrags, wenn der Mehrgewinn 200 000 Mark, aber nicht 300 000 Mark übersteigt, oder wenn bei einem Mehrgewinne von nicht mehr als 1 000 000 Mark der Geschäftsgewinn 20 vom Hundert dieses Kapitals nicht übersteigt,

um 30 vom Hundert seines Betrags, wenn der Mehrgewinn 100 000 Mark, aber nicht 200 000 Mark übersteigt, oder wenn bei einem Mehrgewinne von nicht mehr als 1 000 000 Mark der Geschäftsgewinn 15 vom Hundert dieses Kapital nicht übersteigt,

um 40 vom Hundert seines Betrags, wenn der Mehrgewinn 50 000 Mark, aber nicht 100 000 Mark übersteigt, oder wenn bei einem Mehrgewinne von nicht mehr als 1 000 000 Mark der Geschäftsgewinn 10 vom Hundert dieses Kapitals nicht übersteigt,

um 50 vom Hundert seines Betrags, wenn der Mehrgewinn 50 000 Mark nicht übersteigt, oder wenn bei einem Mehrgewinne von nicht mehr als 1 000 000 Mark der Geschäftsgewinn 8 vom Hundert dieses Kapitals nicht übersteigt.

Hat sich das eingezahlte Grund- oder Stammkapital einer Gesellschaft im Laufe des Geschäftsjahrs vermehrt, so ist bei der Berechnung der Abgabe ein den Zeitraum, innerhalb dessen die Gesellschaft mit dem veränderten Grund- oder Stammkapitale bestanden hat, berücksichtigender Durchschnittsbetrag des Grund- oder Stammkapitals zugrunde zu legen.

Die zu zahlende Abgabe soll den Betrag, der sich bei Anwendung der nächstniedrigeren Steuerstufe ergeben würde, nur um den Betrag des Mehrgewinns übersteigen, durch den sich die Anwendung des gesetzlichen Satzes ergeben hat. Die Abgabe soll auch nicht höher sein als der Betrag, um den der abgabepflichtige Mehrgewinn die Freigrenze (§ 21 Abs. 2) übersteigt.

§ 30. Der Abgabe unterliegen auch Gesellschaften der im § 20 bezeichneten Art, die ihren Sitz im Ausland haben, aber im Inland einen Geschäftsbetrieb unterhalten. Für die Berechnung des abgabepflichtigen Mehrgewinns der ausländischen Gesellschaften findet die Vorschrift im § 20 des Kriegssteuergesetzes vom 21. Juni 1916 Anwendung.

§ 31. Die Abgabe beträgt für ausländische Gesellschaften 60 vom Hundert des Mehrgewinns. Der Abgabesatz ermäßigt sich jedoch

um 10 vom Hundert seines Betrags bei einem Mehrgewinne von mehr als 300 000 Mark und nicht mehr als 500 000 Mark,

um 20 vom Hundert seines Betrags bei einem Mehrgewinne von mehr als 200 000 Mark und nicht mehr als 200 000 Mark,

um 30 vom Hundert seines Betrags bei einem Mehrgewinne von mehr als 100 000 Mark und nicht mehr als 200 000 Mark,

um 40 vom Hundert seines Betrags bei einem Mehrgewinne von mehr als 50 000 Mark uno nicht mehr als 100 000 Mark,

um 50 vom Hundert seines Betrags bei einem Mehrgewinne von nicht mehr als 50 000 Mark.

29 Abs. 3 findet Anwendung.

§ 32. Der Bundesrat bestimmt, ob und inwieweit Gewinnanteile, die zu ausschließlich gemeinnützigen Zwecken allgemeiner Art auf dem Gebiete der Kriegswohlfahrt verwendet worden sind, von der Abgabe befreit sind.

Gemeinsame Vorschriften.

§ 33. Die Veranlagung und Erhebung der Kriegsabgabe erfolgt durch die für die Veranlagung und Erhebung der Besitzsteuer zuständigen Behörden.

Soweit dieses Gesetz nichts anderes vorschreibt, gelten die Vorschriften des Besitzsteuergesetzes über die Veranlagung und Erhebung der Besitzsteuer entsprechend für die Veranlagung und Erhebung der Kriegsabgabe.

Die Veranlagung und Erhebung der Kriegsabgabe der Bundesfürsten erfolgt durch die vom Bundesrat auf Grund des § 25 Abs. 3 des Kriegssteuergesetzes vom 21. Juni 1916 bestimmten Behörden.

§ 34. Wer ein Vermögen von mehr als hunderttausend Mark besitzt, ist zur Abgabe einer Vermögenserklärung verpflichtet, sofern die Kriegsabgabe nicht nach dem auf den 31. Dezember 1916 festgestellten Vermögen zu bemessen ist.

Die Vorstände, persönlich haftenden Gesellschafter, Repräsentanten, Geschäftsführer oder Liquidatoren der pflichtigen Gesellschaften (§ 20), bei ausländischen Gesellschaften (§ 30) die Vorsteher der inländischen Niederlassungen sind verpflichtet, dem Besitzsteueramt eine Steuererklärung einzureichen, welche nach näherer Bestimmung des Bundesrats die für die Feststellung des abgabepflichtigen Mehrgewinns erforderlichen Angaben zu enthalten hat.

§ 35. Der Betrag der geschuldeten Abgabe wird dem Abgabepflichtigen von dem Besitzsteueramte durch einen Bescheid mitgeteilt. Der Bescheid enthält eine Belehrung über die zulässigen Rechtsmittel und eine Anweisung zur Entrichtung der Abgabe innerhalb der gesetzlichen Zahlungsfrist.

Soweit dem Abgabepflichtigen die Berechnungsgrundlagen der angeforderten Abgabe nicht anderweit bereits mitgeteilt sind oder mitgeteilt werden, sind sie ihm durch den Steuerbescheid bekanntzugeben. Dabei sind die Punkte zu bezeichnen, in welchen von den Angaben des Abgabepflichtigen abgewichen worden ist.

§ 36. Die Landesregierung bestimmt die gegen den Steuerbescheid zunächst zulässigen Rechtsmittel einschließlich des Rechtsmittelverfahrens. Nach Erschöpfung des landesrechtlich geordneten Rechtsmittelzugs ist binnen einem Monat die Rechtsbeschwerde an den Reichsfinanzhof gegeben.

Die nach Landesrecht erfolgende Feststellung des Friedens- und Kriegseinkommens kann nur durch die gegen die landesrechtliche Einkommensteuerveranlagung zulässigen Rechtsbehelfe angefochten werden, es sei denn, daß das Einkommen gemäß § 12 für die Veranlagung der Kriegsabgabe besonders zu ermitteln ist.

§ 37. Die Abgabe ist binnen einem Monat nach Zustellung des Kriegssteuerbescheids zu entrichten.

Nach Entrichtung der Abgabe steht dem Pflichtigen über den zur Zahlung nicht verwendeten Teil der nach den Vorschriften des Gesetzes über Sicherung der Kriegssteuer vom 9. April 1917 (Reichs-Gesetzbl. S. 351) gebildeten Kriegssteuerrücklage die freie Verfügung zu.

Die auf Grund rechtskräftiger Entscheidung zu erstattenden Beträge sind mit 5 vom Hundert für das Jahr zu verzinsen.

§ 38. Bei Entrichtung der Abgabe werden die fünfprozentigen Schuldverschreibungen, Schuldbuchforderungen und Schatzanweisungen der Kriegsanleihen des Deutschen Reichs mit Zinsenlauf vom 1. Oktober 1918 ab zum Nennwert und die viereinhalbprozentigen Schatzanweisungen dieser Kriegsanleihen unter Zugrundelegung des gleichen Zinsenlaufs zu einem vom Reichskanzler festzusetzenden und bekanntzumachenden Kurse an Zahlungs Statt angenommen.

§ 39. Die Strafvorschriften in §§ 33 bis 35 des Kriegssteuergesetzes vom 21. Juni 1916 finden für die nach diesem Gesetze zu erhebende Kriegsabgabe mit der Maßgabe Anwendung, daß das Vergehen der Abgabegefährdung auch vollendet ist, wenn der Abgabepflichtige es bis zu einem vom Bundesrat zu bestimmenden Zeitpunkt unterläßt, eine bereits abgegebene unrichtige oder unvollständige Steuererklärung, auf Grund deren die Veranlagung der Kriegsabgabe vom Mehreinkommen und Vermögen zu erfolgen hat, der Behörde gegenüber zu berichtigen oder zu vervollständigen.

§ 40. Der Bundesrat kann auf Antrag zur Vermeidung besonderer Härten eine von den Vorschriften dieses Gesetzes abweichende Berechnung des Mehreinkommens und Mehrgewinns unter billiger Berücksichtigung der tatsächlichen wirtschaftlichen Verhältnisse eines Abgabepflichtigen genehmigen. Er kann insbesondere zulassen, daß der Ermittlung des Friedenseinkommens oder Friedensgewinns das Ergebnis anderer Jahre zugrunde gelegt wird. Er kann das Mehreinkommen, soweit es nicht auf einer wirklichen Einkommensvermehrung, sondern lediglich auf einer veränderten Schätzung des Ertrags einzelner Einkommensquellen bei der Veranlagung des Friedens- und Kriegseinkommens beruht, oder das Mehreinkommen, auf das der Abgabepflichtige auch seiner Höhe nach bereits vor dem Kriege einen Rechtsanspruch erworben hatte, von der Abgabe freistellen. Er kann ferner Unbilligkeiten beseitigen, die sich aus Besonderheiten der einzelstaatlichen Einkommensteuergesetze oder daraus ergeben, daß die landesrechtliche Einkommensteuerveranlagung eine Wertminderung der Einkommensquelle nicht ausreichend berücksichtigt.

Schlußvorschriften.

§ 41. Die Bundesstaaten erhalten für die Veranlagung und Erhebung der Abgabe eine Entschädigung von 1 vom Hundert hirer Roheinnahme.

§ 42. Im Falle einer zu niedrigen Veranlagung zur Kriegssteuer auf Grund dieses Gesetzes kann mit Genehmigung der obersten Landesfinanzbehörde innerhalb zweier Jahre eine Neuveranlagung auch dann erfolgen, wenn die Voraussetzungen im § 73 Satz 2 des Besitzsteuergesetzes vom 3. Juli 1913 nicht vorliegen. Das gleiche gilt für die nach dem Kriegssteuergesetze vom $\frac{\text{21. Juni}}{\text{17. Dezember}}$ 1916 zu veranlagende Kriegssteuer der Einzelpersonen und Gesellschaften.

§ 43. Die Vorschrift in § 54 Satz 2 des Wehrbeitraggesetzes und im § 73 Satz 2 des Besitzsteuergesetzes gibt dem Steuerpflichtigen keinen Rechtsanspruch auf eine Neuveranlagung des Wehrbeitrags oder der Besitzsteuer (§§ 20, 21 des Besitzsteuergesetzes). Als Entrichtung des gefährdeten Wehrbeitrags (§ 59 des Wehrbeitraggesetzes) oder der gefährdeten Besitzsteuer (§ 79 des Besitzsteuergesetzes) gilt auch die Entrichtung des gleich hohen oder höheren Betrags, der infolge der Zugrundelegung des niedrigeren

Anfangsvermögens bei der späteren Besitz- oder Kriegssteuerveranlagung zu zahlen ist.

§ 44. Die Ausführungsbestimmungen zu diesem Gesetz erläßt der Bundesrat.

Ausführungsbestimmungen.

Bekanntmachung des Reichskanzlers vom 22. August 1918.

(Zentralblatt für das Deutsche Reich S. 801 ff.)[1]

Steuerbehörden.

§ 1. Die Veranlagung und Erhebung der außerordentlichen Kriegsabgabe für das Rechnungsjahr 1918 erfolgt durch die mit der Veranlagung und Erhebung der Besitzsteuer betrauten Behörden.

Anwendung der Besitzsteuer-Ausführungsbestimmungen.

§ 2. Die Besitzsteuer-Ausführungsbestimmungen finden für die Veranlagung und Erhebung der Kriegsabgabe für das Rechnungsjahr 1918 entsprechende Anwendung, soweit sich aus dem Gesetz über eine außerordentliche Kriegsabgabe für das Rechnungsjahr 1918 und den Ausführungsbestimmungen zu diesem Gesetze nichts anderes ergibt.

Zuständigkeit.

§ 3. Die Zuständigkeit der Bundesstaaten zur Veranlagung und Erhebung der Kriegsabgabe der Einzelpersonen regelt sich vorbehaltlich der Bestimmung im Abs. 2 ebenso wie bei der Besitzsteuer.

Maßgebend für die Zuständigkeit sind die Wohnsitz- und Aufenthaltsverhältnisse des Abgabepflichtigen am 31. Dezember 1917. Hat ein Abgabepflichtiger nach dem 31. Dezember 1917 in einem Bundesstaate seinen Wohnsitz begründet oder seinen gewöhnlichen Aufenthalt genommen und ist er oder wird er hier bei der nach § 8 des Gesetzes maßgebenden Jahresveranlagung zur Einkommensteuer veranlagt, so ist dieser Bundesstaat zuständig, es sei denn, daß der Abgabepflichtige in dem Bundesstaate des früheren Wohnsitzes oder Aufenthalts ebenfalls bei der nach § 8 des Gesetzes maßgebenden Jahresveranlagung zur Landeseinkommensteuer veranlagt worden ist oder veranlagt wird.

Zur Veranlagung und Erhebung der Kriegsabgabe inländischer Gesellschaften ist der Bundesstaat zuständig, indem sie ihren Sitz haben. Zur Veranlagung und Erhebung der Kriegsabgabe aus-

---

[1]) Die Anlagen, Hilfstafeln sowie die Muster 1—14 sind hier nicht mit abgedruckt, z. T. sind sie im Text der Erläuterungen berücksichtigt.

ländischer Gesellschaften ist der Bundesstaat zuständig, in dessen Gebiete sich der inländische Geschäftsbetrieb befindet, und wenn sich der inländische Geschäftsbetrieb auf mehrere Bundesstaaten erstreckt, der Bundesstaat, auf den der größte Teil des inländischen Geschäftsbetriebs entfällt.

In Zweifelsfällen entscheidet der Bundesrat.

Ermittlung der Abgabepflichtigen und deren Eintragung in die Steuerlisten.

§ 4. Nach Anleitung der Muster 1 und 2 sind Steuerlisten anzulegen. Das Muster ist 1 für die Einzelpersonen (Kriegsabgabe 1918 — Steuerliste A), das Muster 2 für die Gesellschaften (Kriegsabgabe 1918 — Steuerliste B) bestimmt.

Die Ermittlung der für die Veranlagung der Kriegsabgabe in Frage kommenden Gesellschaften und ihre Eintragung in die Steuerliste B hat alsbald zu erfolgen; die Ermittlung der für die Veranlagung der Kriegsabgabe in Frage kommenden Einzelpersonen und ihre Eintragung in die Steuerliste A hat zu erfolgen, sobald dies nach dem Stande der für die Feststellung des Kriegseinkommens maßgebenden Steuerveranlagung möglich ist.

§ 5. In die Steuerliste A sind jedenfalls die Personen aufzunehmen, welche die Voraussetzungen der persönlichen Abgabepflicht nach den §§ 1, 2 des Gesetzes erfüllen und außerdem bei der für die Feststellung des Kriegseinkommens maßgebenden Einkommensteuerveranlagung mit einem steuerpflichtigen Einkommen von zusammen (§§ 8, 9) mindestens 14000 Mark veranlagt worden sind oder in den Fällen der §§ 9, 11, 12 des Gesetzes vermutlich ein Kriegseinkommen in dieser Höhe haben, oder bei denen nach den Vorschriften des Besitzsteuergesetzes auf den 31. Dezember 1916 ein Vermögen von mindestens 101000 Mark festgestellt oder im Falle des § 16 des Gesetzes für den 31. Dezember 1917 das Vorhandensein eines Vermögens von mindestens 101000 Mark zu vermuten ist.

§ 6. Gesellschaften der im § 20 des Gesetzes bezeichneten Art sind in die Steuerliste B aufzunehmen. Die Aufnahme darf nur dann unterbleiben, wenn die Verhältnisse der Gesellschaft dem Besitzsteueramte genügend bekannt sind und danach feststeht, daß sie zu der Kriegsabgabe nicht zu veranlagen sind.

Kriegsabgabe vom Mehreinkommen.

§ 7. Mit dem Mehreinkommen sind abgabepflichtig diejenigen Einzelpersonen, welche die Voraussetzungen der persönlichen Abgabepflicht nach den §§ 1, 2 des Gesetzes und außerdem bei der nach § 8 des Gesetzes maßgebenden Jahresveranlagung die Voraussetzungen der persönlichen Steuerpflicht nach den Vorschriften der Landeseinkommensteuergesetze erfüllen.

Als Friedenseinkommen wird stets ein Mindestbetrag von 10000 Mark angenommen. Die ersten 3000 Mark des Mehreinkommens bleiben immer abgabefrei. Abgabepflichtiges Mehreinkommen (§ 13 des Gesetzes) ist sonach das auf volle Tausende nach unten abgerundete und um den abgabefreien Betrag von 3000 Mark gekürzte Mehreinkommen.

§ 8. Ist ein Steuerpflichtiger in mehreren Bundesstaaten zur Einkommensteuer veranlagt, so ist für die Berechnung des Mehreinkommens das in den einzelnen Bundesstaaten festgestellte Einkommen zusammenzurechnen. Dies gilt nicht für mehrere Einkommensteuerveranlagungen auf Grund der unbeschränkten Steuerpflicht (vgl. § 9)

§ 9. Ist ein Steuerpflichtiger in mehreren Bundesstaaten mit seinem gesamten steuerbaren, nach den Vorschriften des Doppelsteuergesetzes vom 22. März 1909 (Reichs-Gesetzbl. S. 332) der Landesbesteuerung nicht entzogenen Einkommen zur Einkommensteuer veranlagt, so sind die Einkommensteuerveranlagungen in dem Bundesstaate, der für die Veranlagung der Kriegsabgabe zuständig ist, maßgebend. Hat in diesem Bundesstaat eine nach § 4 Abs. 1 und 2 des Gesetzes in Betracht kommende Einkommensteuerveranlagung auf Grund der unbeschränkten Steuerpflicht nicht stattgefunden, so ist für die Ermittelung des Friedenseinkommens die Einkommensteuerveranlagung in dem Bundesstaate, der für die Veranlagung des Wehrbeitrags zuständig war, maßgebend. Dem hiernach maßgebenden Einkommen ist das Einkommen zuzurechnen, das in Gemäßheit des Doppelsteuergesetzes der ausschließlichen Besteuerung in einem andern Bundesstaate vorbehalten ist.

§ 10. Der Abgabepflichtige bleibt an einen gemäß § 4 Abs. 3 des Gesetzes gestellten Antrag gebunden.

Wird ein solcher Antrag noch rechtzeitig nach Zustellung des Steuerbescheids gestellt, so ist die Veranlagung zunächst zu berichtigen. In diesen Fällen wird mit der Zustellung des berichtigten Steuerbescheids oder der Mitteilung, daß sich an dem Veranlagungsergebnisse nichts ändere, eine neue Rechtsmittelfrist eröffnet.

Für die Ermittelung des Vermögensbetrags, von dem eine fünfprozentige Verzinsung nach den §§ 5 und 6 des Gesetzes zu berechnen ist, finden die Vorschriften des Besitzsteuergesetzes entsprechende Anwendung. Sind in dem Kriegseinkommen die Erträge ausländischen Grund- und Betriebsvermögens enthalten, so ist bei der Berechnung der fünfprozentigen Verzinsung auch dieses Vermögen zu berücksichtigen.

Der Nachweis eines nach den §§ 5 und 6 des Gesetzes zu berücksichtigenden Vermögens und Einkommens kann auch im Rechtsmittelverfahren geführt werden, solange die Berücksichtigung neuer Tatsachen und Beweise zulässig ist.

§ 11. War jemand bei der Feststellung des Friedenseinkommens nur beschränkt einkommensteuerpflichtig und ist er später unbeschränkt einkommensteuerpflichtig geworden, so findet § 5 des Gesetzes mit der Maßgabe Anwendung, daß der Veranlagung mindestens das der beschränkten Einkommensteuerpflicht unterworfene Einkommen als Friedenseinkommen zugrunde gelegt wird.

§ 12. Ist das Kriegseinkommen von Ehegatten nach § 11 des Gesetzes zusammenzurechnen und hat eine Zusammenrechnung der Friedenseinkommen nicht stattgefunden, so gilt als Friedenseinkommen die Summe des festgestellten oder gemäß §§ 5 und 6 des Gesetzes oder gemäß § 11 nachträglich zu ermittelnden Einkommens jedes der beiden Ehegatten.

War dagegen das Friedenseinkommen der Ehegatten zusammengerechnet worden und sind die Voraussetzungen der Zusammenrechnung bei der Feststellung des Kriegseinkommens nicht mehr gegeben, so ist das frühere Einkommen nachträglich für jeden Ehegatten gesondert zu ermitteln und als Friedenseinkommen zugrunde zu legen.

§ 13. Verzieht ein Abgabepflichtiger aus einem Bundesstaat, in dem gemäß § 8 Satz 2 des Gesetzes die Jahresveranlagung für das Rechnungsjahr 1919 maßgebend in einen Bundesstaat, in dem die Jahresveranlagung für das Rechnungsjahr 1918 maßgebend ist, und liegt infolgedessen für ihn in dem Bundesstaate des frühern Wohnsitzes oder Aufenthalts keine Jahresveranlagung für 1919 und in dem Bundesstaate des neuen Wohnsitzes oder Aufenthalts keine Jahresveranlagung für 1918 vor, so ist der Ermittlung des Kriegseinkommens die in dem Bundesstaate des früheren Wohnsitzes oder Aufenthalts erfolgte Jahresveranlagungfür 1918 zugrunde zu legen.

§ 14. Ist die landesrechtliche Einkommensteuerveranlagung durch eine andere Behörde als durch die für die Veranlagung der Kriegsabgabe zuständige Behörde erfolgt, so hat die Einkommensteuerveranlagungsbehörde dieser die maßgebende Einkommensfeststellung mitzuteilen.

In den Fällen des § 12 des Gesetzes kann die Feststellung des Kriegseinkommens, in den Fällen des § 5 des Gesetzes und des § 12 Abs, 2 der Ausführungsbestimmungen kann die Feststellung des Friedenseinkommens und in den Fällen des § 11 der Ausführungsbestimmungen kann die nach Maßgabe der Bestimmungen im § 5 des Gesetzes erfolgte Feststellung des Friedenseinkommens durch die im § 36 des Gesetzes vorgesehenen Rechtsmittel gegen den Steuerbescheid angefochten werden. In allen übrigen Fällen kann die Feststellung des Friedens- und Kriegseinkommens durch die im § 36 des Gesetzes vorgesehenen Rechtsmittel gegen den Steuerbescheid nur angefochten werden, sofern und soweit die Verletzung von Vorschriften des Kriegsabgabegesetzes selbst (z. B. des § 6 und § 9) behauptet wird, nicht dagegen, sofern und soweit die Verletzung von Vorschriften der Landeseinkommensteuergesetze behauptet wird.

Kriegsabgabe von Vermögen.

§ 15. Mit dem Vermögen sind abgepflichtig diejenigen Einzelpersonen, welche die Voraussetzungen der persönlichen Abgabepflicht nach den §§ 1, 2 des Gesetzes erfüllen.

Abgabepflichtig ist das nach den Vorschriften des Besitzsteuergesetzes auf den 31. Dezember 1916 festgestellte Vermögen.

Eine Neufeststellung auf den 31. Dezember 1917 nach den Vorschriften des Besitzsteuergesetzes hat nur zu erfolgen,

1. wenn eine Vermögensfeststellung auf den 31. Dezember 1916 nicht stattgefunden hat,
2. wenn sich das Vermögen eines Abgabepflichtigen nach dem 31. Dezember 1916 durch Erbanfall, durch Lehen-, Stammgutanfall, infolge Vermächtnisses oder auf andere Weise aus dem Nachlaß eines Verstorbenen von Todes wegen, ferner durch Schenkung oder durch eine sonstige ohne entsprechende Gegenleistung erhaltene Zuwendung um mehr als 5000 Mark vermehrt hat,
3. auf Antrag, wenn der Abgabepflichtige nachweist, daß sich sein Vermögen gegenüber dem Stande vom 31. Dezember 1916 um mehr als den fünften Teil vermindert hat.

Alle Vermögen von weniger als 101000 Mark sind von der Abgabe befreit.

§ 16. Wird ein Antrag gemäß § 17 des Gesetzes noch rechtzeitig nach Zustellung des Steuerbescheids gestellt, so ist die Veranlagung zunächst zu berichtigen. Mit der Zustellung des berichtigten Steuerbescheids oder der Mitteilung, daß sich an dem Bescheide nichts ändere, wird eine neue Rechtsmittelfrist eröffnet.

Ermittlung des abgabepflichtigen Mehrgewinns der Gesellschaften.

§ 17. Die Gesellschaften haben die in den genehmigten Abschlüssen ausgewiesenen Gewinne bis zum Nachweis der Unrichtigkeit der Abschlüsse gegen sich gelten zu lassen.

§ 18. Bei Gesellschaften mit beschränkter Haftung und eingetragenen Genossenschaften, die der gemeinschaftlichen Verwertung von Erzeugnissen der Gesellschafter oder Genossen oder dem gemeinschaftlichen Einkauf von Waren ausschließlich für die Gesellschafter oder Genossen dienen, gilt als Geschäftsgewinn im Sinne des Gesetzes und des Kriegssteuergesetzes vom 21. Juni 1916 nicht derjenige Teil des Reingewinns, der als Entgelt für die von den Gesellschaftern oder Genossen eingelieferten Erzeugnisse oder als Rückvergütung auf den Kaufpreis der von den Gesellschaftern oder Genossen bezogenen Waren anzusehen ist.

Ebenso scheidet bei Versicherungsgesellschaften für die Feststellung des Geschäftsgewinns im Sinne des Gesetzes und des Kriegssteuergesetzes vom 21. Juli 1916 derjenige Teil des Reingewinns aus, der auf die den Versicherten selbst als sogenannte Dividende zurückzugewährenden Prämienüberschüsse entfällt.

§ 19. Die Vorschrift im § 24 Abs. 1 des Gesetzes, § 16 Abs. 1 Satz 2 des Kriegssteuergesetzes vom 21. Juni 1916 gilt nicht nur für die Abschreibungen, die durch unmittelbare Einstellung des wirklichen zeitigen Wertes in die Bilanz erfolgen, sondern auch für die Abschreibungen, die durch Ansetzung des ursprünglichen Wertes unter bilanzmäßiger Gegenüberstellung eines besonderen, die Wertverminderung darstellenden Kontos (Erneuerungs-, Delkrederekonto) erfolgen.

Inwieweit Abschreibungen einen angemessenen Ausgleich der Wertverminderung darstellen, ist unter Berücksichtigung der besonderen Verhältnisse des einzelnen Unternehmens, insbesondere auch unter Berücksichtigung der durch den Krieg und durch die spätere Überführung in die Friedenswirtschaft bedingten Veränderungen nach den Grundsätzen eines ordentlichen Kaufmanns zu beurteilen.

§ 20. Bei der Ermittelung des in den einzelnen Friedensjahren erzielten Geschäftsgewinns sind auch die Beträge zu berücksichtigen, die zur Deckung eines aus früheren Jahren herrührenden Verlustes verwendet worden sind.

Für die Berechnung des im vierten Kriegsgeschäftsjahr erzielten Geschäftsgewinns dürfen Vermögensgegenstände, insbesondere Warenvorräte, die in diesem Jahre veräußert worden sind, anstatt mit dem Buchwert der letzten Friedensbilanz, mit dem wirklichen Werte angesetzt werden, den sie zur Zeit der Aufstellung der letzten Friedensbilanz, jedoch zu keinem späteren Zeitpunkt als am 30. Juni 1914 gehabt haben. Es darf somit der Unterschied zwischen dem Buchwert und dem wirklichen Werte, mit dem die Vermögensgegenstände hätten in die Bilanz eingesetzt werden können, von dem Geschäftsgewinne des vierten Kriegsgeschäftsjahrs abgesetzt werden. Als Veräußerung im Sinne dieser Vorschrift gilt jedoch nicht die Veräußerung durch Tausch, Fusion oder einen ähnlichen Rechtsvorgang.

§ 21. Ist eine Gesellschaft im Laufe des vor dem ersten Kriegsgeschäftsjahre liegenden Jahres gegründet worden, so wird der im § 22 Abs. 1 des Gesetzes, § 17 Abs. 4 des Kriegssteuergesetzes vom 21. Juni 1916 vorgesehene Mindestbetrag als Friedensgewinn nur dann zugrunde gelegt, wenn der in dem ersten Geschäftsjahr erzielte Geschäftsgewinn auf ein volles Jahr umgerechnet keinen höheren Betrag ergibt. Für die Berechnung des Friedensgewinns gemäß § 22 Abs. 1 des Gesetzes, § 17 Abs. 1 des Kriegssteuergesetzes vom 21. Juni 1916 kommen dagegen nur volle Geschäftsjahre in Betracht.

Ist zur Fortführung desselben Unternehmens eine Gesellschaft der im § 20 des Gesetzes bezeichneten Art in eine andere Gesellschaft der im § 20 des Gesetzes bezeichneten Art umgewandelt worden, so sind für die Festsetzung des Friedensgewinns die Ergebnisse der Gesellschaft in der früheren Form mitzuberücksichtigen.

Auf Fusionen finden, soweit sie mit einer Kapitalsvermehrung der aufnehmenden Gesellschaft verbunden sind, die Vorschriften des § 22 Abs. 1 des Gesetzes, § 17 Abs. 2 und 5 des Kriegssteuergesetzes vom 21. Juni 1916 über Vermehrungen des Grund- oder Stammkapitals entsprechende Anwendung. Bei der Feststellung des der Gesellschaft tatsächlich zugeflossenen Kapitalbetrags sind Sacheinlagen mit ihrem gemeinen Werte zur Zeit der Fusion anzusetzen.

Wirkliche Reservekontenbeträge.

§ 22. Zu den wirklichen Reservekontenbeträgen (§ 29 des Gesetzes) gehören nur solche Bilanzposten, die ausweislich der Bilanz eine Kapitalsansammlung über den Betrag des Grundkapitals hinaus darzustellen bestimmt sind (z. B. der gesetzliche Reservefonds, freiwillige Reservefonds, Dividendenausgleichsfonds, Rückstellungen für künftige, möglicherweise eintretende Verluste oder Ausgaben), dagegen u. a. nicht Posten, die einen Ausgleich für die Wertminderung von Vermögensgegenständen der Gesellschaft darstellen sollen (z. B. Erneuerungsfonds) oder die zur Deckung bereits begründeter Verpflichtungen eingestellt sind, bei Versicherungsgesellschaften die Rücklagen für die Versicherungssummen und für die den Versicherten selbst als sogenannte Dividende zurückzugewährenden Prämienüberschüsse. Hierbei ist nicht die Benennung des Postens in der Bilanz, sondern seine aus dem Gesetze, der Satzung, den Geschäftsberichten, Generalversammlungsbeschlüssen und anderen Anhaltspunkten zu entnehmende Bestimmung maßgebend.

§ 23. Ist der Gesamtbetrag der Geschäftsgewinne der früheren Kriegsgeschäftsjahre hinter einem der Zahl der früheren Kriegsgeschäftsjahre entsprechenden Vielfachen des Friedensgewinns (§ 22

Abs. 1 des Gesetzes) zurückgeblieben, so darf dieser Minderbetrag von dem Mehrgewinne des vierten Kriegsgeschäftsjahrs abgezogen werden.

Steuererklärung.

§ 24. Die Frist für die Abgabe der Vermögenserklärung der Einzelpersonen, die nach § 34 Abs. 1 des Gesetzes zu einer Vermögenserklärung verpflichtet sind, wird durch die oberste Landesfinanzbehörde festgesetzt.

Die Steuererklärung der Gesellschaften (§ 34 Abs. 2 des Gesetzes) ist in der Zeit vom 1. bis zum 31. Oktober 1918 abzugeben. Für Gesellschaften, deren viertes Kriegsgeschäftsjahr erst nach dem 31. März 1918 endigt, erstreckt sich die Frist auf sechs Monate nach Ablauf dieses Geschäftsjahrs.

Eine beim Inkrafttreten des Gesetzes bereits abgegebene unrichtige oder unvollständige Steuererklärung, auf Grund deren die Veranlagung der Kriegsabgabe vom Mehreinkommen oder Vermögen zu erfolgen hat, ist vom Abgabepflichtigen zur Vermeidung des im § 39 des Gesetzes angedrohten Rechtsnachteils spätestens innerhalb eines Monats nach Zustellung des Steuerbescheids (§ 35 des Gesetzes) der Behörde gegenüber zu berichtigen oder zu vervollständigen.

§ 25. Für die Vermögenserklärung der Einzelpersonen ist das Muster der Besitzsteuererklärung sinngemäß zu verwenden.

Für die Gesellschaften ist die Kriegssteuererklärung nach Anleitung des Musters 3 zu gestalten.

Berechnung der Kriegsabgabe und Eintragung in die Steuerlisten.

§ 26. Von dem festgestellten Mehreinkommen und Vermögen der Einzelpersonen sowie von dem festgestellten Mehrgewinne der Gesellschaften ist die Kriegsabgabe zu berechnen und das Ergebnis der Veranlagung in die Kriegsabgabe 1918-Steuerlisten A und B einzutragen.

Steuerbescheid.

§ 27. Dem Abgabepflichtigen ist ein Steuerbescheid nach Anleitung der Muster 4 und 5 zu erteilen. Er hat zu enthalten

- den Gesamtbetrag der zu zahlenden Kriegsabgabe,
- die Berechnungsgrundlagen der angeforderten Abgabe, soweit sie dem Abgabepflichtigen nicht anderweit bereits mitgeteilt sind,
- eine Belehrung über die zulässigen Rechtsmittel unter Angabe der Rechtsmittelfristen und Bezeichnung der Behörden, bei denen die Rechtsmittel einzulegen sind,
- die Anweisung zur Entrichtung der Kriegsabgabe innerhalb der vorgeschriebenen Zahlungsfrist,

die Bezeichnung der zur Empfangnahme der Zahlung zuständigen Kassenstelle,
eine Belehrung über die Annahme der Schuldverschreibungen, Schuldbuchforderungen und Schatzanweisungen der Kriegsanleihe des Deutschen Reichs an Zahlungs Statt.

In dem Steuerbescheid ist anzugeben, in welchen Punkten bei der Feststellung des Vermögens und des Mehrgewinns von der Vermögens- und Steuererklärung abgewichen worden ist. Eine Begründung der Abweichungen ist nicht erforderlich.

Zuschlag.

§ 28. Für die Festsetzung eines Zuschlags gemäß § 33 Abs. 2 des Gesetzes, § 54 Abs. 2 des Besitzsteuergesetzes scheiden die nach den §§ 14, 29 Abs. 3 und § 31 Abs. 2 des Gesetzes unerhoben bleibenden Beträge aus.

§ 29. Hat ein nach dem 31. Dezember 1917 gestorbener Abgabepflichtiger die Voraussetzungen der persönlichen Steuerpflicht nach den Vorschriften der Landeseinkommensteuergesetze bei der nach § 8 des Gesetzes maßgebenden Jahresveranlagung nicht mehr erfüllt, so ist er, wenn er Vermögen in kriegsabgabepflichtiger Höhe besessen hat, trotz des Ablebens in die Steuerliste A aufzunehmen und zur Kriegsabgabe vom Vermögen zu veranlagen. Der Steuerbescheid ist den Erben zuzustellen, die Kriegsabgabe ist nach Fälligkeit von den Erben einzuziehen.

Ist der Abgabepflichtige nach Veranlagung und Insollstellung der Kriegsabgabe gestorben, so ist die noch nicht gezahlte Kriegsabgabe nach Fälligkeit von den Erben einzuziehen. Die Hebestelle hat das Ableben des Abgabepflichtigen der Veranlagungsbehörde anzuzeigen. War dem Abgabepflichtigen eine Stundung der Kriegsabgabe oder deren Entrichtung in Teilbeträgen bewilligt, so erlischt die Bewilligung mit dem Ableben.

Im Falle des Ablebens eines Abgabepflichtigen findet eine Überweisung der Kriegsabgabe zur Einziehung nicht statt.

Freilassung von gemeinnützigen Zuwendungen.

§ 30. Die Abgabe wird von den Gesellschaften insoweit nicht erhoben, als sie verhältnismäßig auf Gewinnbeträge entfällt, die dem Roten Kreuz, der Nationalstiftung für die Hinterbliebenen der im Kriege Gefallenen, der Marinestiftung und der Ludendorff-Spende zugewendet worden sind. Der unerhoben bleibende Betrag darf jedoch den zehnten Teil der nach dem Gesetze geschuldeten Abgabe nicht übersteigen.

Im übrigen entscheidet der Bundesrat über Abgabebefreiungen nach § 32 des Gesetzes.

Der Antrag auf Freilassung von Gewinnbeträgen gemäß § 32 des Gesetzes ist binnen einem Monat nach Zustellung des Bescheides bei dem Besitzsteueramt zu stellen. Wird der Antrag rechtzeitig gestellt, so kann das Besitzsteueramt die Erhebung des entsprechenden Abgabebetrags vorläufig aussetzen.

Abweichende Berechnung des Mehreinkommens und des Mehrgewinns durch den Bundesrat.

§ 31. Ist nach Ansicht des Besitzsteueramts die Anwedung des § 40 des Gesetzes gerechtfertigt, so kann das Besitzsteueramt die Erhebung des entsprechenden Abgabebetrags vorläufig aussetzen und dem Abgabepflichtigen anheimstellen, binnen einem Monat eine abweichende Berechnung des Mehreinkommens oder des Mehrgewinns beim Bundesrate zu beantragen. Derartige Anträge sind beim Besitzsteueramt anzubringen und mit einer Darstellung des Sachverhalts sowie mit einer gutachtlichen Äußerung der Oberbehörde durch Vermittlung der obersten Landesfinanzbehörde dem Bundesrate vorzulegen.

Erhebung.

§ 32. Über die Erhebung der Kriegsabgabe werden zwei Bücher geführt, ein Kriegsabgabe 1918-Sollbuch und ein Kriegsabgabe 1918-Einnahmebuch. Das Sollbuch umfaßt die Erhebung der gesamten Kriegsabgabe, das Einnahmebuch den Zeitraum des Rechnungsjahrs.

§ 33. Das Kriegsabgabe 1918-Sollbuch ist nach dem Muster 6 zu führen. Durch das Sollbuch ist zugleich der rechtzeitige Eingang der geschuldeten Kriegsabgabe sowie der Ablauf der bewilligten Zahlungsfrist zu überwachen.

Das Besitzsteueramt hat nach der Veranlagung auf Grund der festgestellten Kriegsabgabe 1918-Steuerlisten A und B für jeden Erhebungsbezirk ein Sollbuch unter Ausfüllung der Spalten 1 bis 4 aufzustellen; das Sollbuch ist in Spalte 4 aufzurechnen und auf dem Titelblatte mit Feststellungsbescheinigung zu versehen.

Die Erhöhung oder Herabsetzung der zum Soll gestellten Kriegsabgabe im Rechtsmittel-, Berichtigungs-, Neu- oder Nachveranlagungsverfahren kommt in den Spalten 5 und 6 zur Darstellung. Die Inabgangstellung des Sollbetrags infolge Überweisung der Kriegsabgabe bei Verlegung des Wohnsitzes des Steuerpflichtigen erfolgt in Spalte 6. Die Ausfüllung dieser Spalten nimmt die Hebestelle vor. Die Spalte 7 (Berichtigtes Soll) ist erst beim Abschluß des Sollbuchs auszufüllen.

Das Sollbuch wird am 31. März 1920 durch die Hebestelle in den Spalten 5 ff. aufgerechnet und abgeschlossen. Die nach Spalte 12 verbliebenen Rückstände werden in die Restnachweisung (§ 41) übernommen. Unter dem Abschluß des Sollbuchs ist von einem an der Kassenführung nicht beteiligten Beamten zu bescheinigen, daß die nach Spalte 12 verbliebenen Rückstände sämtlich in die Restnachweisung übertragen worden sind.

§ 34. Das Kriegsabgabe 1918-Einnahmebuch ist nach Muster 7 für je ein Rechnungsjahr zu führen. Abweichungen in der Führung des Einnahmebuchs sind mit Zustimmung des Reichskanzlers zulässig.

Der Nachweis der erstatteten oder zurückgezahlten Beträge an Kriegsabgabe ist in einem Anhang zum Kriegsabgabe 1918-Einnahmebuch zu führen. Muster 8 dient hierfür als Anhalt.

Annahme von Schuldverschreibungen, Schuldbuchforderungen und Schatzanweisungen der Kriegsanleihen des Deutschen Reichs an Zahlungs Statt.

§ 35. Bei Entrichtung der Kriegsabgabe 1918 sind nach § 38 des Gesetzes Schuldverschreibungen, Schuldbuchforderungen und Schatzanweisungen der Kriegsanleihen des Deutschen Reichs an Zahlungs Statt anzunehmen. Fünfprozentige Schuldverschreibungen, Schuldbuchforderungen und Schatzanweisungen sowie die auslosbaren viereinhalbprozentigen Schatzanweisungen der sechsten, siebenten und achten Kriegsanleihe mit Zinsen für die die Zeit vom 1. Oktober 1918 ab werden zum Nennwert, die nicht auslosbaren viereinhalbprozentigen Schatzanweisungen der vierten und fünften Kriegsanleihe mit Zinsen vom 1. Oktober 1918 ab zum Werte von 96,50 Mark für je 100 Mark Nennwert angenommen. Sind Zinsen für einen nach dem 30. September 1918 liegenden Zeitraum bereits erhoben, so vermindert sich der Annahmewert um diesen Zinsenbetrag. Werden Wertpapiere mit Zinsen für einen vor dem 1. Oktober 1918 liegenden Zeitraum übergeben oder werden Schuldbuchforderungen mit Zinsen für einen vor dem 1. Oktober 1918 liegenden Zeitraum auf das Konto der Reichskasse übertragen, so erhöht sich der Annahmewert um diese Zinsen.

Schuldverschreibungen, Schuldbuchforderungen und Schatzanweisungen der Kriegsanleihen des Deutschen Reichs können nur insoweit in Zahlung gegeben werden, als der Annahmewert (Abs. 1) den Betrag der geschuldeten Kriegsabgabe nicht übersteigt. Eine bare Herauszahlung auf hingegebene Stücke oder Buchforderungen der Kriegsanleihen findet nicht statt.[1])

---

[1]) Der Grundkurs — berechnet für einen Zinsenlauf vom 1. Oktober 1918 ab —, zu dem die mit mindestens 110 ℳ für 100 ℳ Nennwert auslosbaren

§ 36. Wer bei Entrichtung der Kriegsabgabe 1918 Schuldverschreibungen oder Schatzanweisungen der Kriegsanleihen des Deutschen Reichs hingeben will, hat die Stücke nebst den dazugehörigen Zinsscheinen und Zinserneuerungsscheinen einer der vom Reichskanzler bekanntgegebenen Annahmestellen mit einem Antrag nach Muster 9 einzureichen.

Wer zur Entrichtung der Kriegsabgabe 1918 Schuldbuchforderungen der Kriegsanleihen des Deutschen Reichs verwenden will, hat bei der Reichsschuldenverwaltung (Schuldbuchangelegenheit) in Berlin SW 68, Oranienstraße 92/94, einen Antrag auf Übertragung seiner Schuldbuchforderung oder eines entsprechenden auf volle hundert Mark lautenden Teiles der Schuldbuchforderung auf das Konto der Reichskasse für Kriegsabgabe 1918 nach Muster 10 zu stellen. Der Antrag ist von dem Antragsteller zu unterschreiben. Von einer Beglaubigung der Unterschrift wird die Reichsschuldenverwaltung absehen. Der Antrag wird nur berücksichtigt, sofern sich auf dem Konto des Antragstellers keine Beschränkung zugunsten Dritter, wie Zinsgenußrechte, Pfandrechte usw., befindet.

Vordrucke zu den Anträgen (Abs. 1 und 2) werden dem Steuerpflichtigen kostenfrei verabfolgt.

$4^1/_2$prozentigen Schatzanweisungen der neunten Kriegsanleihe des Deutschen Reichs bei der Entrichtung der nach dem Gesetz über eine außerordentliche Kriegsabgabe für das Rechnungsjahr 1918 geschuldeten Abgabe an Zahlungs Statt anzunehmen sind, wird nach einer Bekanntmachung des Reichskanzlers ebenso wie der Grundkurs, zu dem nach § 35 der Ausführungsbestimmungen zu dem genannten Gesetze die $4^1/_2$prozentigen Schatzanweisungen der 6., 7. und 8. Kriegsanleihe bei der Entrichtung von Kriegsabgabe 1918 anzunehmen sind, auf 100 ℳ für 100 ℳ Nennwert festgesetzt. Bei der Entrichtung der nach dem Kriegssteuergesetz von 1916 noch geschuldeten Kriegsabgabe ist der auf die Zeit vom 1. Juli 1917 bis zum Beginn des Zinsenlaufs der mit übergebenen Zinsscheine entfallende Zinsenbetrag und bei der Entrichtung der nach dem Gesetz über eine außerordentliche Kriegsabgabe für das Rechnungsjahr 1918 geschuldeten Abgabe der auf die Zeit vom 1. Oktober 1918 bis zum Beginn des Zinsenlaufs der mit übergebenen Zinsscheine entfallende Zinsenbetrag abzuziehen. Es sind deshalb a) die fünfprozentigen Schuldbuchforderuugen und Schuldverschreibungen der neunten Kriegsanleihe mit Zinsenlauf vom 1. April 1919 ab bei der Entrichtung von Kriegsabgabe 1916 zum Annahmewerte von 91,25 ℳ, bei der Entrichtung von Kriegsabgabe 1918 zum Annahmewerte von 97,50 ℳ, b) die $4^1/_2$prozentigen Schatzanweisungen der neunten Kriegsanleihe mit Zinsenlauf vom 1. Januar 1919 ab bei der Entrichtung von Kriegsabgabe 1918 zum Annahmewerte von $98{,}87^1/_2$ ℳ für je 100 ℳ Nennwert an Zahlungs Statt anzunehmen. Eine Annahme von $4^1/_2$prozentigen Schatzanweisungen auf Kriegsabgabe 1916 findet nicht statt. Die vom Reichsbankdirektorium ausgestellten Zwischenscheine sind zu demselben Annahmewert anzunehmen wie die Anleihestücke selbst.

Die Übertragung der Reichsschuldbuchforderungen auf das Konto der Reichskasse erfolgt gebührenfrei.

§ 37. Die Annahmestellen für Wertpapiere (§ 36 Abs. 1) berechnen den Annahmewert der ihnen übergebenen Stücke, die Reichsschuldenverwaltung den Annahmewert der auf das Konto der Reichskasse übertragenen Schuldbuchforderungen nach § 35 und stellen den Antragstellern (Einliefern von Stücken) Bescheinigungen über den Gesamtannahmewert der eingelieferten Stücke oder übertragenen Schuldbuchforderungen nach Muster 11 und 12 aus.

Diese Bescheinigungen sind von dem Steuerpflichtigen der Hebestelle zu übergeben, von dieser zu dem darin angegebenen Gesamtannahmewert auf die zu entrichtende Kriegsabgabe 1918 in Zahlung zu nehmen und bei den Einnahmeablieferungen als Belege über Zahlungen für Rechnung der Reichshauptkasse aufzurechnen.

§ 38. Die Verzinsung der bei der Reichsschuldenverwaltung auf das Konto der Reichskasse übertragenen Schuldbuchforderungen hört auf.

§ 39. Bei der Verlegung des Sitzes einer Gesellschaft findet eine Überweisung der Kriegsabgabe zur Einziehung nicht statt.

Verfahren bei Erstattung von Kriegsabgabe.

§ 40. Die Erstattung von Kriegsabgabe 1918 hat bis zu dem Betrage, der bei ihrer Entrichtung bar eingezahlt worden war, in bar, darüber hinaus durch Ausreichung von Schuldverschreibungen oder Schatzanweisungen der Kriegsanleihen des Deutschen Reichs unter Berechnung des Annahmewerts (§ 35) zu erfolgen, soweit dies nach der Stückelung möglich ist.

Zu diesem Zwecke hat die Hebestelle bei der vorgesetzten Oberbehörde die Überweisung der benötigten Stücke unter Angabe des Gesamtbetrags der Herauszahlung, des davon durch Ausreichung von Wertpapieren zu begleichenden Teiles und des Zinsfußes der seinerzeit bei der Bezahlung der Kriegsabgabe in Zahlung genommenen Kriegsanleihe in vier Ausfertigungen nach Muster 13 zu beantragen.

Die Oberbehörde übersendet alle vier Ausfertigungen dieses Antrags an das Kontor der Reichshauptbank für Wertpapiere in Berlin SW 19 mit dem Ersuchen, die Stücke unmittelbar der Hebestelle zuzustellen.

Die Reichshauptbank hat aus den bei ihr für die Reichshauptkasse lagernden Beständen die entsprechenden Wertpapiere — und zwar, soweit angängig, solche mit gleichem Zinsfuß, die wie seinerzeit in Zahlung genommene Kriegsanleihe — zu entnehmen und der Hebestelle mit zwei Ausfertigungen des Antrags, auf denen der

Nennwert, Zinsfuß, Zinsenlauf und der Annahmewert der Wertpapiere anzugeben ist, unmittelbar zu übersenden. Von den übrigen zwei Ausfertigungen, auf denen ebenfalls Nennwert, Zinsfuß, Zinsenlauf und Annahmewert der übersandten Wertpapiere anzugeben ist, ist eine der Oberbehörde, die andere der Reichshauptkasse zuzustellen.

Die Hebestelle hat auf einer der ihr von der Reichshauptbank zugegangenen Ausfertigungen den Empfang der Wertpapiere zu bescheinigen, die Empfangsbescheinigung an das Kontor der Reichshauptbank für Wertpapiere zurückzusenden, die Wertpapiere nebst Zinsscheinen dem Empfangsberechtigten auszuhändigen und den von der Reichshauptbank berechneten Annahmewert auf den zurückzuzahlenden oder zu erstattenden Betrag anzurechnen.

Der Annahmewert der bei Zurückzahlungen oder Erstattungen ausgereichten, von der Reichshauptbank bezogenen Wertpapiere ist bei den Abrechnungen mit der Reichshauptkasse als „Einnahme für ausgereichte Wertpapiere aus dem Bestande der Reichshauptkasse" abzuliefern.

Die nach § 37 Abs. 3 des Gesetzes zu vergütenden Zinsen für die auf Grund rechtskräftiger Entscheidung zu erstattenden Beträge sind nur von dem bar herauszuzahlenden Betrage zu berechnen. Die Zinsen für den durch Ausreichung von Wertpapieren erstatteten Betrag sind in dem Annahmewerte berücksichtigt.

Restnachweisung.

§ 41. Sind am 31. März 1920 beim Abschluß des Kriegsabgabe 1918-Sollbuchs die zum Soll gestellten Abgabebeträge noch nicht oder nicht vollständig zur Hebung gelangt, so sind die Rückstände in eine besondere Restnachweisung für Kriegsabgabe 1918 einzutragen und dort weiter abzuwickeln.

Die Restnachweisung wird nach Muster 14 geführt. Von einem an der Kassenführührung nicht beteiligten Beamten ist auf dem Titelblatte der Restnachweisung zu bescheinigen, daß die beim Abschluß des Sollbuchs rückständig gebliebenen Beträge in die Restnachweisung übertragen worden sind.

Einzahlungen auf diese Reste sind im Kriegsabgabe 1918-Einnahmebuche zu buchen.

Eine Überweisung der in die Restnachweisung übernommenen Beträge findet im Falle des Wegzugs des Abgabepflichtigen in einen anderen Bezirk nicht statt.

Aktenführung.

§ 42. Die über jeden einzelnen in die Kriegsabgabe 1918-Steuerlisten aufgenommenen Abgabepflichtigen geführten Verhandlungen sind mit den vorhandenen Besitz- und Kriegssteuerakten zu vereinigen.

Aufbewahrung der Veranlagungsunterlagen.

§ 43. Die Kriegsabgabe 1918-Steuerlisten A und B, die Kriegsabgabeakten der Gesellschaften sowie die Kassenbücher sind nach Abschluß des Veranlagungsverfahrens noch 15 Jahre aufzubewahren.

Prüfungsverfahren.

§ 44. Die Sollbücher, die Restnachweisungen und die Einnahmebücher nebst den dazugehörigen Belegen sind durch die Oberbehörden nachzuprüfen. Zu diesem Zwecke sind nach Ablauf des Rechnungsjahrs 1920 die Kriegsabgabe 1918-Sollbücher und die Kriegsabgabe 1918-Einnahmebücher nebst den dazugehörigen Belegen der Oberbehörde einzureichen. Die Einreichung der Restnachweisung für Kriegsabgabe 1918 und der hierzu gehörigen Einnahmebücher hat alsbald nach Abwicklung der Reste zu geschehen.

Portofreiheit.

§ 45. Postsendungen der Annahmestellen für Wertpapiere und der Reichsschuldenverwaltung in Kriegssteuerangelegenheiten (§§ 35 bis 37) sind als „Reichsdienstsache" gebühren- und abgabefrei zu befördern. Ausgenommen sind Stadtpostsendungen, d. h. Sendungen an Empfänger im Orts- oder Landbestellbezirke des Aufgabepostorts.

Verwaltungskostenvergütung.

§ 46. Für die Veranlagung und Erhebung der Kriegsabgabe 1918 werden jedem Bundesstaate nach § 41 des Gesetzes 1 vom Hundert der in seinem Gebiete zur Verrechnung gekommenen Einnahmen vergütet. Die Vergütung ist von der nach Spalte 11 der Kriegsabgabe 1918-Einnahmebücher aufgekommenen Gesamteinnahme einschließlich der Nacherhebungen nach Abzug der Zurückzahlungen (Spalte 15 des Anhangs zu den Kriegsabgabe 1918-Einnahmebüchern) zu berechnen.

Abrechnung über die Kriegsabgabe und Aufstellung der Einnahmeübersichten.

§ 47. Über den Ertrag der Kriegsabgabe 1918 ist von den durch die Landesregierung bestimmten Kassen mit der Reichshauptkasse nach Maßgabe der „Bestimmungen zur Regelung der Abrechnungen zwischen der Reichshauptkasse und den Landeskassen vom 23. Juni 1910" abzurechnen. Entsprechend den Vorschriften in § 4 dieser Abrechnungsbestimmungen sind ferner besondere monatliche und vierteljährliche Übersichten der Einnahme an Kriegsabgabe 1918 aufzustellen, aus denen sich das Gesamtaufkommen an Kriegsabgabe 1918 einschließlich der Nacherhebungen (Spalte 11 des Kriegsabgabe 1918-Einnahmebuchs) nach Abzug der Zurückzahlungen (Spalte 15 des Anhangs zum Kriegsabgabe 1918-Einnahmebuche) sowie der Betrag der Vergütung an die Bundesstaaten für die Veranlagung und Erhebung (§ 46) ergeben. Die Übersichten sind den in den Abrechnungsbestimmungen bezeichneten Behörden oder Dienststellen innerhalb der daselbst angegebenen Fristen einzureichen. Statt dessen können die Angaben in die allgemeinen Reichssteuerübersichten aufgenommen werden.

§ 48. Die Landesregierung kann die den Oberbehörden in §§ 40 und 44 übertragenen Geschäfte anderen als den in § 1 der Besitzsteuer-Ausführungsbestimmungen bestimmten Behörden übertragen. Die Behörden sind unter Angabe ihrer Amtsbezirke dem Reichskanzler mitzuteilen.

Preußische Ausführungsvorschriften.

Aus dem Erlaß des FinMin. vom 31. August 1918.

— II. 11 951. —

Die preußischen Ausführungsvorschriften vom 1. Dezember 1916 zum Besitzsteuergesetz und Kriegssteuergesetz sind für die Veranlagung und Erhebung der Kriegsabgabe für 1918 sinngemäß anzuwenden, soweit nicht durch das Gesetz, durch die Ausführungsbestimmungen des Bundesrats und nachstehend anderes bestimmt ist.

I. 1. Als maßgebende Einkommensteuerveranlagung im Sinne des § 4 Abs. 2 des Gesetzes wird die Veranlagung für das Steuerjahr 1914 bestimmt.

2. Als Kriegseinkommen im Sinne des § 8 des Gesetzes gilt das für das Steuerjahr 1918 veranlagte Einkommen.

3. Mit der Aufstellung der Steuerlisten ist alsbald zu beginnen. Da es sich in den meisten Veranlagungsbezirken um eine nur geringe Zahl aufzunehmender Personen handelt, ist für jeden Veranlagungsbezirk nur eine Steuerliste A bzw. B aufzustellen. In den Listen sind die Gemeinden und Gutsbezirke, aus denen Pflichtige aufzunehmen sind, in alphabetischer Reihenfolge aufzuführen innerhalb der Gemeinden ist die Reihenfolge der Staatssteuerliste maßgebend.

4. In die Steuerliste A sind aus den Staatssteuerlisten (Zugangs-

listen) für 1918 alle Pflichtigen zu übernehmen, die mit Einkommen von mehr als 13 000 M. (Stufe von 13 500 bis 14 500 M.) veranlagt sind, ferner aus den Besitzsteuerlisten alle diejenigen, bei denen ein Vermögen von mehr als 100 000 M. festgestellt ist, gleichviel, ob die Veranlagung schon Rechtskraft erlangt hat oder nicht.

5. Auch sind alle diejenigen Personen zu ermitteln und aufzunehmen, auf die die Vorschrift im § 2 Satz 2 des Gesetzes zutrifft, ferner alle sonst noch der Abgabepflicht unterliegenden Personen, insbesondere auch diejenigen, die in Preußen zwar nach einem Einkommen von weniger als 13 000 M. veranlagt sind, denen aber ein höheres Gesamteinkommen beizumessen ist (§§ 8, 9 A und B).

6. Spätestens bis zum 20. September 1918 erläßt der Vorsitzende der Veranlagungskommission eine öffentliche Bekanntmachung nach dem beiliegenden Muster A[1] (in den Grenzen des § 54 Abs. 4) der Ausführungsbestimmungen zum Einkommensteuergesetz) an diejenigen Personen, welche eine Vermögenserklärung abzugeben haben.

7. Auch fordert er in geeigneter Weise diejenigen Personen, die beabsichtigen, nach den §§ 4, 5, 6, 14 oder 17 des Gesetzes eine anderweite Berechnung des Einkommens oder Vermögens herbeizuführen, auf, ihre Anträge schon jetzt bei ihm zu stellen, damit spätere Berichtigungen der Veranlagung nach Möglichkeit sich erübrigen.

8. Ebenfalls bis zum 20. September 1918 erläßt der Vorsitzende der Veranlagungskommission eine öffentliche Bekanntmamachung nach Muster A I,[1]) durch die die kriegssteuerpflichtigen Gesellschaften zur Abgabe einer Steuererklärung aufzufordern sind. Gleichzeitig ist allen in die Steuerliste B aufgenommenen Gesellschaften ein Vordruck zur Steuererklärung als Drucksache durch die Post zu übersenden.

9. Nach Ablauf der in der öffentlichen Aufforderung gesetzten Frist hat die Veranlagung und Festsetzung der Abgabe mit möglichster Beschleunigung zu erfolgen. Die Arbeiten sind so zu fördern, daß der Abschluß der Steuerlisten und die Überweisung der Sollbücher an die Hebestellen bis Ende November erfolgen können. Personen und Gesellschaften, deren Veranlagung aus besonderen Gründen ausgesetzt werden muß, sind mit einem entsprechenden Vermerk in der Steuerliste zu streichen und in die Zugangsliste aufzunehmen.

---

[1]) Hier nicht abgedruckt.

10. Spätestens am 10. Dezember 1918 ist mir von der Regierung in je einer Summe anzuzeigen, welche Beträge an Kriegsabgabe für 1918
a) auf Einzelpersonen,
b) auf Gesellschaften
festgesetzt worden sind.

11. Die Regelung des Rechtsmittelverfahrens erfolgt durch besondere Bestimmung.

II. 1. Die Erhebung der Kriegsabgabe für 1918 hat im allgemeinen wieder durch Gemeindehebestellen zu erfolgen. Mit Rücksicht auf die vielfachen Schwierigkeiten, die sich bisher in kleineren Bezirken bei der Erhebung des Wehrbeitrags, der Besitzsteuer und der seitherigen Kriegsabgabe herausgestellt haben, werden die Königlichen Regierungen indessen ermächtigt, für Hebebezirke, die nicht mehr als 2000 Einwohner umfassen, die Kriegsabgabe für 1918 den Kreiskassen zur direkten Hebung zu überweisen. Bei Aufstellung der Sollbücher ist hierauf Rücksicht zu nehmen. In den voraussichtlich seltenen Fällen, in denen die Überweisung von Abgabepflichtigen aus einem solchen Hebebezirk in einen anderen Veranlagungsbezirk zu erfolgen hat, sind die Angaben über geleistete Zahlungen durch den Vorsitzenden der Veranlagungskommission der Kreiskasse einzuziehen.

2. Die an die Gemeinden zu entrichtende Vergütung für die Einzelerhebung wird für je 100 M. erhobene und an die Staatskasse abgelieferte Kriegssteuer für 1918 auf 10 Pfennig festgesetzt. Daneben erhalten diejenigen Gemeinden, in welchen der Erste Bürgermeister oder ein städtischer Beamter den Vorsitz in der Veranlagungskommission führt, noch eine weitere Vergütung von 30 Pfennig für je 100 M. erhobene und abgeführte Kriegssteuer für 1918.

3. Die dem Staate zustehende Entschädigung für Veranlagung und Erhebung der Kriegsabgabe für 1918 (§ 41 des Gesetzes) ist bei Titel 5a des Haushalts von der Verwaltung der direkten Steuern unter einem besonderen Abschnitte zu vereinnahmen, die Entschädigung an die Gemeinden ebenda bei Titel 18a unter einem besonderen Abschnitte zu verausgaben.

4. Bei der Ablieferung, Buchung und Verrechnung haben die beteiligten Kassen sorgfältig darauf zu achten, daß Verwechslungen mit den noch eingehenden Beträgen aus der früheren Kriegsabgabe nicht vorkommen.

Sachregister.

Zur Ergänzung dient die ausführliche den Erläuterungen vorangeschickte Inhaltsübersicht.

Die Zahlen bei den Worten weisen auf die **Seiten** hin.

A

Abschreibungen 113 ff. (s. auch Reserven, Rücklagen).
Abzugsrechte 77.
Aktionäre 168.
Ausländer, Steuerpflicht 15, 18, 40.
Ausgleich zwischen Verlust und Gewinn bei Gesellschaften 109, 138 ff.
Auslandsdeutsche Steuerpflicht 16, 17, 39.
Abrundung des Unterschiedsbetrages bei der Mehreinkommensteuer 25, 46; beim Mehrgewinn 107 ff.
Ausländisches (Betriebs- und Grund-) **Vermögen** 18, 33, 38, 142.
Aktien 84.
Auflage, Erwerb durch A. als Steuermilderung 42.
Aufsichtsratstantieme 121.
Ausstattung 44, 60.
Auflösung einer Gesellschaft 131 (s. auch Liquidation); Steuerpflicht bei A. 139.
Aktiengesellschaften 120; Steuerpflicht der A. 104.
Ausländische Gesellschaften m. b. H. 70; Steuerpflicht ausländischer Gesellschaften 157.
Agiogewinn 113.

B

Beamte, Steuerpflicht 16, 21; Steuermilderung 201.
Bedingte Rechte 82.
Berechnungsgrundlagen des Steuerbescheids 179.
Berggewerkschaften 104, 128.
Berichtigung früherer Veranlagungen 31, 35, 57, 87, 96; B. der Bilanzen 116, 118; B. der Steuererklärung 195.
Besitzsteuer, alte 77; entsprechende Anwendung des Gesetzes 78 ff.
Besitzsteuerämter 19, 172 ff.
Besitzsteuerbescheid 77.
Besondere Feststellung des steuerpflichtigen Vermögens 78 ff.
Betriebsvermögen, ausländisches 80, 92; inländisches 82 ff.
Bilanzgewinn s. Geschäftsgewinn.
Bilanzierungsvorschriften s. unter Reserven, Wertpapiere, Forderungen, Grundstücke usw.
Billigkeitsgründe, Berücksichtigung s. Härteparagraph.
Buchgewinn 119.
Bundesfürsten, Steuerpflicht 18, 174.
Bürgschaftsschuld 82.

D

Delkrederekonto 114.
Dienstaufwand der Offiziere als Einkommensteil 53.
Dividendenabzug 84.
Doppelbesteuerung, Milderung einer D. 69; bei Schachtelgesellschaften 134; Vermeidung 141 ff.

Durchschnittsberechnung beim Einkommen 33, 34.
Durchschnittsgewinn der Gesellschaften, Mindestbetrag 48; Berechnung des D. 123.
Durchstaffelung der Steuer 62 ff.; s. a. Steuertarif.

E

Ehegatten, Mehreinkommensteuer der E. 58; Zeugnisverweigerung 176; Haftung für die Steuer 59; Scheidung von E. 60; — Vermögenssteuer der E. 80.
Einkommen, durchschnittliches 33, 34; fingiertes E. 36 ff.
Einkommensteuerpflicht, Entstehung der persönlichen E. nach dem Stichtag für die letzte Friedensveranlagung 36 ff.; beschränkte E. 40; unterste Grenze 46, 47.
Einkommensteuerveranlagung, staatliche 24, 28 ff., 30, 56.
Einmanngesellschaft 140.
Erbanfall als Steuermilderung 42, 60, 72; besondere Feststellung des Vermögens bei E. 78.
Erben, Haftung für die Steuer 22; Verpflichtungen bei Steuererklärungen 177.
Erhebung der Kriegsabgabe 170 ff.
Erhöhung des Grund- oder Stammkapitals 125.
Erneuerungskonto 114.
Erstattung zu viel erhobener Steuer 186.
Ertragswert bei Grundstücken 89.

F

Fälligkeit der Kriegsabgabe 183 ff.
Familienunternehmen, die Gesellschaft m. b. H. als F. 69 ff.
Fideikommiß, Erwerb als Steuermilderung 42, 43; Anfall eines F. 79, 81.
Forderungen, Bewertung 84, 85; F. an ausländische Schuldner 115, 142.
Freigrenze für die Mehreinkommensteuer 3, 46; für die Vermögenssteuer 96 ff.; für den Mehrgewinn 110.
Friedenseinkommen 24, 27, 28 ff.; Mindestgrenze 38, 40 ff., 45 ff., 198.
Friedensgewinn, Berechnung 111 ff.
Friedensveranlagung 30; Stichtag 44.
Fusion 129 ff.

G

Geistliche 201.
Gemeiner Wert 82; bei Grundstücken 88; bei Sacheinlagen 129.
Gemeinnützige Zwecke, Gesellschaften mit ausschließlich g. Z. 143 ff.;. Verwendung zu ausschließließlich g. Z. 167 ff.
Gemischt-wirtschaftliche Unternehmungen 143.
Genossenschaften 120, 155.
Geschäftsbetrieb, Voraussetzung der Steuerpflicht 106.
Geschäftsgewinn s. Bilanzgewinn; Begriff 111; durchschnittlicher früherer G. 123.
Geschäftsführer einer Gesellschaft m. b. H. 69 ff.
Geschwister als Gesellschafter einer Gesellschaft m. b. H. 72 ff.
Gesellschaften, Allgemeines über Steuerpflicht 20; Abgabepflicht der G. 102 ff.; G. m. b. H. 104.
Gesellschaftsanteile, Bewertung 84; Gesellschaft m. b. H. 120, 112.
Gesellschaften m. b. H. 67 ff.
Gesellschafter einer Gesellschaft m. b. H. Steuermilderung 67 ff.
Gestehungskosten 28 (bei Grundstücken).
Gewerbebetrieb 18, 33.
Gewerkschaften 68, 155 (s. auch Berggewerkschaften).
Gewinnanteilbezüge 121.
Gewinnvortrag 113.
Grundbesitz 18, 33.
Grundvermögen, ausländisches 80, 92.
Grundstücke, Bewertung 88 ff.
Gutachter 176.
Gütergemeinschaft 81.
Gutsüberlassung 44.

H

Handelsbrauch bei Berechnung des Geschäftsgewinns 112.
Hinzurechnungen zum Zwecke der Steuervergünstigung 41 ff., 45 ff.
Härteparagraph 28, 39, 51, 54, 92, 97, 142; Einzelheiten des H. 196 ff.
Hypothekenforderungen 82.

J

Inländische Gesellschaften m. b. H. 76; Steuerpflicht 102 ff.
Inländischer Geschäftsbetrieb ausländischer Gesellschaften 157.
Inlandsvermögen 18.

K

Kapitalvermögen 80, 82; ausländisches 92.
Kolonialgesellschaften 105.
Kommanditgesellschaften auf Aktien, Steuerpflicht 104, 120.
Komplementäre 120.
Konkurs einer Gesellschaft 129.
Kontrollrecht der Veranlagungsbehörden 175.
Kriegsanleihe als Zahlungsmittel 83, 184, 186 ff.
Kriegseinkommen 24, 49 ff.
Kriegsgefangenschaft 60.
Kriegsgeschäftsjahr, viertes 106, 130 ff.; Kriegsgeschäftsjahre 124 ff.
Kriegsgesellschaften 106, 143.
Kriegssteuerrücklage 103, 120 (s. auch Rücklage, Reserve).
Kriegsteuerungszulage 201.
Kriegswohlfahrt, Verwendungen für Zwecke der K. 167 ff.
Kriegszulage der Offiziere und oberen Militärbeamten 53.
Kursbewegung, Vermögensmehrung durch K. 94.
Kurswert 82.
Kuxe 84.
Kuxenbesitzer 68.

L

Lehen, Erwerb als Steuermilderung 42, 43.
Lehensanfall 79, 81.
Lehrer 201.
Liquidation 106, 109; Steuerpflicht während der L. 129.
Lotteriegewinne, Steuerpflicht 29.

M

Mehreinkommen 21, 198; Begriff und Steuerpflicht 23 ff.; abweichende Berechnung 37 ff., 46 ff.; Höhe der Abgabe 62 ff.
Mehreinnahme aus Geschäftsanteilen einer Gesellschaft m. b. H. 70.
Mehrgewinn, Steuerpflicht 25, 106; Bewahrung des M. 107 ff.; Ausgleich mit Mindergewinn 110.
Milderung der Steuer 29; der Mehreinkommens-Berechnung 36; für Gesellschafter einer Gesellschaft m. b. H. 67 ff.
Militärbeamte 16, 21, 52.
Mindereinnahmen, Ausgleich bei Einzelpersonen 51.
Minderung des Vermögens 94 ff.
Mitgift 44, 60.

N

Nachbesteuerung des Einkommens 32.
Nacherbe 82.
Neu- oder Nachveranlagung der Kriegsabgabe 172, 202 ff.
Neuveranlagung des Einkommens 33, 56; des Vermögens 77, 92, 94 ff.
Niederschlagung der Kriegssteuer 184.
Nutznießung 81.

O

Obligationen, Bewertung 84; Zahlungsmittel 187.
Objektive Steuerpflicht der Einzelpersonen 23 ff. (Mehreinkommen); 76 ff. (Vermögen).

Offiziere, Steuerpflicht 16, 21; Mehreinkommen der O. 52.
Ordnungsstrafe 193.
Organ einer Gesellschaft m. b. H. 74.

P

Patentrechte 80.
Personen, physische 15, 25; juristische (Gesellschaften) 14, 25.
Persönliche Steuerpflicht für das Mehreinkommen 15; für das Vermögen 78.
Persönlich haftende Gesellschafter 120.
Produktivgenossenschaften 120.
Prokuristen einer Gesellschaft m. b. H. 68 ff.

R

Rechtsbeschwerde an den Reichsfinanzhof 181.
Rechtsmittel 34, 40; Bestimmung der R. 180 ff.; R. gegen Strafurteile 193.
Reichsangehörige, Steuerpflicht 15, 16,
Reichsbank 105.
Reichsfinanzhof 35; Organisation, Zuständigkeit 181.
Rentenbezugsrechte 80 ff.
Reservekontenbeträge, wirkliche 147.
Reserven 84, 115 ff.; Steuerreserve 103, 185; stille R. 114, 156.
Rücklagen s. Reserven.
Rückzahlung zu viel erhobener Steuer 186.

S

Sanitätsoffiziere 52.
Schachtelgesellschaften 76; Steuervergünstigung für Sch. 134.
Schenkung als Steuermilderung 42; besondere Feststellung des Vermögens bei Sch. 79 ff., 92, 95.
Schuldbuchforderungen 83, 187, 188.
Schulden, Abzugsrecht der Sch. 82.
Schuldverschreibungen s. Obligationen.
Sicherungsgesetz 103.
Sonderrücklage 103, 132 ff., 185.
Spekulationsgewinne 35.
Staatenlose, Steuerpflicht 18.
Staatsangehörige, deutsche, s. Reichsangehörige.
Staffelung der Steuer auf das Mehreinkommen 64 ff.; St. der Steuer auf das Vermögen 98 ff. (s. Steuertarif).
Stammgut, Erwerb als Steuermilderung 42.
Steuerbescheid 178 ff.
Steuererklärung 173; St. der Gesellschaften 178.
Steuerflucht 104, 140, 191.
Steuergefährdung 189 ff.
Steuerhinterziehung 190.
Steuerpflicht, persönliche 15.
Steuerreserve 103.
Steuertarif für das Mehreinkommen 64 ff.; für das Vermögen 98 ff.; für inländische Gesellschaften 144 ff.; ausländische Gesellschaften 160 ff.
Steuervergünstigung 41 (s. auch unter Härteparagraph).
Steuervorrecht für Gesellschafter einer Gesellschaft m. b. H. 68 ff.
Stichtag für persönliche Steuerpflicht 20.
Stiftungen, nicht steuerpflichtig 105.
Strafvorschriften 188 ff.
Stückzinsen 83.
Stundung der Steuer 92.
Subjektive Steuerpflicht s. persönliche St.; der Gesellschaften 102 ff.

T

Talonsteuerreserve 147.
Tantiemen (s. auch Gewinnanteilbezüge) 121 ff.
Tarif der Mehreinkommensteuer 64 ff.; der Vermögenssteuer 98 ff.; der Mehrgewinnsteuer 144 ff. (inländische Gesellschaften); 160 ff. (ausländische Gesellschaften).
Teilberechnung des Friedensgewinns 140.
Testamentsvollstrecker, Verpflichtung der T. bei Steuererklärungen 177.
Tochtergesellschaften s. Schachtelgesellschaften.
Tod des Steuerpflichtigen 22, 185.

U

Umgehungen bei der Wertberechnung von Grundstücken 89.
Umstellungskonto 117.
Umwandlung einer Gesellschaft 125, 128 ff.; U. einer Geldstrafe in Gefängnis 195.
Unerhoben bleibende Steuerbeträge 67.
Unterbilanz 113, 137.
Unterhaltsgewährung, keine Schenkung 44; Berechnung bei der Vermögensabgabe 87.
Urheberrechte 80.

V

Veränderung des Vermögens 93.
Veranlagung, Einkommensteuer 24, 28 ff.; der Kriegsabgabe 33, 170 ff.; Berichtigung früherer V. 31, 35.
Vereine, nicht steuerpflichtig 105.
Vereinigungen, Bergbau treibende 104.
Verjährung der Kriegsabgabe 203.
Vermächtnis als Steuermilderung 42; besondere Feststellung des Vermögens bei V. 78.
Vermögen, abgabepflichtiges V. 76 ff.
Vermögensabgabe 98; Tarif der V. 99 ff.
Vermögensübergabe, unentgeltliche, als Steuermilderung 42 ff.
Vermögenserklärung 174 ff.
Vermögenszuwachs nach dem Stichtag 41 ff.; Steuer auf den V. 77.
Versicherung, Auszahlung aus einer V. als Steuermilderung 42, 43; Ansprüche aus einer V. 84.
Verschmelzung von Gesellschaften 129 ff.
Versicherungsgesellschaften 120.
Versicherungsvereine auf Gegenseitigkeit 105.
Verwandte, Recht zur Zeugnisverweigerung 176.
Veterinäroffiziere 52.
Vorerbe 82; ausländisches 91.
Vorstandstantieme 121.

W

Wehrbeitrag 61 ff.; entsprechende Anwendung des Gesetzes 90 ff. (bei Grundstücken).
Wertminderung bei Grundstücken 89.
Wertpapiere 82; im Ausland befindliche W. 115, 142.
Wohnsitz 15 ff., 21; Verlegung des W. 52.

Z

Zahlung der Kriegsabgabe 183 ff.
Zeugnisverweigerungsrechte 175 ff.
Zusammenrechnung des in verschiedenen Staaten erzielten Gewerbeertrags 33; des Einkommens der E. 58 ff.; des Vermögens 160; der Geschäftsjahre 131.
Zuschlag bei nicht rechtzeitiger Steuererklärung 173, 185.
Zuständigkeit der Bundesstaaten zur Steuerveranlagung 173.
Zuwendung, unentgeltliche 45 (s. auch Schenkung, Vermögensübergabe).
Zweigniederlassungen, inländische Z. ausländischer Gesellschaften 160.

Roßberg'sche Buchdruckerei, Leipzig.

FSC
www.fsc.org
MIX
Papier | Fördert gute Waldnutzung
FSC® C083411

Kolibri 360 GmbH
Ferdinand-Jühlke-Straße 7
99095 Erfurt, Deutschland
produktsicherheit@kolibri360.de